suhrkamp taschenbuch 3727

Prominente Zeitgenossen erinnern sich an den 8. Mai 1945 und die letzten Tage des Zweiten Weltkriegs. Wie haben sie das Kriegsende erlebt, als Befreiung, als Erlösung, als zerstörte Hoffnung, als Niederlage, als Fanal für noch Schlimmeres oder als Tag wie viele andere?

Die vom Krieg und vom Tod Davongekommenen erinnern sich oft nur mit Schmerzen an die letzten Stunden des nationalsozialistischen Wahns und an ihr persönliches Kriegsende, das nur in den seltensten Fällen genau der 8. Mai 1945 war. Die Schicksale, die sich mit dem Kriegsende verbinden, sind so verschieden wie die Menschen selbst. In den persönlich gehaltenen Beiträgen des Bandes wird die ganze Breite des Schreckens, der Erleichterung, der Hoffnung und der Trauer deutlich, wobei die zeitgenössische und die heutige Einschätzung durchaus unterschiedlich sein kann.

Als der Krieg zu Ende war

Erinnerungen
an den 8. Mai 1945

Herausgegeben von
Hans Sarkowicz
nach einer Sendereihe
des Hessischen Rundfunks

Suhrkamp

Die Beiträge des vorliegenden Bandes beruhen auf einer Sendereihe des Hessischen Rundfunks (Redaktion »Kultur aktuell«), ausgestrahlt vom 22. März bis zum 5. Mai 1995 in der Sendung »Das Radioskop« in hr 2. Die Beiträge wurden für die Buchausgabe, erstmals erschienen 1995 im Insel Verlag, Frankfurt am Main, überarbeitet.

Umschlagfoto: akg-images

suhrkamp taschenbuch 3727
Erste Auflage 2005

Druck: Ebner & Spiegel, Ulm
Printed in Germany
Umschlag: Göllner, Michels, Zegarzewski
ISBN 3-518-45727-6

1 2 3 4 5 6 – 10 09 08 07 06 05

Inhalt

Vorwort

Am frühen Morgen des 7. Mai 1945 unterzeichneten General Jodl, Admiral von Friedeburg und General Oxenius im alliierten Hauptquartier in Reims die »Bedingungslose Kapitulation« der deutschen Truppen. Nachdem die Zeremonie einen Tag später im sowjetischen Hauptquartier in Berlin-Karlshorst wiederholt worden war, trat am 9. Mai der Waffenstillstand in Kraft, der den Zweiten Weltkrieg in Europa offiziell beendete.

Als die Unterschriften der deutschen Wehrmachtsführung schon unter die Kapitulationsurkunde gesetzt waren, kämpften im tschechischen Olmütz ebenso wie in dem Küstenstreifen zwischen Danzig und Königsberg noch Reste deutscher Einheiten gegen die Rote Armee, versenkte das deutsche U-Boot U-2336 vor der schottischen Küste zwei Handelsschiffe und tobte in Prag eine erbitterte Schlacht zwischen der Roten Armee und tschechoslowakischen Widerstandsgruppen auf der einen Seite und den deutschen Besatzungstruppen auf der anderen. Erst am Morgen des 8. Mai kapitulierten die deutschen Soldaten. Tausende waren in den letzten Stunden des Krieges allein in Prag gefallen.

Noch im Laufe des 8. Mai ergaben sich die deutschen Verbände in Oslo, Kopenhagen, Lettland, Olmütz und in der französischen Atlantikfestung St. Nazaire. Es folgten die Besatzungen der Kanalinseln, der ägäischen Inseln, von Bornholm und Dünkirchen. Auch in Ostpreußen und um Danzig legten die letzten deutschen Truppen ihre Waffen nieder. Aber es war keineswegs so, wie es der letzte deutsche Wehrmachtsbericht am 9. Mai Glauben machen wollte, daß »seit Mitternacht an den Fronten die Waffen« schwiegen. Aus Angst vor Kriegsgefangenschaft und Racheaktionen leisteten selbst größere Einheiten noch heftigen Widerstand. »Bis in den Abend des 9. Mai hinein«, schreibt der englische Historiker Martin Gilbert in seiner Geschichte des Zweiten Weltkriegs, bekämpften deutsche Truppen in der westlichen und mittleren Tschechoslowakei ihre russischen Gegner »und ebenso ihre Landsleute in Schlesien, wo am 9. Mai, wie aus örtlichen Gedenktafeln hervorgeht, noch mehr als 600 sowjetische Soldaten fielen.« Selbst am 11. Mai kam es noch zu vereinzelten Gefechten: »Östlich von Pilsen überrannten sowjetische Truppen mehrere deutsche Widerstandsnester. Weiter südlich, unweit der slowenischen Stadt Marburg, gingen deutsche Truppen mit Waffengewalt gegen Gefolgsleute Titos vor.« Und erst am 14. Mai »ergaben sich in Ostpreußen 150000 und im nördlichen Lettland 180000 deutsche Soldaten der Roten Armee. Die letzten deutschen Truppen, die nach diesem Tag noch unter Waffen standen, waren die Reste der einstigen deutschen Besatzungsmacht in Jugoslawien; sie ergaben sich am 15. Mai in Slovenski Gradec den Russen und Jugoslawen.« Schon diese kleine Auflistung macht die Diskrepanz zwischen dem offiziellen Ende des Zweiten Weltkriegs in Europa und dem tatsächlichen deutlich. Für viele Soldaten war der Unterschied zwischen Krieg und Frieden zunächst kaum auszumachen. Sie kamen in große Gefangenenlager, in denen die deutschen Befehlsstrukturen und die Militärgerichtsbarkeit fortbestanden. Ludwig von Friedeburg, der Sohn des letzten deutschen Marineoberbefehlshabers, berichtete in einem Gespräch, das ich mit ihm für den Hessischen Rundfunk führte, daß sein Vater auch nach dem 8. Mai Marineeinheiten in den Hafenstädten Schleswig-Holsteins inspizierte – im Dienstwagen. Nur die alte militärische Organisation schien den Westalliierten zunächst die Ordnung zu garantieren, zumindest solange sie selbst noch keine tragfähigen Strukturen aufgebaut hatten. Gerade in höheren militärischen Rängen gab es manchmal einen fast fließenden Übergang in die ersten Tage des Friedens.

Als junger Offizier war Ludwig von Friedeburg in den

letzten Kriegsmonaten in Kiel, um dort den Bau des U-Bootes zu überwachen, das er kommandieren sollte. Zwar wurde das Boot, trotz heftiger Bombenangriffe, noch fertig und von ihm am 1. Mai 1945 in Dienst gestellt, aber auf sogenannte »Feindfahrt« konnte es nicht mehr gehen. In der ersten Maiwoche versenkte die deutsche Marine insgesamt 231 ihrer U-Boote, um sie nicht in alliierte Hände fallen zu lassen. Auch Ludwig von Friedeburg ließ sein nagelneues Schiff in der Geltinger Bucht untergehen. Es war, erinnert er sich, »eine im ganzen unheimliche Atmosphäre, die diese letzten Wochen in Kiel bestimmte. An einen Sieg war schon lange nicht mehr zu denken«.

Am 5. Mai 1945 kam der knapp 21jährige Marineoffizier nach Flensburg, wo der noch von Hitler zum Staatsoberhaupt ernannte Großadmiral von Dönitz seine »Reichsregierung« konzentrierte. Einen Tag vorher hatte sein Vater im Hauptquartier Montgomerys die deutsche Teilkapitulation unterzeichnet. Wo und in welcher Stärke noch gekämpft wurde, entzog sich der Regierung Dönitz weitgehend. Funkverbindungen kamen nur noch sporadisch zustande. Ob Befehle ihre Adressaten erreichten, blieb oft unklar. Daß unter diesen Umständen nicht schon früher die Bedingungslose Kapitulation akzeptiert wurde, hatte vor allem einen Grund: Bei den Verhandlungen über die Kapitulation sollte möglichst viel Zeit gewonnen werden, um die Evakuierung der deutschen Truppen und Zivilbevölkerung aus den Ostgebieten fortführen zu können. »Daß nach meinem Vater«, so Ludwig von Friedeburg, »schließlich noch Generaloberst Jodl von Flensburg nach Reims geflogen wurde, war Teil dieses Planes, denn mein Vater hatte nicht die Vollmacht gegenüber Eisenhower, die Gesamtkapitulation zu unterschreiben. Um noch einmal Zeit zu gewinnen, brachte sie erst Jodl mit.« Schließlich waren es über zwei Millionen Menschen, die mit Hilfe der Marine auf der Flucht vor den sowjetischen Truppen in den Westen gelangten. Ludwig von Friedeburg, später hessischer Kultusminister und heute Leiter des Frankfurter Instituts für Sozialforschung, gibt unumwunden zu, was viele Deutsche, obwohl sie anders gedacht haben oder noch denken, nicht öffentlich bekennen wollen: Damals war für ihn das Kriegsende keine Befreiung, sondern eine bittere Niederlage. Sein Vater nahm sich am 23. Mai 1945 das Leben. Bis dahin hatten die Westalliierten die (von ihnen offiziell nicht anerkannte) »Reichsregierung« im Amt belassen. Sie hofften damit die Übergabe der staatlichen Gewalt leichter vollziehen zu können. Für Ludwig von Friedeburg war es »eine merkwürdige Situation, aber es gab keine Gespräche über das Merkwürdige der Situation. Die Zeit war bestimmt durch die Unbestimmtheit, wie lange es möglich sein würde, das, was früher für uns die Normalsituation gewesen war, aufrechtzuerhalten – in einer völlig veränderten Welt. Man tat so, als ob das die Realität wäre.« Erst auf die Intervention der Sowjets hin wurde dieser »Schwebezustand« beendet.

Flensburg, die letzte Enklave des Deutschen Reiches, war zum Sammelpunkt für Heimatlose geworden, für ehemalige Soldaten und für Vertriebene aus dem Osten. Von hier aus ging die Reise weiter, in ein zwar befriedetes, aber auch weitgehend zerstörtes Land. Viele, die es schon während der NS-Zeit genauer hätten wissen können, erfuhren erst jetzt das gesamte Ausmaß der Judenvernichtung – und wollten oft das, was sie in den alliierten Filmen über die Konzentrationslager sahen, nicht glauben. Oder schlimmer noch: Sie zeigten sich davon nicht beeindruckt.

Ludwig von Friedeburg macht sich seit langem Vorwürfe, daß er damals seinen Vater nicht nach den nationalsozialistischen Verbrechen fragte. Erst nach dem Tod seines Vaters, als er auf einem Minensuchboot durch Ost- und Nordsee fuhr, las er Hitlers »Mein Kampf« und begann über den Nationalsozialismus und seine eigene Vergangenheit nachzudenken. »Ich bin jemand«, resümiert er heute, »der durch Reeducation auf einen ganz anderen Weg gekommen ist.« Wie für Ludwig von Friedeburg, der auch nach der Kapitulation in militärischen Zusammenhängen blieb, war für viele der 8. Mai 1945 nicht das entscheidende Datum. Das »persönliche« Kriegsende konnte schon lange davor oder auch lange danach liegen. Mancher Soldat z. B. empfand seine Gefangennahme als Befreiung, während für andere das Leben in sowjetischen Lagern eine Fortsetzung des Krieges mit anderen Mitteln war.

Wann und vor allem wie das Ende des nationalsozialistischen Zwangsstaates erlebt wurde, wollte eine Sendereihe des Hessischen Rundfunks erkunden, die im Rahmen des täglichen Kulturmagazins »Das Radioskop« in hr2 ausgestrahlt wurde. Wir befragten prominente Zeitgenossen von heute, die den Zweiten Weltkrieg und die NS-Diktatur nicht in verantwortlicher Position, sondern unten, oft sogar ganz unten, durchlitten haben – als Kinder ausgebombter Familien, als letztes Aufgebot eines mörderischen Regimes, als Soldaten in einem sinnlosen Kampf, als Deserteure, als Todgeweihte in Verstecken und Konzentrationslagern, als Flüchtlinge vor den (oft nicht minder verzweifelten) »Siegern«, als verfolgte Angehörige von Widerstandskämpfern oder als mit Trauer und Bitterkeit an Deutschland denkende Emigranten.

Sie alle verbindet, daß sie das Ende des Krieges und des NS-Terrors als Erlösung empfanden.

Überrascht hat uns, wie photographisch genau die Erinnerungen sind, nach immerhin 50 Jahren. Auch das ist ein Indiz dafür, welchen biographischen Stellenwert diese Ereignisse einnehmen. Den meisten Texten und Gesprächen ist die Mühe der Erinnerungs- und Trauerarbeit anzumerken, die Überwindung, die es kostete, Gefühle, Leiden, hilflose Freude ins Gedächtnis zurückzurufen und sich selbst Rechenschaft zu geben. Wie schwer dies auch nach so langer Zeit noch sein kann, machten einige Absagebriefe deutlich. Um so mehr danke ich allen Autoren, die bereit waren, offen über »ihr« Kriegsende zu schreiben oder zu sprechen.

Ein herzliches Dankeschön geht auch an Bettina Hindemith für ihr Interview mit Stephan Hermlin, an Dorothee von Meding für ihre vielfältige Unterstützung und an Renate Gessner-Gleiß für ihren engagierten und unermüdlichen Einsatz.

Hans Sarkowicz

Günter Kunert

Das Gedächtnis in seiner lebenstüchtigen Unzuverlässigkeit mischt diesem ersten Tag des Nichtmehrkrieges und Nochkaumfriedens Ereignisse aus späteren Tagen bei und färbt diese mit der Ersttagsstimmung ein, so daß sie wirklich diesem bedeutenden Tag anzugehören scheinen, ja vielleicht tatsächlich angehören, und nur durch das Mißtrauen gegenüber dem Erinnerungsvermögen, weil es der Trennschärfe nicht fähig, in nachfolgende Zeitlichkeiten verlagert werden. Ganz sicher ist sich das Gedächtnis der Nacht vor diesem Tage: da erscheint inmitten vor sich hin dämmernder, aufs Ende wartender Schemen der Lemur vom Dienst, Hausobmann mit eckigem Führerbärtchen, professioneller Werkspolizist in der Gasanstalt, wo er zwangsverpflichtete »Ost«-Arbeiter, Sklaven für tausend Jahre, täglich prügelt, um eine Woche nach dem erwähnten Tag spurlos verschwunden zu sein; jetzt aber verkündet er gedämpft: Ein Feuer wäre im Heizungskeller angezündet worden, und wer etwas zu verbrennen hätte, könne das sogleich tun! Eine diskretere Ankündigung bevorstehenden Endes einer Epoche ist kaum denkbar. Mit sichtlicher Unauffälligkeit erheben sich Protagonisten des in Auflösung begriffenen Regimes, parteiamtliche Herrenmenschen, denen die mangelnde Übung in Diskretion die Beine verheddert, und verschwinden, in Brusttaschen wühlend, in der Heizung. Letzte: ein altes Ehepaar, deren Sohn als nationalsozialistischer »Märtyrer« vorgeblich von Kommunisten auf dem Arnswalder Platz ermordet worden und dessen Namen der Platz bis zum übermorgigen, also doch Ferneres einbeziehenden Tag tragen würde; weißhaarige Walküre, hinter sich ein spillriges Brillenmännchen und einen Zwergpudel, der an schlechter Verdauung litt, weswegen die Heldenmutter in Kampfpausen, während die brandige Luft eisenfrei ist, auf dem kargen Erdboden des Gartenhauses das winzige Tier so lange massiert und zwischen ihren Händen quetscht, bis sie es und es sich entleert hat. Als die Panzersperre Wehlauer, Ecke Elbinger Straße am nächsten berühmten Tag von den Hausbewohnern abgerissen und Sand und Schutt, Füllung nutzloser Barrikade, mittels einer Eimerkette zu einem Bombentrichter befördert werden, stehen die plötzlich entprivilegierten Heroen-Eltern in der Reihe aller anderen, ohne Hündchen, und reichen Eimer um Eimer weiter, leer in die eine, gefüllt in die andere Richtung. Das Gedächtnis erinnert sich: ein Eimer, hergereicht von der Alten, enthält eine fast neue, gepflegte Pistole, blaustählern, und patronenvolle Magazine, doch ehe die Waffe noch bestaunt werden kann, drängt die entwaffnete unwürdige Greisin, den Eimer weiterwandern zu lassen! Wer eine 7,65 mm (geladen) benötigt, braucht nur das Pflaster der Wehlauer Straße aufzureißen und nachzugraben.

Bevor jedoch jener erste Tag so weit gedeiht und in eine allerfrüheste Aufbau-Phase treten kann, die noch eine der notwendigen Destruktion gewesen, muß der Volkssturm aus dem Hausflur abziehen, wo er sich verschanzt hat, um auf den Stufen zum Hochparterre, ans dunkelbraun lackierte Geländer geklammert, die bis zuletzt verheißene »Wende im Ringen« herbeizuführen. Dabei ist, wie man erfährt und sich nun erinnert, ein Angriff bereits erfolgreich abgeschlagen worden, und zwar durch einen Schneider, ältester von ziemlich jugendlichen Volksstürmern, der mit seinem überlangen russischen Beutegewehr und dazu empfangener französischer Karabinermunition (die es übrigens unmöglich machte, das Gewehrschloß zu verriegeln) vor der Haustür einen sowjetischen Offizier zurückgeschlagen, der aus seinem Panzer stieg oder steigen wollte oder bloß lugte – wie aus Mangel an Augenzeugen der tapfere Schneider, den Schuß paraphrasierend, selber berichtet. Man erinnert sich: Das Satyrspiel ist in vollem Gange.

Man erinnert sich: Im Frühdämmer des bedeutenden Tages, kurz nachdem ein Hausbewohner mit seinem Detektorempfänger die Nachricht aufgefangen, Hitler sei tot, Dönitz sein Nachfolger, und im Heizungskeller die Parteibücher lodern und an der Kreuzung Greifswalder, Ecke Elbinger Straße die Karteikästen des Polizeireviers, sind auf einmal der Schneider und seine Gesellen verschwunden, verweht, und von ihrer bereits irreal erscheinenden Anwesenheit und der nur noch grotesk wirkenden Aufgabe, von diesem Hausflur aus die Reichshauptstadt (minus Reich) zu verteidigen und zurückzuerobern, zeugen bloß noch einige Panzerfäuste, einige funktionsuntüchtige Gewehre mit unbrauchbarer Munition und einige Stahlhelme: alles innerhalb eines Tages Schrott, der, so weiß das Gedächtnis, kurz nach seiner Entdeckung im Löschteich des Gartenhauses landet, welcher selber an einem anderen, künftigen, unwesentlichen Tag eingeebnet werden würde.

Vor Tagesanbruch hat sich schon alles entschieden: Es wird nur noch der Abpfiff erwartet. Fällt wieder der leichte, aschedurchsetzte Regen, der so oft nach gewaltigen Bränden der Stadtviertel niederstrichelte? Oder scheint die Sonne an diesem kühlen Maimorgen? Das Gedächtnis – wie die letzten Wehrmachtsgruppen vor der eindringenden Roten Armee – kapituliert vor dem Wetter: Das ist vergessen.

Im unsicheren Schutz des Haustores stehend, vernimmt man selten nur noch einen fernen Gewehrschuß. Irgendwo sucht ein Häuflein SS-Leute, die wissen, was sie erwartet, die eigene Hinrichtung um Viertelstunden hinauszuzögern. Es hagelt weder Minen noch Granaten mehr. Die Oberleitungen der Straßenbahnen hängen herab und wecken, analog zur abwärtsweisenden Gestik der Trauerweiden, im Betrachter melancholische Spekulationen: Wann würde hier jemals wieder die Linie Nr. 4 von der Frankfurter Allee, vom Baltenplatz herabrasseln zur Prenzlauer Allee, zum Gesundbrunnen? Über den Tag hinaus, den man noch gar nicht überlebt hat, greift die Phantasie auf die kommenden Wochen über, um sich von ihnen ein immerhin rosarotes, aber völlig diffuses Bild auszumalen. Der Tag steigt an.

Huschende Gestalten, Troglodyten des zwanzigsten Jahrhunderts, auf dem Sprung von Höhle zu Höhle, witternd nach Gefahren, doch von wachsender Kühnheit: schon verharren die flüchtigen Figuren in den Hauseingängen, schon stehen sie unter Torbögen rauchend und gestikulierend beieinander.

Erinnerung, zum allerersten Male auf die gußeiserne Kombination von Laternenpfahl und Straßenweiser geklettert zu sein, um einen der (nicht versenkten) Stahlhelme an den galgenartig vorstehenden emaillierten Namen der damals wohl schon Elblag genannten Stadt zu hängen: Zeichen für Finis. Auch andere schienen das Bedürfnis zu empfinden, den Schlußpunkt optisch zu akzentuieren. Hier und da baumelt eine weiße Fahne, eher Lappen als Fahne, von einem Balkon, aus einem Fenster, ohne daß ihr Auftauchen bemerkt worden wäre. Die Kapitulation geht so anonym vor sich wie die Aggression vor sechs Jahren; damals erwachte man mitten in der Nacht von Motorenlärm und schaute auf die Straße, auf Schlangen von Mannschaftsfahrzeugen, vollgestopft mit »Menschenmaterial«, das dafür verbraucht wurde, daß man einmal die Gelegenheit erhielt, einen Stahlhelm an einer Laterne aufzuhängen: Ersatzhandlung, in Stellvertretung der Entmündigten versteht sich, da die Schuldigen teils tot, teils untergetaucht, teils in Richtung Westen hastig verzogen sind, indes die Mini-Kains, von wahnwitziger Hoffnung befallen, zurückbleiben und tun, als wären sie insgeheim selber jeder Abel gewesen, Opfer des Faschismus auch sie selbstverständlich.

Erinnerung an jenes Mädchen, teiggesichtig, bebrillt, frisch von der SS-Mütterschule, einer Art »Lebensborn«, heimgekehrt, um den hier zu selten erinnerten Tag zu erleben; um fünf Minuten nach zwölf aus der Haustür einem Rotarmisten entgegenzulaufen, jubelnd, endlich befreit zu sein. Unvergeßlich, wie sie den Soldaten umarmt, der nicht weiß, wie ihm geschieht, und solche stürmische Begrüßung weder erwartet noch überhaupt gewünscht hat.

Aber da steckt das Gedächtnis schon tief in dem Tag und sollte doch der beiden Rotarmisten gedenken, die, vom Alexanderplatz kommend, an der Ecke Greifswald auftauchen. Beide sehr jung, kindlich beinahe, verglichen mit den Volkssturmgreisen, die an eben dieser Ecke, vor der verrammelten Kneipe ihre Gefangennahme erwarten, müde, resignierend, gleichgültig, was auch geschähe. Es geschieht gar nichts. Die beiden Burschen, Pistolen in den weichen Stiefelschäften, ein Fahrrad zwischen sich, kommen mitten auf dem Damm anspaziert, die Käppis auf den Hinterköpfen balancierend, aufgekratzt wie nach einem guten Witz. Angerufen, woher, schreien sie gellend zurück: Moskau! Moskau! und weisen hinter sich, als läge ihr Ausgangspunkt gleich um die Ecke. Dann entdecken sie zwischen den Greisen einen Mann, bekleidet mit heller Afrikakorps-Mütze und taillenkurzer Tarnjacke: Du Offizier!! Der so Bezeichnete, zu schlechter Letzt aufgebotener Bäckermeister oder Zigarrengroßhändler, der aus lauter Eitelkeit sich die schicke Uniformjacke, die flotte Mütze »organisiert« hat, um genau den Eindruck zu erwecken, den er jetzt gern verwischen würde, bestreitet den Verdacht. Zum ersten Male in Deutschland erweist es sich als Negativum, für einen Offizier gehalten zu werden. Großer Tag, das!

Nachdem die beiden herzhaft unmilitärischen Soldaten die Pistole des vermeintlichen Offiziers erhalten und im Stiefelschaft verwahrt haben, sind sie's zufrieden. Der Krieg ist offensichtlich aus: Chittler kapuuht! Mitten auf der Kreuzung, immer stärker belebt von Kriegsdienstuntauglichen, Unabkömmlichen, Heimatverwendungsfähigen, Versehrten und anderen amtlich genehmigten Nichtkombattanten, verschwinden die zwei hinter einem grauen, dreckigen, lebenden Paravent, der sich neugierig um sie schließt. Aus tiefen Hosentaschen, vermutlich bis an die Knie reichend, verteilen sie Machorka, womit niemand was anzufangen weiß, bis die beiden aus Prawda-Papier Tüten wickeln, die krümelige Streu hineinschütten, anzünden und aus den Spitzen der Tütchen den scharfen Rauch saugen, der Kehle und Lunge beizt, daß man husten muß.

Die Erinnerung geht zurück und geht die ehemalige Elbinger Straße entlang zur Kniprodestraße, vorbei an Soldaten, die, Steigeisen an den Stiefeln, Kabeltrommeln auf dem Rükken, von Baum zu Baum Telefonleitungen ziehen, während unter ihnen auf einer Bank der Mittelpromenade ein alter Mann mit weitgeöffnetem Mund den ewigen Schlaf schläft, wächsern und gelblich, wie die übertriebene Kopie einer Leiche.

Erinnerung an die billigen Einkäufe des ersten Spazierganges des ersten Tages: man betritt Läden, längst aufgebrochen von Hungernden, nimmt drei, vier Büchsen »Junge Brechbohnen« vom Regal und geht hinaus. So kauft jeder ein. Erinnerung an einen Alten, der das lastwagengroße Rad eines Schweizer Käses heimrollt, indes andere auf ratternden Wägelchen Uniformstoff ballenweise aus Kasernen fahren oder Marmelade in notdürftig gereinigten Löscheimern wegschleppen.

Ecke Kniprodestraße ruht auf dem Bürgersteig vor niedergebrannten Häusern eine schlanke Plastik, ähnlich einer umgefallenen Giacometti-Statue, nur diesenfalls mit schwarzglänzender, polierter Oberfläche, und erst der zweite Blick identifiziert die Ebenholzfigur als Brandleiche, deren Geschlecht nicht mehr erkennbar ist. Auch die Nase erinnert sich selbständig verschiedenster Brandgerüche: Phosphor, Dachstuhlbalken, Gummi, Asphalt, Fleisch.

Und dann: Panzer auf Panzer, schwarz, ausgeglüht, Sarkophage, quer auf der Fahrbahn, schräg auf dem Trottoir, Hinterlassenschaft einer Panzerschlacht; ihre Funktion durch eine neue ersetzt: Spielzeug zu sein. Denn die Kinder, für die alles nur ein phantasiegetränktes Abenteuer darstellt, auch Krieg und Nachkrieg, klettern über Ketten und Rollen auf die glänzenden Särge und starren angenehm überschauert durch Einschußlöcher und durch die Klappen ins menschenleere Innere, während die Erwachsenen, wie das Gedächtnis weiß, gen Nachmittag hin, weil die Bäcker noch nicht wieder an die Arbeit gegangen, Korn mit der Hand durch Kaffeemühlen mahlen und das derweise gewonnene Mehl im Kohleherd selber verbacken, ohne Sauerteig, ohne Hefe, zu einem merkwürdig, aber sehr gut schmeckenden Brot, dem ersten des fast vergessenen unvergeßlichen Tages, dem ersten des nie erklärten Friedens.

Herbert Heckmann

Wir konnten sie vom Fenster aus sehen. Die Panzer krochen wie Mistkäfer den Berghang runter. Es war Karfreitag. Detonationen von Granaten ließen das Fensterglas klirren. Die Krähen stießen sich von den Ästen der Apfelbäume ab, die am Rand der Felder standen. Meine Mutter war herzkrank, so daß wir nicht mit den anderen Dorfbewohnern in den Wald geflohen waren. Wir saßen vielmehr in einer provisorischen Wohnung und färbten Eier, die wir in der Nachbarschaft aus den Nestern geholt hatten. Hühner und stimmgewaltige Hähne waren fast die einzigen, die uns Gesellschaft leisteten und ernährten. Wir aßen seit Tagen Eier. Als in unmittelbarer Nähe eine Granate einschlug und Ziegel vom Dach fielen, hielten wir es nicht mehr in der Wohnung aus und verließen das Haus. Ich trug den Koffer mit unsern Habseligkeiten, und mein Bruder schob das Fahrrad, auf dem meine Mutter saß. Motorenlärm näherte sich, Gewehrschüsse klangen wie Peitschenhiebe. Wir suchten in einer Scheune Schutz, und da waren sie schon. Sie liefen neben ihren Panzern her und zielten mit ihren Sturmgewehren nach allen Seiten. Wir hoben fast gleichzeitig die Arme, und ich hatte die Gelegenheit, zum ersten Mal in meinem Leben meine Englischkenntnisse zu erproben. »How do you do?« begann ich und war schon am Ende. Einer, der sich offensichtlich das Gesicht angeschwärzt hatte, lachte. Meine Mutter sagte »Gottseidank!«, und der Lacher tastete mich ab.

»Weapons?«

Ich hatte meine Sprache verloren und schüttelte den Kopf. Angst lauerte in meinem Magen. Sie ließen uns stehen, und der Lacher rief mir zu:

»Take it easy!« Ich schnappte unsern Koffer.

Am Nachmittag kehrten die Dorfbewohner mit ihrem Fuhrwerk aus dem Wald zurück. Der Bürgermeister hatte ein weißes Taschentuch an einen Stock gebunden, den er hochhielt, und schrie: »Nicht schießen!«

Die Krähen saßen wieder auf ihren Bäumen. Der Pfarrer ging mit weit ausholenden Schritten zur Kirche und läutete eigenhändig. Die Frauen weinten. Einer schrie:

»Jetzt ist der Spuk vorüber, und das Wunder ist nicht geschehen.« Die meisten sprachen nur leise miteinander. Sie waren der Worte nicht mehr sicher. Die amerikanischen Soldaten standen in einiger Entfernung und beobachteten mißtrauisch die Dorfbewohner, die wiederum die Soldaten mißtrauisch beobachteten. Die Dorfköter verbellten die ungewohnten Panzer, die mit laufendem Motor auf der Hauptstraße standen. Einzelne Soldaten drangen, die Gewehre wie Wünschelruten vor sich her haltend, in die Häuser ein und stießen die Fenster auf. Plötzlich hörte man Geschrei. Eine alte Frau, die sich in all ihre Kleider gezwängt hatte, daß sie kaum mehr gehen konnte, erschien in einer Haustür und ließ ihren Koffer fallen, der aufsprang und zwei Schinken hergab.

Meine Träume in der Nacht waren schlimmer als die Geschehnisse am Tag. Am nächsten Morgen zog ein Geruch von geröstetem Speck durch das Dorf und vermischte sich mit dem Gestank des Benzins. Mit den Amerikanern hatte das Dorf eine neue Witterung angenommen. Sie saßen jetzt im Halbkreis um das Kriegerdenkmal und frühstückten. Sie waren jetzt nicht mehr so fremd. Einer reichte mir eine Dose Pfirsiche, die er mit einem großen Messer geöffnet hatte. Ich verdarb mir fürchterlich den Magen. Man mußte erst wieder essen lernen.

Als die Kampftruppen wieder abgezogen waren, quartierte sich eine Kompanie Pioniere in das Dorf ein, und ich begann einen typisch amerikanischen Lebenslauf. Ich wusch Teller und lebte von Resten, noch nicht wissend, daß dies unweigerlich zum Millionär führen müsse. Ich war jedoch eine Ausnahme. Allmählich hatte ich mich mit der englischen Sprache vertrauter gemacht, so daß ich mich mit den amerikanischen Soldaten unterhalten konnte. Sie erzählten von ihrer Heimat, von ihren Frauen, von Autos, von Steaks, die so groß wie eine Familienbibel seien, und von einem weiten Land. Ich lief damals in Stiefeln, Schuhgröße 48, herum und trug eine schwarzgefärbte Uniform der belgischen Armee, die in den Nähten noch die ursprüngliche Farbe zeigte. Die Amerikaner nannten mich Junior. Ich muß sehr lächerlich ausgesehen haben. Einer von ihnen betrank sich an einem Sonntag, hielt mich für einen Feind und schoß mit seiner Pistole auf mich. Er hat mich nicht getroffen. Ich trage den Schmerz, auf den ich damals wartete, neben vielen anderen Schmerzen, noch immer als Erwartung mit mir herum. Ein anderer Amerikaner, der zufällig dazukam, schlug den Schützen nieder und schleppte ihn in sein Quartier. Damals erhielt ich auch wieder einen Paß, und meine Mutter meinte, jetzt seien wir wieder ordentlich.

In der Schule, die erst im Herbst 1945 wieder begann, wurde das Wort Demokratie zum Stichwort des Umdenkens. Mr. Goodman, der Leiter des Amerikahauses in Gelnhausen, lud meine Klasse zu einer Party ein, zu der ich in meiner schwarzgefärbten, belgischen Uniform ging. Ich fühlte mich sehr unbehaglich, aber es gelang Mr. Goodman in einem Gespräch, meine Gedanken von mir selbst abzulenken. Das Amerikahaus wurde für mich ein zweites Zuhause. Mit der Wut eines Zuspätgekommenen fraß ich mich durch die Bibliothek, lernte Steinbeck kennen, Hemingway, Joyce, Melville, Bret Harte, Caldwell usw. Aus dieser Lektüre wuchs Amerika zu einem faszinierenden Patchwork. Mr. Goodman gab mir den Schlüssel zum Tresor der amerikanischen Literatur. Er steckte voller Anregungen, trug stets leichte, dunkelblaue Anzüge und lachte gern, wie ich überhaupt bei den Amerikanern eine größere Leichtigkeit entdeckte, wenn es darum ging, dem Leben eine spaßige Seite abzugewinnen. Wir hatten noch etwas Schwierigkeiten mit dem Lachen. Es blieb in der Kehle stecken. Ich glaube, es war im Sommer 1947, als einige meiner Klassenkameraden und ich die erste Schülerzeitung in Hessen starteten. Mr. Goodman stellte uns einen Presseausweis aus, mit dem wir die seltsamsten Veranstaltungen in Gelnhausen und Umgebung aufsuchten. Ich trug jetzt nicht mehr die schwarzgefärbte, belgische Uniform, sondern kurze Hosen und schwärmte für Charly Parker und die amerikanische Art des Lebens. Unsere Zukunft jedoch konnte ich mir immer noch nicht vorstellen. Der Krieg hatte mich die Kunst gelehrt, aus dem Augenblick zu leben. Jetzt kam es darauf an, an die Zukunft zu denken.

Arno Lustiger

Im Januar 1945 war ich Häftling Nr. A-5592 im KZ Blechhammer in Schlesien, einem Nebenlager von Auschwitz. Es war kein Vernichtungs-, sondern ein Arbeitslager. Die 4000 Häftlinge arbeiteten in einem großen Hydrierwerk, in welchem Benzin aus Kohle hergestellt wurde. Die Lebens- und Arbeitsbedingungen waren sehr schwer, doch war das Ziel der SS im KZ Blechhammer nicht die Tötung der Gefangenen, sondern von ihnen eine höchstmögliche Arbeitsleistung herauszupressen. Die Lagerkapos waren im allgemeinen keine verbrecherischen Sadisten, wie in vielen anderen Lagern, denn der Lagerälteste Karl Demmerer war ein Vorbild an Solidarität mit den Mithäftlingen und verhinderte Übergriffe von Kapos gegenüber den einfachen Gefangenen, wie ich einer war.

Das Werk Blechhammer war von höchster strategischer Bedeutung für die deutsche Kriegsführung und wurde deshalb oft bombardiert, wobei viele Häftlinge getötet oder wegen des Verdachts der Plünderung durch Erhängen hingerichtet wurden. Es wurden auch oft Prügelstrafen bei Anwesenheit des gesamten Lagers angewandt. Wer nicht arbeiten konnte, wurde ins Hauptlager Auschwitz verbracht und dort vergast, wie mein Vater, den ich zwei Wochen verpaßte, als ich im KZ Blechhammer eintraf.

Am 21. Januar 1945 wurde die Evakuierung des Lagers zu Fuß angeordnet, weil sich die Rote Armee unaufhaltsam Schlesien näherte. Es sollte ein Todesmarsch werden. Als Marschverpflegung wurde ein halbes Kommißbrot, eine Portion Margarine und Kunsthonig verteilt. Es war ein schwerer Winter mit hohem Schnee und Temperaturen um 20 Grad minus. Wir waren in gestreifte Zellwollfetzen gekleidet. Die Schuhe mit Holzsohlen verursachten wegen der

Eisbildung am Absatz Knöchelverrenkungen bei vielen Häftlingen, die ein Weitermarschieren verhinderten. Eine Salve aus einer Maschinenpistole war die Folge. Wer nicht marschieren oder das Tempo nicht einhalten konnte, wurde erschossen. Schon in der zweiten Nacht wurde mir meine Brotration, die ich in einem Beutel verpackt als Kissen benutzte, gestohlen. Damit war ich eigentlich zum Tode verurteilt, denn das war meine einzige Verpflegung während des Marsches.

Nach zwölftägigem Marsch über Kosel und Neisse erreichten wir, nur ein Viertel der Häftlinge, am 2. Februar das KZ Groß-Rosen. Dort erlebte ich die schlimmsten Zeiten meiner bisherigen Karriere als Häftling, der vorher in den Lagern Sosnowitz, Annaberg und Otmuth inhaftiert war. Sadistische Berufsverbrecher, die als Kapos das Lager beherrschten, prügelten ohne erkennbaren Anlaß zahlreiche Häftlinge zu Tode.

Am 7. Februar 1945 wurden die überlebenden Häftlinge auf offene Waggons verladen. Die viertägige Reise ohne Transportverpflegung führte über Dresden und Jena nach Weimar. Merkwürdigerweise kann ich mich an keine Einzelheiten der mehrtägigen Bahnfahrt erinnern. Vielleicht mußte ich unbewußt etwas Schreckliches verdrängen. Als der Zug auf dem Bahnhof in Weimar am 10. Februar eintraf, gab es einen heftigen Fliegerangriff. Die SS-Wachen flüchteten in Panik und auch einige Häftlinge, darunter ich, liefen weg. Ich versteckte mich hinter einem Haus, doch nach der Entwarnung wurde ich denunziert, eingefangen und mit einem Gewehrkolbenhieb bestraft. Dann ging es nach Buchenwald, denn die Gleise nach dem nahe gelegenen KZ waren unbeschädigt geblieben.

Nach einer Woche als Häftling Nr. 124880 im berüchtigten »Kleinen Lager« wurde ich mit der Bahn ins KZ Langenstein im Harz verbracht. Später erfuhr ich, daß in diesem Lager die letzte Parole der SS praktiziert wurde, »Verschrottung durch Arbeit«. Ich wurde in dieses Lager, in welchem die durchschnittliche Lebenserwartung sechs Wochen betrug, als menschliches Verschrottungs-Objekt durch die Funktionskapos von Buchenwald geschickt, weil ich keiner der schützenswerten Lagerkategorien, z. B. als orthodoxer Kommunist, angehörte. Noch im Juli 1994 wurde ich von einem dieser »Roten Kapos« als »Schrott« tituliert.

Der Tagesablauf im KZ Langenstein war: Wecken um 5 Uhr, Waschen in der eiskalten Waschbaracke, Bettenbau, Essenfassen, das aus Ersatzkaffee-Brühe, 200 Gramm Brot, je einem Löffel Margarine und Marmelade bestand, Appellstehen, Marsch von mehreren Kilometern zur Arbeit. Die Häftlinge gruben kilometerlange Stollen für eine unterirdische Flugzeug-Fabrik, schleppten den Abraum in schweren Loren auf wackligen, provisorischen Schienen, die oft entgleisten. Bei Sprengungen starben viele Häftlinge, weil es keinen Atem- oder Kopfschutz gab. Aber die meisten Kameraden starben durch Unterernährung, Schikanen, Schläge der SS-Wachen und der zivilen deutschen Meister. Mehrmals passierte es, daß ein Kamerad neben mir beim Schieben einer Lore ohne Vorwarnung, wie eine Fliege, tot umfiel. Einmal bekam ich Durchfall und war so schwach, daß ich mit letzten Kräften den Stollen erreichte. Ich war sicher, daß dies der letzte Tag meines Lebens war. Der zivile Meister meines Kommandos erkannte sofort meine Lage und schloß mich, ohne ein Wort zu sagen, in eine Werkzeugkiste ein, um mich bei Arbeitsende herauszulassen. Dieser eine arbeitsfreie Tag rettete mir das Leben.

Die im Stollen verstorbenen Kameraden mußten zurück ins Lager getragen werden, denn die Zahl der einrückenden Sklaven mußte stimmen. Nach 12- bis 14stündigem Arbeitstag verzögerte sich der Rückmarsch wegen der alliierten Fliegerangriffe manchmal um Stunden, denn auf keinen Fall durften die Flieger den stark getarnten Tunneleingang bemerken. Danach gab es noch einmal einen Zählappell, so daß zum Schlafen nur wenige Stunden blieben.

Wegen kleinster Übertretungen wurden Prügelstrafen angeordnet, und oft sind an dem berüchtigten großen Kiefernbaum Häftlinge wegen Kleinigkeiten aufgehängt worden. Die Sterblichkeit war so hoch, daß das mit dem Begraben der Leichen befaßte Kommando mit der Arbeit nicht nachkam. Die verreckten Häftlinge wurden durch Transporte aus Buchenwald ersetzt.

Das KZ Langenstein war das internationalste Lager meiner Häftlings-Karriere, denn dort litten und starben Widerstandskämpfer aus 17 europäischen Nationen. In den wenigen freien Stunden unterhielt ich mich gerne mit sowjetischen Offizieren, die mir meine Illusionen über die großartigen Errungenschaften der »Heimat aller Werktätigen« gründlich austrieben.

Anfang April wurde die Arbeit im Stollen eingestellt, denn die amerikanischen Truppen näherten sich dem Harz, und es wurde über eine Evakuierung gesprochen. Eines Tages wurden die Häftlinge auf den Appellplatz befohlen, doch ging niemand hin, weil bekannt wurde, daß die SS uns alle, 4000 Häftlinge, in den Tunnel treiben und den Eingang dann sprengen wollte. Schließlich erhielt der Lagerkommandant anscheinend andere Instruktionen, und es wurde die Evakuierung des Lagers am 9. April befohlen. Alle marschfähigen Häftlinge bekamen eine Tagesration als Verpflegung, die einzige während des ganzen Fußmarsches. Es wurde nur nachts marschiert, denn die Bevölkerung sollte offenbar vom Anblick der mit letzter Anstrengung marschierenden Skelette verschont werden. Am Tage ruhten wir uns auf kalten, nassen Wiesen unter freiem Himmel aus. Wer nicht marschieren konnte, wurde auf der Stelle erschossen.

In der vierten Nacht flüchtete ich vom Marsch. Kurz nach Mitternacht weckte ich einen in einem Bauernhaus einquartierten Wehrmachtsoffizier und bat ihn um ein Stück Brot. Er musterte mich streng und sagte: Warten Sie hier und laufen Sie nicht weg. Ich war überzeugt, daß er per Telefon die Feldgendarmerie alarmieren würde, um sich selbst nicht die Hände mit einem entlaufenen Häftling schmutzig zu machen. Übrigens war es das erste Mal seit Jahren, daß mich jemand per »Sie« ansprach. Nach einer Weile, die für mich eine Ewigkeit dauerte, kam er mit einem ganzen Kommißbrot heraus und schlug die Tür zu. Ich fand draußen vor dem Dorf eine Gartenhütte, in die ich mich für den Rest des Tages verkriechen wollte. Doch gegen Morgen weckte mich das Gebell von Hunden, die mich aufspürten. Zwei mit Gewehren bewaffnete Volkssturm-Männer befahlen mir, mich zu den acht Häftlingen zu gesellen, die in dieser Nacht ebenfalls geflüchtet und unterdessen gefaßt worden waren. Wir wurden zum Lagerplatz unserer Marschkolonne geführt, die sich nur wenige Kilometer weiter ausruhte. Ich wußte, daß dies die letzte Stunde meines Lebens war, denn auf Flucht stand die sofortige Exekution. Kurzentschlossen lief ich in der Nähe eines Waldes einfach weg, und es war mein Glück, daß mich keine der vielen Kugeln traf, die gegen mich verschossen wurden. Ich hörte aus der Ferne Geschützdonner, irrte im Wald umher und wußte nicht, wo die offenbar nahe Frontlinie verlief. Plötzlich hörte ich Schritte. Es war ein deutscher Deserteur, ohne Koppel und Waffen, der aus der Gegend stammte und einfach nach Hause wollte, dort, wo schon die Amerikaner waren. Ich habe mich auf seine Fersen gesetzt, aber er wollte mich durch ein hohes Tempo loswerden, denn ein Deserteur in Begleitung eines geflüchteten KZ-Häftlings, das würde für ihn die sofortige Todesstrafe im Falle der Ergreifung bedeutet haben. Er hätte mich auch mit einem Schlag ins Jenseits befördern können, aber er wollte offenbar die ersten Stunden seiner Freiheit nicht mit einem Mord beginnen.

Nach einer gewissen Zeit verlor ich das Bewußtsein, und dann hörte ich wie im Traum englische Worte. Es war eine amerikanische Panzerspitze, die mich am Waldesrand aufgelesen hatte und mich jetzt ins Feldlazarett, auf dem Panzer festgeschnallt, brachte. Ich war frei, aber halbtot.

Über die nächsten Tage kann ich nichts sagen, denn ich war wie in einem Trancezustand. Einmal merkte ich den

Händedruck eines Soldaten, der sich die Tränen wischte. Später lernte ich meinen Retter kennen, einen jüdischen Armeearzt aus New York, der mich auf strenge Diät setzte und mir damit das Leben rettete. Tausende von befreiten Häftlingen starben kurz *nach* der Befreiung durch falsche Ernährung.

Ich habe mich dank der guten Pflege sehr schnell erholt und an Gewicht zugenommen. Ich bat dann den kommandierenden Offizier, mich in die Einheit aufzunehmen. Ich erhielt eine Uniform und wurde kurz an der Waffe, einer großkalibrigen Pistole, ausgebildet. Ich fungierte als Dolmetscher für Englisch und slawische Sprachen und nahm u. a. an Vernehmungen von Kriegsgefangenen teil. Ich habe auch Befehle und Anordnungen der Amerikaner an die zahlreichen befreiten alliierten Kriegsgefangenen überbracht.

Wir waren in einem kleinen Harzstädtchen stationiert, und ich genoß die Freiheit, aber auch die brüderliche Kameradschaft meiner Befreier und Waffenkameraden. Es waren hartgesottene Veteranen vieler Schlachten, doch zeigten sie ihr weiches Herz im Umgang mit Kindern und Jugendlichen und vor allem mit mir. Ein älterer Unteroffizier frankokanadischer Abstammung übernahm die Vaterrolle und versuchte mich mit allen Mitteln aufzuheitern, denn ich war überglücklich, aber zugleich oft unendlich traurig, weil ich über mehrere Wochen hinweg keinen einzigen jüdischen Überlebenden getroffen hatte. Ich glaubte manchmal, daß ich der einzige überlebende Jude wäre, der einzige meiner Familie, der Letzte von Millionen.

Von der Kapitulation Deutschlands erfuhr ich durch Frankie, einen polnischstämmigen Kameraden aus Chicago, der die freudige Nachricht im Armeeradio gehört hatte. Wir haben uns daraufhin stark besoffen und konnten nur als wankende Gestalten am Appell teilnehmen, an welchem uns der Captain den Text der Kapitulation vorlas. Erst dann erinnerte ich mich, daß ich am Tag zuvor, am 7. Mai 1945, meinen einundzwanzigsten Geburtstag hatte. Nun setzte aus beiden Anlässen, dem Sieg über Nazi-Deutschland und meinem Geburtstag, ein allgemeines Besäufnis ein. Ich wurde volljährig, war frei, überglücklich und zugleich zu Tode betrübt. Ich freute mich mit den Menschenmassen auf den Straßen, unter ihnen viele befreite Zwangsarbeiter aus ganz Europa, aber im Innern beweinte ich den Tod meiner Familienangehörigen und meines Volkes.

Charlotte Janka

Das langersehnte Ende des Krieges erlebte ich in Mexiko. Am 3. Mai 45 wurde der Sieg über Hitlerdeutschland mit einer gewaltigen Demonstration gefeiert. Auf dem Zocalo, diesem herrlichen Platz vor dem Präsidentenpalais, auf dem sich einst der Palast von Montezuma befand, versammelten sich die Menschen der Hauptstadt. Viele Emigranten aus den von Hitler besetzten Ländern waren dabei, Militärkapellen spielten, und auch Mariachis in ihrer typischen Kleidung mit den großen, reich mit Silber verzierten Hüten fehlten nicht. Knallkörper waren zu hören, ohne die kein Fest in Mexiko denkbar ist. Vom Zocalo strömte der Demonstrationszug zum Paseo de la Reforma, zur Unabhängigkeitssäule.

Neben offiziellen Regierungsvertretern sprachen auch Repräsentanten der Exilbewegungen – von den Deutschen der Schriftsteller Ludwig Renn. Es war eine bewegende Rede in spanischer Sprache, in der er dem mexikanischen Volk für die Gastfreundschaft dankte. Im Namen der Freien Deutschen gelobte er, wieder aufzubauen, was die Nazis zerstört hatten.

Am 9. Mai folgte eine internationale Pressekonferenz der Freien Deutschen, geleitet von Antonio Castro Leal, dem ehemaligen Rektor der Universität Mexiko, der die Arbeit der Exilgruppe maßgeblich unterstützt hatte. Castro Leal erinnerte an die Haltung des mexikanischen Volkes, der Regierung und ihres Präsidenten Manuel Avila Camacho. Erst sie gemeinsam hatten den Exilanten die vielfältigen Aktivitäten auf politischem und kulturellem Gebiet überhaupt ermöglicht.

Mit tiefer Dankbarkeit erinnern wir uns daran. Und wie könnten wir je das Land vergessen (auch heute noch, nach mehr als fünfzig Jahren), das uns mit offenen Armen empfangen hatte.

Ende 1941 wurde der Heinrich-Heine-Klub gegründet, der bis 1946 bestand und sich durch rege Tätigkeit auszeichnete. Er veranstaltete nicht nur Vorträge, Dichterlesungen, Konzerte, sondern auch Theateraufführungen: »Die Dreigroschenoper«, »Volpone«, »Die Galgentoni«, »Der Fall des Generalstabschefs Redl«. Die Redl-Geschichte wurde nur von Schriftstellern gespielt. Anlaß war der 60. Geburtstag des Autors Egon Erwin Kisch. In der Titelrolle glänzte Bruno Frei, den Erzherzog spielte Otto Katz (André Simone), der 1952 auf tragische Weise den stalinistischen »Säuberungen« in der Tschechoslowakei zum Opfer fiel. Ein Kuriosum war auch die Aufführung der »Gespenster«; der legendäre Ernst Deutsch, aus diesem Anlaß aus den USA angereist, spielte die Hauptrolle. Eine so vielfältige kulturelle und politische Tätigkeit war einerseits nur möglich, weil herausragende Persönlichkeiten in Mexiko lebten. Nicht nur deutsche Schriftsteller und Künstler, sondern auch österreichische, tschechische, ungarische, polnische, jugoslawische. Andererseits existierte auch ein großes, an deutscher Kultur interessiertes Publikum.

1942 – zum 9. Jahrestag der Bücherverbrennung – folgte die Gründung des Verlages »El Libro Libre« (Das Freie Buch), dessen Leiter mein Mann Walter Janka wurde. Und im Juli dieses Jahres war – auf Anregung des Präsidenten des Lateinamerikanischen Gewerkschaftsbundes Vicente Lombardo Toledano – ein Empfang beim mexikanischen Staatspräsidenten. Der Präsident wollte wissen, was die Exilanten in seinem Lande zu tun gedächten. Dabei wurde die Herausgabe des »Schwarzbuches über den Naziterror in Europa« in spanischer Sprache beschlossen, an dem sich Autoren aus der ganzen Welt beteiligten. Auch Heinrich und Thomas Mann. Der Präsident übernahm die Patenschaft für die Herausgabe. Die Auflage war schnell vergriffen. Es folgte eine zweite, weil die amerikanische Regierung unter F. D. Roosevelt sie an die Bibliotheken des amerikanischen Kontinents verteilen ließ.

Der Verlag veröffentlichte in der Folge eine Reihe bedeutender Erstausgaben. Dazu gehörten »Entdeckungen in Mexiko« von Egon Erwin Kisch, »Das siebte Kreuz« von Anna Seghers, »Die Tochter« von Bruno Frank, »Lidice« von Heinrich Mann, »Unholdes Frankreich« von Lion Feuchtwanger, »Stalingrad« von Theodor Plievier, »Das verlorene Manuskript« von Theodor Balk, »Adel im Untergang« von Ludwig Renn und zahlreiche andere Titel. Vergessen werden sollte nicht das Lyrikbändchen von Paul Mayer, »Exil«. Sein Thema: Die Schrecken der Völker Europas und eine Huldigung an das Gastland Mexiko.

Wie werden wir Deutschland und die Deutschen nach dem Krieg wiedertreffen? Wie werden sie uns begegnen? Wann wird es soweit sein, die Rückreise antreten zu können? Das waren Fragen, die uns immer wieder beschäftigten. Mexikanische Freunde konnten nicht verstehen, warum es uns in das zerstörte Europa trieb. Schließlich hatten wir Deutschland ja nicht freiwillig verlassen. Man hatte uns denunziert, verfolgt, gejagt, und viele hatten Erfahrungen in Gefängnissen und Konzentrationslagern machen müssen. Nur wenige von uns – vor allem jüdische Emigranten – wollten nach der Massenvernichtung in den Konzentrationslagern nicht mehr zurück. Das war begreiflich, und wir respektierten es. Indessen stellte sich heraus, daß es auch für die Rückkehrwilligen nicht einfach war. Es war nicht nur eine Frage des Geldes. Als Deutscher durfte man ohne Genehmigung der USA den amerikanischen Kontinent nicht verlassen. Für Tschechen, Polen, Ungarn galt diese Beschränkung nicht. Uns blieb schließlich nur die Möglichkeit, die Heimreise auf einem sowjetischen Schiff anzutreten.

Aber erst mußte der Verlag aufgelöst werden, ehe es 1947 soweit war. Der Januar verging, es wurde Februar, als das sowjetische Schiff, die »Marschall Goworow«, endlich im Hafen von Coatzacoalcos (Puerto México) anlegte. Vor dem Bau des Panama-Kanals hatte der Hafen große Bedeutung, denn er diente als Umschlagplatz für die Eisenbahn über die Landenge von Tehuantepec.

Am 18. Februar wurden die Anker gelichtet. Das Abenteuer begann. Wir reisten zusammen mit Ludwig Renn. Der Frachter, voll beladen mit amerikanischen Maschinen und Fahrzeugen, hatte nur wenige Kabinen. Solange das Wetter einigermaßen schön war, gab es keine Probleme. Aber dann tobte ein Orkan nach dem anderen, und Windstärken 11 und 12 waren keine Seltenheit. Zudem gab es im Atlantik noch jede Menge Minen. Nicht nur einmal mußte unser Schiff plötzlich stoppen. Hinzu kam eine seelische Belastung; denn der Heimathafen des Schiffes war Leningrad. Angefangen vom Kapitän, hatten viele Besatzungsmitglieder Angehörige während der Blockade durch die Hitler-Wehrmacht verloren.

Leningrad konnten wir jedoch nicht anlaufen. Die Ostsee war zugefroren. Also ging die Fahrt über den nördlichen Polarkreis nach Murmansk. Uns empfingen mehr als 20 Grad Kälte. Die Stadt war zu zwei Dritteln zerstört. Trotzdem bereitete man uns im Seemannsklub einen herzlichen Empfang. Nach drei Tagen ging es weiter nach Moskau. Der Zug war ungeheizt, die Fenster mit Holz vernagelt. Überall auf der Strecke Kriegsverwüstungen und abgeschossene Junkers-Flugzeuge. Auch Moskau empfing uns freundlich. Nach einer Woche mit Theater- und Ballettvorstellungen, Konzerten und Museumsbesuchen kam der Tag des Abschieds ...

Noch aber blieb ausreichend Zeit, sich an die Stationen unserer Emigration zu erinnern: 1933 war ich nach Frankreich gegangen, in das Land, das uns zunächst Schutz und Asyl bot und vielen half, zeitweilig zu überleben. Anna Seghers hat in ihrem Buch »Transit« diese meist ausweglose Situation anschaulich gemacht. Nur ein Bruchteil der Emigranten konnte Frankreich noch verlassen. Während uns Mexiko Arbeit, Auskommen und grenzenlose Freiheit brachte, war die Zeit des Exils in Frankreich ein auffallender Gegensatz gewesen. Nicht nur die materielle Lage der Emigranten war katastrophal, der Hunger gehörte zum Alltag. Dramatisch wurde die Situation bei Kriegsausbruch. Dem

Zwangsaufenthalt folgte die Internierung. Für mich hieß das Rieucros, das größte Frauenlager im Zentralmassiv bei Mende. Sechshundert Frauen waren in tausend Meter Höhe eingesperrt: Holzbaracken, sehr rauhes Klima, viel Regen, miserable Versorgung. Das mexikanische Einreisevisum brachte die Rettung ...

In Marseille betreute ich »Illegale«, die aus den Lagern geflüchtet waren, weil sie auf den Auslieferungslisten der Gestapo standen. Obwohl Marseille zur »Freien Zone« gehörte, kontrollierte die Gestapo bereits die Passagierlisten. Ohne die Hilfe des französischen Widerstandes wären sowohl Versorgung wie Ausreise nicht mehr möglich gewesen. Walter Janka war ein solcher Fall. Wir begegneten uns im Sommer 1941. Aus dieser Begegnung entstand eine Verbindung, die über 52 Jahre dauern sollte ...

Im Oktober 1941 bestiegen wir ein Schiff nach Oran. Von dort ging es mit der Bahn nach Casablanca. Nach einigen Wochen des Wartens lief das portugiesische Schiff »Serpa Pinto« ein. Die lange Reise führte – über viele Zwischenstationen bei ruhiger See von den Azoren ab – nach Veracruz.

Kehren wir aus der Erinnerung zurück nach Moskau. Es nahte der Tag der Abreise im »Blauen Express«. Nur Militärangehörige – vom einfachen Soldaten bis zum General – fuhren in diesem überfüllten Zug. Der Schriftsteller Ludwig Renn, Walter Janka und ich waren die einzigen Zivilisten.

Zwei Coupés der »weichen Klasse« standen nur uns zur Verfügung. Auf der Fahrt kamen immer wieder Offiziere in unser Abteil. Sie waren neugierig, wollten sich mit uns unterhalten und fürchteten, daß wir nicht genug zu essen hätten. Unterwegs zogen die zerstörten Städte und Landschaften endlos an uns vorbei.

Schon stellten wir uns in Gedanken auf das ein, was uns in Deutschland erwartete. Nach zwei Tagen kamen wir spät nachts auf dem Schlesischen Bahnhof in Berlin an: Es war der 30. März 1947. Wir waren wieder zu Hause.

Aber es blieben die alten Fragen aus dem mexikanischen

Asyl: War es überhaupt noch unser Zuhause, nach so vielen Jahren der Abwesenheit? Dachten und empfanden die Berliner nicht ganz anders als wir? Würden wir den Menschen ohne Argwohn und Vorbehalte entgegentreten können? Und wie würden sie sich uns gegenüber verhalten?

Ernst H. Gombrich

Ich erlebte das Ende des Krieges in der Nähe von Reading als Angestellter des Abhördienstes (Monitoring Service) der British Broadcasting Corporation, dem ich seit dem 12. Dezember 1939 angehörte. Es war unsere Aufgabe, die Rundfunksendungen von Freund und Feind abzuhören, wobei natürlich das Hauptgewicht auf den deutschen und russischen Sendungen lag. Je nach Relevanz wurde der Inhalt dieser Sendung entweder kurz auf englisch zusammengefaßt oder auch wörtlich übersetzt, was vor allem für militärische Meldungen und politische Reden galt.

Mit den Nachrichten- und den Propagandasendungen aus England hatten wir ebensowenig zu tun wie mit dem Abhören der sogenannten »schwarzen« Sender, eine Aufgabe, die einer eigenen Sektion zugeteilt war. So ist es wohl ein wenig irreführend, wenn Professor Warnke in seiner *Laudatio* anläßlich der Verleihung des Goethe-Preises der Stadt Frankfurt von mir sagte, ich sei im englischen Geheimdienst tätig gewesen. Wir kannten keine Staatsgeheimnisse, und die Sendungen, die wir hörten, konnte und durfte jeder hören, der ein geeignetes Empfangsgerät besaß.

Unsere Berichte wurden wieder je nach Aktualität entweder sogleich nach London telegraphiert oder in einem umfangreichen Tagesbericht veröffentlicht, dem *Daily Digest of Foreign Broadcasts*, der an verschiedene Ämter und Dienststellen verteilt wurde. Leider wurde er auf dem Gestettnerkopiergerät vervielfältigt und auf schlechtem Papier gedruckt, und ich habe schon vor Jahren bemerkt, daß diese lose gebundenen Faszikel zerfallen. Ich glaube allerdings, daß sie inzwischen auf Mikrofilm übertragen wurden, nur fehlten mir gegenwärtig die Zeit und die Möglichkeit, danach meine Erinnerungen aufzufrischen und zu kontrollieren.

Ich erwähne das deshalb, weil mir als Historiker klar ist, daß vermeintliche Erinnerungen auch täuschen können und daß das hier Berichtete darum noch überprüft werden müßte.

In einem Vortrag aus dem Jahre 1969, der auch deutsch unter dem Titel »Mythos und Wirklichkeit in den deutschen Rundfunksendungen der Kriegszeit« in dem Band *Die Krise der Kulturgeschichte* (Stuttgart 1983, 1991) veröffentlicht wurde, nahm ich Bezug auf die Ansprache von Josef Goebbels vom 28. Februar 1945, in der es hieß: »Ich sage, daß ich fest und unerschütterlich daran glaube, daß unsere Sache am Ende den Sieg davontragen wird, daß, wenn das nicht der Fall wäre, die Göttin der Geschichte nur eine Hure ... wäre« und daß er in diesem Falle auch nicht weiterleben wolle.

Zwei Monate dauerte noch der Todeskampf des Regimes, und wir verfolgten das Geschehen mit Furcht und Schrekken.

Es war wohl damals, daß ich die Rede hörte, die der Gauleiter von Schlesien im belagerten Breslau hielt. Eine todestrunkene Rede voll von Zitaten deutscher Mystiker wie etwa: »Wer nicht stirbet, eh er stirbet, der verdirbet, wenn er stirbet«. Ich war fast versucht, mich beeindrucken zu lassen, hörte aber zufällig später von einem Augenzeugen, der Gauleiter sei gleich nach dieser Rede in ein Flugzeug gestiegen und habe die Bevölkerung ihrem Schicksal überlassen.

Aus vielen der Sendungen sprach der Mut der Verzweiflung nur zu deutlich. Die eindringenden Panzer sollten mit einer primitiven Waffe aufgehalten werden, einer Art Handgranate, die als »Panzerfaust« laut gepriesen wurde. Ich glaube, die Einheiten, an die sie verteilt wurde, gehörten dem Volkssturm an, in dem auch Jugendliche ihr Heldentum bewähren sollten oder mußten.

Das gab den allgemeinen Ton an, aber zu unserem Erstaunen ließ sich in den letzten Wochen des Krieges auch eine andere Stimme hören, ich denke an eine Sendung (vielleicht im Rahmen des Programms »Aus dem Zeitgeschehen«), in der die völkerrechtliche Stellung der Zivilbevölkerung in besetzten Gebieten nüchtern und sachlich erörtert wurde und die sogar vor Sabotageakten warnte. Es scheint mir möglich, daß wenigstens die Anregung zu dieser Aufklärung von Albert Speer ausging, der sich ja von der Massenpsychose freihielt.

Freilich war das die Ausnahme. Auch in der verzweifelten militärischen Lage wollte man die Hörer glauben machen, es sei noch Aussicht auf Rettung. Der Strohhalm, an den man sich klammerte, war natürlich die Hoffnung, die alliierten und russischen Armeen, die in Deutschland eindrangen, würden zu kämpfen beginnen, sobald sie aufeinanderprallten, dann wäre Deutschland der lachende Dritte. Ich denke vor allem an einen politischen Kommentar, in dem die Hörer aufgefordert wurden, an ein Gleichnis zu denken: sie sollten sich vorstellen, sie müßten einen Fluß zu Fuß überqueren, und es verschwände ihnen schon der Boden unter den Füßen – aber nur noch einen Schritt, und schon standen sie wieder auf festem Grund und erreichten gerettet das andere Ufer.

Leider kann ich mich nicht erinnern, wie weit der Rundfunk den Plan eines Rückzugs in die bayerischen und Tiroler Alpen auch nur erwähnte, aber es war klar, daß die Möglichkeit, daß fast das ganze Land dem Feind überlassen werden würde, sehr schwer auf den Gemütern lastete. Nur so ist es erklärlich, mit welchen Anzeichen der Freude die Nachricht verkündet wurde: »Der Führer bleibt in Berlin«, als wäre seine bloße Gegenwart schon ein Bollwerk gegen den russischen Vormarsch. Ich muß hier an ein poetisches Machwerk denken, das ich früher gehört hatte und das mit den Worten begann:

»Dies aber bleibt: es wirken Deine Hände,
Daß uns im Herzen helle Flammen weh'n.
Denn wir sind Dein, von Anbeginn zu Ende
Und bitten Gott, daß wir vor Dir besteh'n«.

Die angeblich tröstliche Meldung von Hitlers Entschluß

kam wohl nach Hitlers Geburtstag am 20. April, der ganz anders begangen wurde als in früheren Jahren. Ich glaube, es war damals (und nicht bereits 1944), daß Goebbels in *Das Reich* den Führer als stark gealterten und tiefbesorgten Vater des Volkes zu schildern unternahm.

Und so kam es zum letzten Akt, in dem ich zufällig in der Rolle des letzten Statisten auf die Bühne kam. In meinen autobiographischen Gesprächen mit Didier Eribon, die deutsch unter dem Titel *Die Kunst, Bilder zum Sprechen zu bringen* (Stuttgart, 1993) erschienen sind, habe ich diese Episode erzählt und kann sie hier nur wiederholen:

Gegen Ende des Kriegs kündigte der deutsche Rundfunk eine wichtige Durchsage an und begann, getragene Musik zu spielen. Ich erkannte einen Satz aus einer Symphonie, die Bruckner zum Andenken an Wagners Tod geschrieben hatte. Damit wir so schnell wie möglich unsere Informationen weitergeben konnten, notierte ich auf verschiedene Zettel die verschiedenen Möglichkeiten, auf einen schrieb ich: »Hitler ist tot«, auf einen anderen: »Hitler kapituliert«, »Hitler dankt ab« usw. Als der Sprecher begann: »Unser Führer Adolf Hitler ist im Kampf gegen den Bolschewismus gefallen«, habe ich auf den entsprechenden Zettel gezeigt, und man hat sofort Downing Street angerufen. So war ich der Vermittler dieser Nachricht vom endgültigen Ende des Krieges an Winston Churchill.

Es entzieht sich meiner Kenntnis, ob und wann das Volk erfahren durfte, was es mit der Phrase »im Kampf gegen den Bolschewismus gefallen« auf sich hatte. Er war ja nicht mit einer Panzerfaust einem russischen Panzer entgegengetreten, sondern hatte es vorgezogen, in der Tiefe des Bunkers mit Eva Braun Selbstmord zu verüben. Man kann das vielleicht jedem Menschen verzeihen, aber doch kaum einem Mann, der so unsinnig verkündet hatte, er würde bis »5 Minuten nach 12« kämpfen und der die grauenhaften Worte sprach, er, Adolf Hitler, würde dem deutschen Volk »keine Träne nachweinen«, falls es nicht durchhalten würde. Schließlich war er auch verantwortlich für den infamen Wehrmachtsbericht vom 12. April 1945, in dem es heißt, daß General Lasch zum Tode durch den Strang verurteilt worden sei, weil er Königsberg übergeben habe. »Seine Familie wird haftbar gemacht«.

Natürlich war uns allen bewußt, daß wir Zeugen entscheidender Ereignisse waren. Und doch war ich selbst überrascht, als ich beim Kramen in meinen Papieren aus dieser Zeit den Wortlaut des allerletzten Wehrmachtsberichtes dieses Krieges fand, den ich mir offenbar als Andenken mit nach Hause genommen hatte. Gewiß ist er Historikern auch anderswo leicht zugänglich, aber der Text mag hier zum Abschluß stehen, gerade weil die Mischung von angeblicher soldatischer Nüchternheit und billigem Pathos nur allzu charakteristisch ist.

»Wir bringen heute den letzten Wehrmachtsbericht dieses Krieges. Aus dem Hauptquartier des Großadmirals, 9. 5. 1945.

Das Oberkommando der Wehrmacht gibt bekannt: in Ostpreußen haben deutsche Divisionen noch gestern die Weichselmündung und den Westteil der Frischen Nehrung bis zuletzt tapfer verteidigt, wobei sich die 7te Infanterie-Division besonders auszeichnete. Dem Oberbefehlshaber, General der Panzertruppen (von Sauckel), wurden als Anerkennung für die vorbildliche Haltung seiner Soldaten die Brillanten zum Eichenlaub mit Schwertern zum Ritterkreuz des Eisernen Kreuzes verliehen.

Als vorgeschobenes Bollwerk fesselten unsere Armeen im Kurland unter dem bewährten Oberbefehl des Generaloberst (Guenthers) monatelang überlegene sowjetische Schützen-Panzerverbände und erwarben sich in sechs großen Schlachten unvergänglichen Ruhm. Sie haben jede vorzeitige Übergabe abgelehnt. In voller Ordnung wurden mit den nach Westen noch ausfliegenden Flugzeugen nur Versehrte und später zahlreiche Kinder abtransportiert. Die Stäbe und Offiziere blieben bei ihren Gruppen.

Um Mitternacht wurde von deutscher Seite den unterzeichneten Bedingungen entsprechend der Kampf und jede Bewegung eingestellt.

Die Verteidiger von Breslau, die über zwei Monate lang den Angriffen der Sowjets standhielten, erlagen in letzter Stunde nach heldenhaftem Kampf der feindlichen Übermacht.

Auch an der Südost- und Ostfront, von Fiume über Brünn bis an die Elbe bei Dresden, haben alle höheren Kommandostellen den Befehl zur Einstellung des Kampfes erhalten.

Eine tschechische Aufstandsbewegung umfaßt ganz Böhmen und Mähren und kann die Durchführung der Kapitulationsbedingungen und die Nachrichtenverbindungen in diesem Raum gefährden.

Meldungen über die Lage bei den Heeresgruppen Loehr, Rendulic und Schoerner liegen beim Oberkommando der Wehrmacht zur Stunde noch nicht vor.

Fern der Heimat haben die Verteidiger der Atlantikstützpunkte, unsere Truppen in Norwegen und die Besatzungen der Ägäischen Inseln in Gehorsam und Disziplin die Waffenehre des deutschen Soldaten bewahrt.

Seit Mitternacht schweigen nun an allen Fronten die Waffen. Auf Befehl des Großadmirals hat die Wehrmacht den aussichtslos gewordenen Kampf eingestellt. Damit ist das fast sechsjährige heldenhafte Ringen zu Ende. Es hat uns große Siege, aber auch schwere Niederlagen gebracht. Die deutsche Wehrmacht ist am Ende einer gewaltigen Übermacht ehrenvoll unterlegen.

Der deutsche Soldat hat, getreu seinem Eid, in höchstem Einsatz für sein Volk, für immer Unvergeßliches geleistet. Die Heimat hat ihn bis zuletzt mit allen Kräften unter schwersten Opfern unterstützt. Die einmalige Leistung von Front und Heimat wird in einem späteren gerechten Urteil der Geschichte ihre endgültige Würdigung finden. Den Leistungen und Opfern der deutschen Soldaten zu Lande, zu Wasser und in der Luft wird auch der Gegner die Achtung nicht versagen. Jeder Soldat kann deshalb die Waffe aufrecht und stolz aus der Hand legen und in den schwersten Stunden unserer Geschichte tapfer und zuversichtlich an die Arbeit gehen für das ewige Leben unseres Volkes.

Die Wehrmacht gedenkt in dieser schweren Stunde ihrer vor dem Feind gebliebenen Kameraden. Die Toten verpflichten zu bedingungsloser Treue, zu Gehorsam und Disziplin gegenüber dem aus zahllosen Wunden blutenden Vaterland.

Wir brachten den Wortlaut des letzten Wehrmachtsberichtes dieses Krieges. Es tritt eine Funkstille von drei Minuten ein.«

Die bedingungslose Übergabe, die endlich Hitlers Krieg ein Ende setzte, ist natürlich in diesem Bericht mit keinem Wort erwähnt. Im Gegenteil, man beachte, daß der Ausdruck Kapitulation nur dort gebraucht wird, wo die Erfüllung ihrer »Bedingungen« durch andere als »gefährdet« hingestellt wird.

Auch nach fünfzig Jahren schaudert man noch ...

Alfred Grosser

Für die Deutschen bedeutet der 8. Mai 1945 das Ende des Krieges. Das gilt für Frankreich nur teilweise. Erstens weil der Krieg gegen Japan bis September weiterging und Frankreich auch einigermaßen daran beteiligt war, vor allem aber zweitens, daß für viele, und darunter auch für mich, das eigentliche Ende die Befreiung war, das heißt, das Ende der deutschen Präsenz. Ich war im Herbst 1944 in Marseille. Als Marseille frei wurde, als die deutschen Truppen sich in den Norden zurückzogen, war für die meisten Bürger von Marseille der Krieg eigentlich zu Ende. Nur die wenigsten haben sich dann noch am Krieg beteiligt. Das hat zu Recht de Gaulle sehr bedrückt.

Wie war es für mich? Im August 1944, als Marseille befreit wurde, war ich Lehrer (mit falschem Paß) an einer katholischen Privatschule, der Ecole Saint Joseph. Ich habe mich, wie man so sagt, an den Kämpfen für die Befreiung von Marseille beteiligt. Was heißt das? Ich möchte es nicht zu ironisch behandeln, denn 1994 hat es die »50-Jahr-Feier« in Frankreich gegeben, und das war sehr würdig. Aber die meisten Deutschen hatten im August 1944 die Stadt schon verlassen, und natürlich ist es im Lauf der Jahre zur Legendenbildung gekommen. Ein Beispiel: Wir hatten eine kleine Kanone gefunden, in der ein Schuß steckte. Der ist losgegangen, und wir wußten nicht wieso. Aber wir hatten eine Apotheke in Brand gesteckt. Es waren keine Deutschen da. Und einen zweiten Schuß gab es auch nicht. Außerdem wußte keiner von uns, wie man so ein Ding laden konnte. In der Geschichte der Befreiung von Marseille heißt das heute: die Kämpfe am Place Castellane. Andererseits hat es auch wirklich Kämpfe mit einigen Toten gegeben, einen auch in der Nähe der Schule. Man ging mit viel Begeisterung und

Zorn gegen die besiegten Deutschen vor. Und ich habe in meinen Büchern auch erzählt, daß ich das Glück hatte, einen Moment den Zweiten Satz aus Beethovens Erster Symphonie zu hören und ruhig zu werden und nicht mehr in der Versuchung zu sein, aus Rache zu töten. Denn die große Gefahr war damals, und das ist für mich das Anekelnde der Befreiung bis heute, daß viele Leute, die eigentlich nicht gelitten hatten, sich nun für ihre »Leiden« rächen wollten und Kollaborateure verfolgten, Mädchen die Haare abschoren und so weiter. Die Begeisterung ist echt gewesen, aber vieles war unecht.

Hätte ich etwas Verwaltungsrecht studiert gehabt, so hätte ich vielleicht eine Beamtenlaufbahn eingeschlagen: Man bot dem erst neunzehnjährigen Lehrer von der Widerstandsbewegung »Jeunes de la Libération nationale« einen hohen Posten in der Verwaltung des Regierungsbezirks, der Préfecture des Bouches du Rhône, an. Aber vermutlich hätte ich auch bei vorhandener Kompetenz abgelehnt, so angeekelt war ich vom Schauspiel der plötzlichen Bekehrungen und der unwürdigen »Säuberungsaktionen«. Ich wollte zu der nach Norden ziehenden Armee. Aus dem Tagebuch, das ich einige Monate lang führte, geht jedoch hervor, daß es nicht aus Heldentum war. Ich wollte mir beweisen, daß ich nicht feige war, und ich wollte, daß man mir später, wenn ich gegen Haß und Nationaldünkel sprechen würde, keinen Vorwurf machen könne, mich gedrückt zu haben.

Ich wollte dann zur Französischen 1. Armee, wurde aber zunächst, noch vor meiner Aufnahme, engagiert, um die Dokumente der Gestapo in Marseille zu bearbeiten, weil ich Deutsch konnte. Ich hatte die Verantwortung zu sagen, was richtig war und was nicht. Ich hätte da ein großes Vermögen machen können, denn ich fand ein Scheckbuch mit dem Nachweis der Schecks, die von der Gestapo Marseille an Industrielle gegangen waren. Mit dieser Liste hätte ich viel Geld erpressen können. Aber ich gab sie meinem Vorgesetzten. Das Scheckbuch ist dann total verschwunden. Niemand hat mehr davon gesprochen.

Vor meiner endgültigen Verpflichtung erlaubte man mir, meine Mutter kurz wiederzusehen, die unterdessen in Monte Carlo untergekommen war. Ich wurde dann von einem Autobus überfahren, kam ins Krankenhaus und mußte monatelang am Stock laufen. Meine militärische Karriere war damit beendet. Erst im Oktober 1944 kehrte ich mit meiner Mutter nach Marseille zurück. Ich wurde dann (bis zum Juli 1945) im Rang eines zivilen Oberleutnants als Pressezensor in Marseille eingesetzt, das heißt, ich mußte sechs Nächte in der Woche fünf Marseiller Zeitungen, an jedem Abend eine andere, überwachen. Am sechsten Abend war man in der Zentrale und bekam die speziellen Anweisungen, was zu überwachen sei. Um ein Beispiel zu geben: Es wurde gesagt, nichts darf erscheinen, was die Zuversicht der Bevölkerung erschüttern könnte. Das war nicht ganz einfach umzusetzen. Denn als dann der Krieg weiterging und die französischen wie auch die anderen alliierten Truppen vorrückten, wurde in Marseille wie woanders die Presse immer nervöser. Denn die Zeitungen wollten als erste vom Sieg berichten.

Das war in Marseille um so wichtiger, weil – und das ist bei der »50-Jahr-Feier« vergessen worden – Marseille im Vorjahr, das heißt im Mai 1944, sehr gelitten hatte. Bei einem amerikanischen Bombardement waren 3000 Menschen in wenigen Minuten umgekommen. Das war zwar überwunden, aber nicht vergessen. Und dann kam der 8. Mai. Viele Deutsche werden sich auch daran erinnern, daß an diesem Tag der Krieg zu Ende war, aber die Staatsoberhäupter verkündeten die große Nachricht erst am 9. Mai.

Eine der von mir kontrollierten Zeitungen, die »Marseillaise«, konnte nicht daran gehindert werden, ihre erste Seite, die bereits seit drei Wochen fertig war, einen Tag zu früh zu drucken. Die Überschrift lautete: »Les Chefs d'Etat ont parlé« – »Die Staatschefs haben gesprochen, sie haben gesagt, daß ...« Aber gerade das hatte noch nicht stattgefunden. Als Pressezensor habe ich versucht, die Veröffentlichung zu verhindern. Von der Redaktion wurde das ignoriert. Der Chefredakteur ist am nächsten Tag entlassen worden. Er war ein Opfer des Sieges.

Für mich bleibt diese Phase zwischen der Befreiung von Marseille und dem Kriegsende einer der schwierigsten Zeiten meines Lebens. Es gab wenig zu essen und wenig zu kaufen. Anstatt wie in den nächsten Jahrzehnten Blut zu spenden, habe ich einmal mein Blut »verkauft« – man bekam ein großes Paket mit amerikanischen Rationen. Ich teilte es mit meiner Mutter, die in diesen Monaten stellvertretende Leiterin eines Militärlazaretts in Marseille war.

Und die Pressezensurarbeit, die ging von 22.00 Uhr bis 3.00 Uhr morgens, und tagsüber studierte ich Germanistik. Ich war in dieser Zeit recht müde, schrieb zugleich an meiner Magisterarbeit über Gerhart Hauptmanns pietistischen Roman »Der Narr in Christo«. Und mein erster größerer Artikel in der Pariser Presse wird später ein Nachruf auf Gerhart Hauptmann sein, mit einer Darstellung seines Verhältnisses zum Naziregime.

Ich glaube, der größte Teil der Bevölkerung von Marseille wußte kaum noch etwas vom Krieg, außer daß es auch nach der Befreiung so gut wie nichts zu essen gab. Der 8. Mai wurde gefeiert, aber viel weniger als im August 1944 die Befreiung der Stadt.

Ludwig Harig

Im Frühherbst 1949, viereinhalb Jahre nach Kriegsende, trat ich meine Stelle als Assistant d'allemand am Collège Moderne in Lyon an. Tagsüber arbeitete ich als Deutschlehrer in der Schule, abends saß ich im Fort St. Irénée an meinem langen Tisch, hatte Gedichtbände und Wörterbücher vor mir ausgebreitet, wollte aufbrechen zu Expeditionen hinauf in die Eishöhen des französischen Parnaß, wo der Pegasus mit den Hufen scharrte, da ging die Tür auf, Roland Cazet stand auf der Schwelle, unter dem Arm einen Radioapparat, in dem die Röhren ihrer Bestimmung entgegenglühten, und in der Hand eine Konstruktionsanleitung auf deutsch. Obwohl ich hauptsächlich an der Dichtkunst, Roland ausschließlich an Radioapparaten interessiert war, sahen wir uns täglich, wurden Freunde. Wir fanden zueinander, ohne uns zu verabreden, und wir suchten uns, wenn einer gerade nicht dort war, wo er vermutet wurde. Es ist seither kein Jahr vergangen, in dem ich Roland nicht gesehen habe, und als wir letzten Sommer zusammen nach Lyon fuhren, um die Orte unserer Erlebnisse aufzusuchen, erinnerten wir uns an alles, was uns damals beschäftigt hatte. Basilika von Fourvière und Fort St. Irénée, stürmische Rhône und gemächliche Saône, herrschaftliche Plätze und malerische Gassen sind unverändert wie eh und je. Was uns auffiel: Die Buchhandlung »Flammarion« an der Place Bellecour hat ihre Schaufenster verkleinert. Seinerzeit waren zwei mächtige Fenster für einige Wochen von oben bis unten mit Büchern eines Schriftstellers dekoriert, der in Lyon geboren und dessen fünften Todestags gedacht wurde: Antoine de Saint-Exupéry. Er war auf großformatigen Fotografien zu sehen, ein Mann im Fliegeranzug, mit Fliegerkäppi, Fliegerbrille, Fliegerstiefeln, ein Mann mit vorwitziger Himmelfahrtsnase. Er war ein Held, erst ein Friedensheld, dann ein Kriegsheld, erst ein Held der Arbeit, dann ein Held des Widerstands, ein Held aus dem Lesebuch, ein Held fürs Lesebuch. In den Schaufenstern von »Flammarion« standen seine Bücher in langen Reihen übereinander, Zeitungsartikel aus »Le Progrès« und »Le Monde« flankierten sie vielspaltig, eine Doppelseite aus dem »Figaro« prangte mit dicken Titelbuchstaben in der Mitte der Auslage. Ich drängte mich an die Scheibe, stellte mich auf die Zehenspitzen, riß die Augen weit auf, um Saint-Exupérys Lebensgeschichte zu lesen, die kleingedruckt auf Pappe über der obersten Buchreihe angeheftet war: Der Dichter war als Postflieger nach Dakar und Casablanca geflogen, hatte Nachtflüge nach Punta und Buenos Aires eingerichtet, war notgelandet und abgestürzt, doch immer wieder auf die Beine gekommen und hatte sich Anfang des Krieges freiwillig zur Fernaufklärerstaffel 2/33 gemeldet. Im Sommer 1944 flog er auf letzten Einsätzen in das Kampfgebiet zwischen Rhône und Alpen und kehrte nicht mehr zurück. Jetzt, beim Wiedersehen der Buchhandlung »Flammarion«, fällt mir ein, daß damals über dem Roman »Vol de Nuit« ein vergrößerter Ausschnitt aus Saint-Exupérys Staffelzeitung hing: Ein schwarz umrandeter Artikel, nach dem ich mich an der Fensterbrüstung emporreckte, um ihn mir zu übersetzen, so gut ich konnte. Aufmerksam buchstabierte ich Zeile für Zeile, zuckte zusammen beim Begreifen der Wörter, erschrak vor mir selbst: Wie staunte ich über den freimütigen Umgang der Franzosen mit ihrem feierlichen Pathos und fühlte schmerzlich meine Ohnmacht dieser Unbefangenheit gegenüber! Auf der Zunge spürte ich den bitteren Nachgeschmack meines eigenen Pathos, das nun verpönt, ja geächtet war.

Nicht die Todesnachricht selbst: »Major de Saint-Exupéry ist nicht zurückgekehrt. Um 9 Uhr auf der 223 nach Savoyen gestartet, ist er bis 13 Uhr nicht heimgekommen. Alle Radiorufe blieben ohne Antwort, die Radarsignale suchten ihn vergebens. Um 14 Uhr 30 gab es keine Hoffnung mehr, daß er noch in der Luft war«: Nein, es war der Kommentar, der mich verwirrte. Ich las und traute meinen Augen nicht. Verwunderten Blickes schaute ich auf diese vergrößerte Zeitungsmeldung im Schaufenster von »Flammarion« und fühlte mich an mein eigenes Kriegsende zurückversetzt. Doch was war das für eine Sprache, die auf mich einredete mit Phrasen, deren Verführungskraft ich noch lange nicht entronnen war? Hie großtönende Lobrede, da erbärmliche Selbstbezichtigung! Hier, im savoyischen Maquis, war ein Held gefallen, ein Sieger ins ewige Leben eingekehrt. Dort, im oberbayrischen Pfaffenwinkel, hatte sich ein Feigling gefangennehmen lassen, ein Besiegter auf den Boden geworfen. Aber sind das nicht hohle Worte, ist das nicht leeres Stroh?

Beim Lesen klang mir das Geräusch der Parteiredner und das Gefasel meiner eigenen Rezitationen von den nationalsozialistischen Heldengedenktagen schauerlich in den Ohren nach.

Heiliger Exupéry! Nicht nur der teuerste Kamerad sei verloren, sondern ein bedeutendes Glaubensbeispiel! Nicht um das Risiko aller zu teilen, habe er mitgekämpft, sondern aus eigenem Bedürfnis. »Saint-Exupéry gehört zu den Männern, die groß vor dem Leben sind ... Wir werden ihn bald wiedersehen!« schreibt der Leichenredner in der Staffelzeitung und beschwört die vereinte Rückkehr in ein befreites Frankreich. Ich aber dachte an die uns vorgegaukelten Festmähler aus der germanischen Sagenwelt, die wir damals schon, so verlockend sie einerseits auch erscheinen mochten, auf bunten Abenden dem Gelächter der Mitschüler preisgaben: das schöne Walhalla der Deutschen, Odins Totenhalle, worin wir Krieger einst mit den gefallenen Helden festlich zusammensein würden, auf Bärenfellen lägen, Met tränken und Wildschweinbraten verschlängen. Nun, beim Rückerinnern an mein Kriegsende, überkam mich ein Ekel vor diesen erlogenen Verheißungen. Ich hatte mich ja nicht mit Waffen gegürtet, war nicht ins erste Glied vorgetreten, nicht mannhaft dem anrückenden Feind entgegengeprescht, war weder mit durchlöcherter Brust auf dem Felde der Ehre geblieben noch ins geheimnisvolle Dunkel der Vermißten entschwunden: Mit einem anderen Hitlerjungen in einer kleinen Gruppe flüchtiger Soldaten trat ich am 2. Mai 1945 aus einem Bauernhaus, worin wir die halbe Nacht zugebracht und unsere Waffen vergraben hatten, die Sonne ging auf, um die Ecke bog ein amerikanischer Jeep, ein GI hielt seine Maschinenpistole auf uns gerichtet. Der Jeep stoppte, ich stieg auf, der Jeep fuhr davon. Ade, Bärenfell; ade, Honigwein; ade, Wildschweinbraten! Mein Krieg war zu Ende. Ich lebte, ich brauchte nicht von den Toten aufzuerstehen.

Zwei Tage später streckte mich ein amerikanischer Soldat mit einem Faustschlag zu Boden, ein Schwarzer. Vor einem Lagerschuppen, in den wir als Gefangene einrücken sollten, standen wir uns gegenüber: Es war der erste Schwarze, den ich in meinem Leben sah. Er war großgewachsen und muskulös, steckte in seiner khakifarbenen Uniform wie ein gutgenährter Bär in seinem Fell. Doch ich fürchtete mich nicht vor ihm, trat vor ihn hin, schaute ihm keck in die dunklen Kulleraugen. Ich wollte ihn fragen, wohin es mit uns gehen solle und knöpfte meine Brusttasche auf, um die Straßenkarte herauszunehmen. Da holte er aus und versetzte mir mit seiner Pranke einen Hieb ins Gesicht. Halb betäubt taumelte ich zur Seite, verlor das Gleichgewicht, stürzte zu Boden und schlug mit dem Kinn in einen Haufen von Splitt und Glasscherben. Aus der geöffneten Brusttasche fiel die Landkarte in den Schutt, mit ihr mein kleines, blaues Notizbuch und ein loses Blatt Papier, auf das ich ein Gedicht geschrieben hatte. Auf dem Boden liegend griff ich nach dem Blättchen, doch der Fuß des Soldaten kam mir zuvor. Unter der breiten Sohle seines Schuhes verschwand es für einen Augenblick, dann bückte sich der Soldat, zog es unter der Schuhsohle hervor, richtete sich wieder auf – und ohne es näher zu betrachten, zerriß er das Blättchen in winzig kleine Fetzen, die aus seiner geöffneten Hand wie Flaumfedern in den schwarzen Aschenstaub wehten.

Das Bild mit den Vogelfedern wird mir allezeit im Gedächtnis bleiben, denn beim Schreiben des Gedichts ein Vierteljahr vorher in der Eiseskälte des Reichsarbeitsdienstlagers von Ibersheim hatte ich mich sehnsuchtsvoll wie ein Vogel gefühlt und vom Fliegen in weiten Räumen geträumt. Es war einer jener romantischen Fluchtträume, die zu nichts führen als ekelhafter Katerstimmung beim Erwachen. Er hielt tatsächlich nur so lange an, bis das Gedicht geschrieben war, dann spürte ich wieder die Kälte und das Eingesperrtsein in eine stacheldrahtbewehrte Holzbaracke, aus der es kein Entrinnen gab. Daß der Soldat nun das Blatt Papier zerrissen und die Fetzen in alle Winde zerstreut hatte, war nicht schlimm, ich hatte das Gedicht längst auswendig gelernt und ein paar Tage später in mein Notizbuch eingetragen – doch immer noch scheue ich davor zurück, den Wortlaut dieses schauderhaften Machwerks preiszugeben. Lange Zeit versuchte ich zu begreifen, warum der Schwarze mir diesen Faustschlag versetzt hatte; ich dachte: Unseretwegen, ja auch meinetwegen mußte er sein Land verlassen, um in Deutschland sein Leben aufs Spiel zu setzen bei der Jagd nach Werwölfen und anderem nichtsnutzigen Kroppzeug. Heute bin ich mir nicht mehr sicher. Womöglich hat er mein Auftreten für dreist gehalten, vielleicht ist ihm der Mißklang meines miserablen Englisch auf die Nerven gegangen. Wer weiß schon, was in einem Menschen vorgeht, den der Krieg in die Fremde zwingt!

Als ich mir viereinhalb Jahre später in der Buchhandlung »Flammarion« den Roman »Vol de Nuit« kaufte und bis in den Winter hinein mit Roland Cazet die Geschichte vom Flieger Fabien las, der in einen Wirbelsturm gerät und verloren ist, erinnerte ich mich wieder an mein Kriegsende. Wie oft schloß ich beim Lesen die Augen, irrte ab und sah statt des Flugzeugs in den verhängnisvollen Turbulenzen die ziellos dahinwehenden Papierfetzen mit den Buchstaben meines Gedichts hinter den brennenden Augenbällen! Damals auf dem Schuttplatz von Aalen ließen sie sich nicht mehr zusammensetzen, erst im Kopf traten sie wieder zueinander wie die Einzelteile eines Puzzles mit viel Himmel zu einem nicht ausmeßbaren Himmelsbild. Das einzige, was mich heute noch bewegt, ist das wundersame Zusammenspiel zwischen diesen taumelnden Papierfetzen und der torkelnden Maschine des Fliegers Fabien in den weiten Räumen der Phantasie. In der wirklichen Welt schweben sie, schwanken sie, stürzen sie ab. Sie fallen zur Erde nieder und liegen zerstreut im Schutt. Während der Flieger Fabien in Saint-Exupérys Roman zu Anfang noch fröhlich davon spricht, wie solide man in diesem Himmelsraum sitze, mit dem Finger an einen Stahlspanten tippe und Leben durch das Metall rieseln fühle, klagt der Erzähler am Ende: »Er ist verloren zwischen den Sternbereichen, deren einziger Bewohner er ist. Er hält die Welt noch in den Händen und gegen seine Brust gewiegt. Er umkrampft in seinem Steuer allen Lebensbesitz und führt den nutzlosen Schatz, den er bald hingeben muß, verzweifelt von Stern zu Stern.«

Nur in der Vorstellung halten Spanten und Tragflächen dem Wirbelsturm stand, fügt sich das zerrissene Blatt Papier wieder zusammen. Nur die Kraft der Phantasie macht das Zerstückelte ganz. Beim Lesen des Romans bekritzelte ich die Buchseiten mit absonderlichen Erklärungen, notierte Empfindungen, schrieb eigene Einfälle dazu, lief einmal am Tag vom Fort aus hinunter in die Stadt vor die Fenster von »Flammarion«. Einmal, auf dem Nachhauseweg, blieb ich auf der Saônebrücke stehen, spuckte über die linke Schulter ins Wasser und wünschte mir, daß einst einmal ein Buch von mir auf einem dieser Regalbretter von »Flammarion« ausliegen würde. »Du hättest über die rechte Schulter spucken müssen«, sagte Roland Cazet, als ich im Fort ankam und ihm die Geschichte erzählte, »nur dann geht ein Wunsch in Erfüllung.« Sei's drum: Als ich vierzig Jahre später mit Roland wiederkam, lag mein Vaterroman auf einem der Buchregale von »Flammarion«.

Saint-Exupérys Roman »Vol de Nuit« hat mein Leben verändert. Leider habe ich das Buch nicht wiedergefunden, ja ich müßte unsere Lektüre von damals für eine Erfindung halten, wenn nicht Roland wäre, der zu mir sagt: »Weißt du noch, worüber wir debattiert haben?« Ich weiß es: Man gewinnt oder verliert nur nach dem bloßen Schein. Scheinsiege. Scheinniederlagen. Ja, ich erinnere mich, ich erinnere mich genau. Immer noch höre ich die schnarrende Stimme Rolands, und immer noch höre ich die Sprache Saint-Exupérys, eine Glocke in reiner Luft. Sie klingt spitz und hell, manchmal wie eine Kälberglocke, manchmal wie eine Fahrradglocke, und ich bin geheilt vom deutschen Feiertagsgetön.

Stephan Hermlin

Bettina Hindemith: Herr Hermlin, Sie waren 1936 zunächst nach Ägypten, dann nach Palästina, England, Spanien und schließlich nach Frankreich emigriert. Im Juni 1944 mußten Sie auch Frankreich verlassen. Sie sind dann in die Schweiz gegangen.

Stephan Hermlin: Ich war auf illegalem Wege aus dem besetzten Frankreich in die Schweiz gekommen. Ich hatte kein schweizerisches Visum. Ich kroch einfach durch den Stacheldraht und war da. Und wie viele andere wurde ich in ein Internierungslager eingewiesen, das im Tessin lag. Die letzten Wochen und Monate verbrachte ich dann in der Nähe von Zürich. Insgesamt war das eine Zeit, die etwa 1½ Jahre dauerte. In dem Lager im Tessin mußten wir körperlich hart arbeiten, in einem ziemlich heißen Klima, denn es war inzwischen Sommer geworden.

Wir baten die Leitung des Lagers deshalb, unsere Arbeitszeit möglichst nach vorne zu verlegen, das heißt, wir begannen in den Morgenstunden, so gegen 3 bis 4 Uhr, arbeiteten dann unseren Akkord ab, denn wir hatten Akkord zu arbeiten und waren schon gegen 11 Uhr, bevor die größte Hitze kam, frei für den ganzen Tag. Und diese Stunden konnten wir verbringen, wie wir wollten.

Die Diskussionen gingen in diesen Monaten in erster Linie um die Folgen der Landung am Atlantikwall, also die Landung der Alliierten, die Befreiung Frankreichs, die ich nicht selbst erlebt habe beziehungsweise nur durch das Radio und die wenigen Zeitungen, die wir bekamen.

Wir waren übrigens nur drei Deutsche in diesem Lager, das etwa 150 Internierte umfaßte. Diese drei Deutschen bestanden aus einem älteren Landsturmmann, einem jungen Rekruten und mir. Der Landsturmmann war in einem Ruderboot über den Bodensee gerudert und in die Schweiz geflüchtet. Der junge achtzehnjährige Rekrut kam aus dem besetzten Frankreich, denn die Deutschen verfügten damals schon über so wenige Truppen, daß sie schon die Rekruten als Besatzer einsetzten. Es war sehr komisch, weil ich sofort die zwei Wehrmachtsflüchtlinge anwarb, und wir bildeten zu dritt eine Gruppe des Komitees »Freies Deutschland«.

Ich kam dann nach Zürich. Inzwischen war Paris gefallen, d.h. befreit, und der französische Botschafter in der Schweiz, der natürlich ein Botschafter Vichys war, übrigens ein berühmter Schriftsteller, ergriff die Flucht und wurde durch einen Botschafter de Gaulles ersetzt. Ein paar Tage später bekam ich einen Brief von diesem Botschafter, in dem er mich aufforderte, nach Frankreich zurückzukehren. Frankreich wäre ja nun frei, und ich würde dort eine kleine Pension beziehen als ehemaliger Militär und könnte mich darauf vorbereiten, innerhalb weniger Monate naturalisiert zu werden. Ich antwortete ihm darauf mit großem Dank, es hätte mich sehr berührt, aber ich hätte nicht die Absicht, mich naturalisieren zu lassen. Der Krieg wäre fast zu Ende, und ich könnte bald in meine Heimat zurückkehren, wie es auch der Sinn meiner Emigration gewesen sei, denn ich hätte niemals auch nur im Traum daran gedacht, endgültig in ein anderes Land überzusiedeln. Die Folge davon war, daß ich von diesem Moment an, von diesem Brief und meiner Antwort an, von den Franzosen übersehen wurde und viele Jahre kein Visum erhielt, das heißt, vom Kriegsende an bis 1973 kam ich nicht mehr nach Frankreich. Ich habe einmal darüber geschrieben, das sei eine Art neues Exil gewesen. Ich habe auch niemals nach den Gründen gefragt, weil für mich klar war, daß da eine Organisation hineinverwickelt war, die keine Auskünfte gibt. Als die diplomatischen Beziehungen zwischen Frankreich und der DDR aufgenommen wurden, also vom Jahre 1972 an, gab es keine Schwierigkeiten mehr, und später wurde sogar verfügt, in der französischen Botschaft hier in Berlin, daß ich jederzeit in der Botschaft erscheinen konnte und sofort ein Visum bekam, während DDR-Bürger im allgemeinen 14 Tage warten mußten – also das war dann eine ganz erfreuliche, entspannte Atmosphäre.

B. H.: Wie lebten Sie denn in Zürich? Waren Sie interniert?

St. H.: In Zürich lebte ich in einem kleinen Lager, das im übrigen das liberalste war, was mir an Lager je begegnet ist, denn von einer Internierung war eigentlich nichts mehr zu bemerken. Ich konnte hinausgehen, wann ich wollte, und wiederkommen, wann ich wollte. Das hing damit zusammen, daß ich in diesem Lager plötzlich eine Funktion erhielt, mit der ich gar nicht gerechnet hatte. Die Schweizer Behörden erlaubten nämlich die Schaffung einer Zeitschrift für Flüchtlinge, für deutsche Flüchtlinge. Ich weiß nicht, wer sozusagen den Startschuß für dieses Unternehmen gegeben hatte, jedenfalls wurde ich da hineinverwickelt. Ich wurde als einer der Redakteure dieser Zeitschrift vorgeschlagen. Ein anderer Redakteur war der berühmte Hans Mayer, der Literaturhistoriker. Dazu kamen noch einige andere Personen. Hans Mayer gehörte nicht zu den Internierten. Es gab da verschiedene Kategorien. Er war ein Flüchtling und lebte schon ein paar Jahre in der Schweiz, auch unter sehr harten Umständen, aber in Freiheit. Für mich war diese Zeitschrift, die »Über die Grenzen« hieß, ein gänzlich neues Unternehmen. Ich hatte bisher nie an so etwas mitgearbeitet. Die Zeitschrift mußte sich selber finanzieren. Sie verfügte über kein Budget, zahlte auch keine Honorare für Beiträge, und wir bettelten auch ein bißchen bei bekannten Schweizern, die uns dann bestimmte Dinge zur Verfügung stellten. Irgendeiner der hervorragenden Schweizer Grafiker schuf z. B. immer das Titelblatt für die nächste Nummer. Es gab Beiträge von prominenten Leuten, wie Hermann Hesse oder Georg Kaiser, die uns kleine Beiträge ohne Honorar gewährten.

Das war in dieser Zeit des Kriegsendes natürlich etwas

Unterhaltsames, etwas Anregendes, etwas, was ich mit gutem Gewissen machen konnte, weil es etwas Nützliches war, etwas Kulturelles. Aus dieser Zeit also rührt auch meine alte Freundschaft mit Hans Mayer, die eben seit dem Jahre 1944 besteht. Ich weiß auch noch, wie Hans Mayer mich außerordentlich freundlich behandelte, obwohl es ihm selber gar nicht so gutging, zum Beispiel lud er mich in die Züricher Oper ein, und wir sahen gemeinsam ein von uns beiden gleichermaßen verehrtes Werk, nämlich »Cosi fan tutte«.

Ich lernte im Laufe dieser Zeit auch die meisten Mitglieder des berühmten Züricher Ensembles kennen. Dort war ich zum erstenmal in der Wohnung von Wolfgang Langhoff, lernte seine damals ganz kleinen Söhne kennen und seine Frau, die leider schon lange verstorben ist. Ich wurde mit Theo Otto bekannt, der als einer der berühmtesten deutschen Bühnenbildner in Zürich arbeitete, und ich erinnere mich an einen Tag, an dem wir uns in Zürich im Café »Sellek« trafen und über meine bevorstehende Ausreise nach Deutschland sprachen. Theo Otto, der aus dem Ruhrgebiet stammte, war selbst nicht entschlossen, nach Deutschland zurückzukehren. Er war ein altes Mitglied der KPD gewesen und nachher, so wie sich die Dinge entwickelten, nämlich zu einer Teilung Deutschlands, einem Zerfall in zwei größere Gebiete, war sein Drang nach Deutschland noch geringer geworden. Ich weiß noch, wie er an diesem Vormittag zu mir sagte: »Gehen Sie lieber nicht nach Deutschland. Die Sache wird nicht gutgehen.« Und er sagte sogar: »Die werden Sie kaputtmachen.« Er hatte nicht ganz Unrecht. Deutschland war ja für mich auch, wie sich später herausstellte, weder in West noch in Ost ein besonderes Heilmittel. Nichtsdestoweniger, mein Weg konnte gar kein anderer sein als der zurück. Ich hätte mich auf keinen Fall anders entschieden, auch wenn ich damals schon gewußt hätte, was kommen sollte. Theo Otto lebte bis zu seinem Tode zwischen den Staaten und in verschiedenen Staaten. Er machte weiter seine wunderbaren Bühnenbilder, entweder am Burgtheater in Wien oder noch weiter in Zürich oder bei Gastspielen in Deutschland, und zwar in Ost- und Westdeutschland. Er erfüllte einfach seine Berufung, führte seinen Beruf aus, aber er griff nicht wieder in deutsche Vorgänge ein.

B. H.: Sie sind dann, trotz des anregenden Bekanntenkreises und trotz der Warnungen, nach Deutschland zurückgekehrt.

St. H.: Ja, ich bin dann im Sommer 1945, wenige Wochen nach der Kapitulation Hitlers, nach Deutschland zurückgegangen, wieder auf illegale Weise, weil die schweizerisch-deutsche Grenze gesperrt war, sowohl von der Schweizer Seite als auch von der alliierten. Auf Antrag der Alliierten hatten die Schweizer zugestimmt, die Grenze zu sperren. Die Alliierten wollten einfach einen größeren Überblick über ihr neubesetztes Gebiet haben, und sie wollten Kriegsverbrecher aufspüren. Sie konnten deshalb einen größeren Betrieb an der Grenze gar nicht dulden. Also blieb mir nichts anderes übrig, als mich auf illegalem Wege hinüberzubegeben, was mir auch gelang, mit Hilfe der Franzosen. Es ging damals vieles durcheinander und vieles überkreuzte sich. Daß zum Beispiel die französische Besatzungsmacht die gleichen Maßnahmen, also die Grenzsperrung, durchführte wie die anderen, hinderte ein bestimmtes französisches Regiment im Grenzgebiet zwischen Schwarzwald und Singen nicht daran, Ausnahmen zu machen. Auf diese Weise kam ich mit Hilfe einer französischen Patrouille über die Grenze. Ein Offizier und zwei Mann holten mich in einem Jeep an einem bestimmten Tag und zu einer bestimmten Zeit ab. Wir besaßen da Verbindungen. Ich wurde also einfach nach Deutschland gebracht. Die Schweizer haben mir meine Illegalität, daß ich ihnen sozusagen davongelaufen bin, niemals angelastet. Wenn ich geblieben wäre, hätte sie das mehr belastet, denn sie fürchteten, daß Flüchtlinge, wie es dann ja auch später reichlich geschah, versuchen würden, sich in der Schweiz auf Dauer zu etablieren. Ich dagegen gehörte zu der kleinen Minderheit, die davonlief und also das schweizerische Säckel entlastete. Ich habe dann eine Reihe von Aufgaben, wie ich sie mir gestellt hatte, in Deutschland erledigt. Dazu gehörte zum Beispiel ein Zusammentreffen mit Pastor Niemöller, der eben aus dem Konzentrationslager gekommen war und mit seiner Familie am Starnberger See wohnte. Ich brachte ihm eine Botschaft von dem mir auch bekannten, berühmten Karl Barth, dem Senior der bekennenden Kirche, der mir diesen Brief für Niemöller ausgehändigt hatte. Da ich niemals gewagt hätte, diesen Brief zu lesen, der ja nicht für mich bestimmt war, kenne ich seinen Inhalt bis heute nicht.

B. H.: Später wurden Sie von Ihrer »Schweizer Vergangenheit« noch einmal eingeholt.

St. H.: Ja, an einem bestimmten Tag in den 70er Jahren, das muß so 1979 gewesen sein, fuhr ich mit dem Nachtzug von Berlin nach Frankfurt am Main. Es gab da einen Zug, der am Bahnhof Zoo eine halbe Stunde stillstand, ehe er nach Frankfurt am Main weiterfuhr, wo ich an einem runden Geburtstag meines Freundes Hans Mayer im Hause Suhrkamp teilnehmen wollte. Ich stieg damals am Bahnhof Zoo aus, um mir Zeitungen zu kaufen, u. a. »Die Zeit«. Und darin fand ich einen langen Artikel, eines dieser Dossiers, wie sie »Die Zeit« manchmal veröffentlicht, über die Situation der politischen Flüchtlinge in der Schweiz, ein Dossier, das von dem schweizerischen Filmemacher Markus Imhoof verfaßt worden war, einem guten Bekannten, der mit mir in der Westberliner Akademie war. In diesem Artikel las ich über das Schicksal von manchen bekannten und mir bekannten Leuten, zum Beispiel wie Bertolt Brecht und Helene Weigel in die Schweiz gekommen waren und was dort mit ihnen geschehen war – Brecht führte ja bereits Verhandlungen mit Ost-Berlin wegen der Überlassung des Theaters am Schiffbauer Damm, was auch gelang, und Brecht und Weigel fuhren nach Berlin. Vorher aber waren bei den schweizerischen inneren Behörden, also bei der sogenannten Fremdenpolizei, Briefe lanciert worden an die noch höheren Chargen der schweizerischen Regierung mit dem Ersuchen, Brecht und Weigel aus der Schweiz zu entfernen, denn es gäbe jetzt für sie keine Todesgefahr mehr, sie könnten beruhigt nach Ost-Berlin fahren, wo sie auch hingehörten, denn sie wären ja Kommunisten. Die Schweiz hat immer eine gefestigte Abneigung gegen Kommunisten gehabt und hat das bei soundsoviel Gelegenheiten bewiesen. Der Artikel von Imhoof war sehr instruktiv, und ich mußte ein paarmal auflachen, weil sehr komische Dinge darin erwähnt wurden, zum Beispiel die Tatsache, daß, wie Imhoof schrieb, Brecht und Weigel vom schweizerischen Geheimdienst noch in Berlin bis zu ihrem Tode observiert wurden. Dann – ich hatte noch nicht fertig gelacht – las ich den nächsten Satz, und der lautete: »Dasselbe Schicksal hatten einige andere bekannte Emigranten, die aus der Schweiz gekommen waren, zum Beispiel Wolfgang Langhoff und Stephan Hermlin.« Nach ein oder zwei Tagen, als ich wieder in Berlin war, erzählte ich dem schweizerischen Botschafter, mit dem ich gut stand, diese Episode, fragte ihn, ob er »Die Zeit« schon gelesen hätte. Nein, er hatte sie nicht gelesen. Ich machte ihn darauf aufmerksam, er war verblüfft und widersprach mir: »Das ist ja doch nicht möglich« usw. Fügte dann aber hinzu: »Wissen Sie, ich muß dienstlich nächste Woche nach Bern, und da werde ich mich mal erkundigen.« Er kam dann aus Bern zurück und sagte mir mit trauriger Miene: »Ja, Herr Hermlin, Sie haben recht. Bis jetzt werden Sie observiert von uns.« Ich weiß nicht, ob er mir das hätte sagen dürfen oder nicht, jedenfalls er hat es getan. Das alles brachte mich wieder, sagen wir, in eine bestimmte Stimmung gegenüber Geheimdiensten, die ich allerdings nicht so überbewerte, wie es manche Leute in der DDR oder der ehemaligen DDR seit 1989 tun, die gellend aufschreien bei dem Gedanken, daß sie von der Staatssicherheit der DDR observiert wurden. Ich stellte mit der Zeit fest, daß das, obwohl ich ebenfalls zu diesen Personen gehörte, die in der DDR observiert worden waren, daß das für mich kein besonderer Zustand gewesen war, denn solange ich zurückdenken konnte, war ich immer von irgend jemandem observiert worden. Und das brachte eine gewisse Ruhe in meine Beziehungen zur Polizei und zur Geheimpolizei. Es war nichts so Außergewöhnliches. Im Laufe der Zeit erfuhr ich noch von Dossiers, die ich anderswo hatte, nicht nur in der DDR, sondern höchstwahrscheinlich auch in der Bundesrepublik und in der Sowjetunion und in Frankreich; da schließt sich eine ganze Reihe von Ländern an. Also die ganze Sache stellte sich für mich zwar nicht als harmlos, aber als etwas dar, was man nicht überbewerten sollte.

B. H.: In Ihre Schweizer Zeit fällt ja auch Ihre erste Buchveröffentlichung – ein Lyrikband. Wie kam es dazu?

St. H.: Durch Hans Mayer lernte ich eine ganze Reihe von schweizerischen Intellektuellen kennen und wurde sogar von einem bestimmten Datum an eingeladen, jeden Freitag an einem bestimmten Stammtisch im Café »Odeon« teilzunehmen. Dort lernte ich unter anderem den berühmten Max Rychner kennen, einen hervorragenden Essayisten und Kunstkritiker, der selbst das Feuilleton einer Zeitung leitete, dann war Bernard von Brentano dabei, der ein vielversprechender Schriftsteller der deutschen Emigration gewesen war, der deutschen Linken in der Zeit der Weimarer Republik, der aber dann leider, wie man später erfuhr, in der Schweiz einen ganz anderen Weg genommen hatte, nämlich den Weg zur Nazibotschaft, mit der er ständig Beziehungen unterhielt, was wir damals aber nicht wußten. Dazu gehörte auch ein junger schweizerischer Schriftsteller, der außerhalb der Schweiz noch kaum bekannt war, ein gewisser Max Frisch. In diesem Kreis war mir sehr wohl zumute, denn man sprach über alles das, was mich selbst sehr interessierte, also über kulturelle Dinge und über Politik. Eines Tages sagte ein Angehöriger dieses Kreises, ein gewisser Walter Meier, zu mir, er war der Herausgeber der »Neuen Schweizer Rundschau«, das war die angesehenste Literaturzeitung/zeitschrift in der Schweiz damals, er hätte gehört, daß ich etwas über Hölderlin geschrieben hätte . Ob ich das der Zeitschrift geben würde. Ich sagte: »Ja, selbstverständlich, mit dem größten Vergnügen.« Er hatte das natürlich von Hans Mayer, seinem Namensvetter, erfahren. Er veröffentlichte den Text und stellte mir bei unserem nächsten oder übernächsten Zusammentreffen die Frage: »Ja wissen Sie, ich habe auch gehört, daß Sie Gedichte schreiben, und können Sie mir sagen, ob Ihre Gedichte etwa von der gleichen Qualität sind wie der Hölderlin-Aufsatz?« Und ich sagte: »Darüber habe ich natürlich kein Urteil, aber ich glaube, sie sind besser.«

Darauf erwiderte er: »Wenn sie so sind, wie Sie sagen, dann wird zu Weihnachten ein Buch von Ihnen erscheinen.« Und ich schickte ihm aus meinem Lager, in dem ich ja immer noch saß, eine Anzahl Manuskripte und bekam zwei oder drei Tage später ein Telegramm: »Ihr Buch erscheint zu Weihnachten.« Das war meine erste Veröffentlichung, meine erste Buchveröffentlichung, die sehr schön wurde, im schönen französischen Stil eines kleinen broschierten und edel gedruckten Bandes. Ja, und damit war ich dann sozusagen ein Schriftsteller. Das brachte mich dazu, daß ich bei der ersten Vernehmung in Deutschland bei einer Behörde meinen Beruf mit »Schriftsteller« angab, denn ich glaubte mich befugt zu dieser Feststellung, weil ich ja eben dieses kleine Buch veröffentlicht hatte, und etwas anderes konnte ich nicht sagen, denn ich hatte tatsächlich keinen Beruf. Ich hatte auf manchen merkwürdigen Gebieten gearbeitet, aber ich war ein berufsloser Mensch.

Ein Buch, das mit Hilfe von Hans Mayer veröffentlicht worden war und für das ich ihm dankbar bin, hat mich also auf den Weg gebracht.

B. H.: Wie haben Sie denn, und diese Frage soll am Ende stehen, den 8. Mai 1945 konkret erlebt? Mit welchen Gefühlen?

St. H.: Den ersten Tag des Friedens, das heißt die deutsche Kapitulation, habe ich ganz anders als Millionen andere Deutsche erlebt, die entweder in der Uniform steckten oder noch mitten in dem Geschehen standen oder lagen. In Zürich läuteten plötzlich alle Glocken, auch im Umkreis, und dann ging es auf den Straßen von Mund zu Mund »Der Krieg ist zu Ende«. Wie war das? Feierlich und jauchzend und schreiend, brüllend? Nein gar nicht, denn hinter diesem Kirchenglockenläuten verbarg sich für mich Totenstille – und kein Gefühl der Freude, sondern des Ausgeleertseins. Man hatte zu lange in diesen Greueln gelebt, und jeder Tag hatte neue Greuelnachrichten gebracht. Und man wußte vieles in diesem Moment noch gar nicht, aber man ahnte es. Man ahnte es, daß sich fürchterliche Dinge enthüllen würden, von denen man nur schwache Gerüchte gehört hatte, aber die sich dann bestätigten in einer viel grauenvolleren Form, als man vorher vermutet hatte. Dazu kam, daß noch vor diesem Ende, vor der Kapitulation, Roosevelt gestorben war, ein ganz großes Unglück. Das war einer der ganz wenigen Leute, die eine bestimmte Gesittung aufrechterhalten hatten. Dieses zwar längst erhoffte und mit Sicherheit zu erwartende Ende der Katastrophe, dieser plötzliche Zusammenbruch, brauchte seine Zeit, um überhaupt vollständig wahrgenommen zu werden. Und auch die Vorstellung, daß man zum Beispiel jetzt ja tatsächlich das machen konnte, wovon man die Jahre und Jahre immer mit anderen Leuten gesprochen hatte, nämlich nach Deutschland zurückkehren zu können, daß kein Nazi mehr da war, jedenfalls kein Nazi, der über einen bestimmen konnte, das alles hatte etwas Unwirkliches, hatte etwas von einer Halluzination. So habe ich den Schluß erlebt, wie gesagt, anders als andere, leichter als andere, die noch mitten im Geschehen steckten. Ich war ja schon außerhalb, in einem kleinen neutralen Land, in dem im Grunde genommen nichts passiert war, die ganzen Jahre hindurch, und jetzt auch nichts passierte. Was übrigens in den nächsten Tagen doch erkennbar war, war die Tatsache, daß ungezählte amerikanische Offiziere und Soldaten plötzlich über die Grenze kamen und sich in den Züricher Cafés aufhielten. Die hatten irgendwelche Urlaubsscheine und wollten sich einfach mal in der Schweiz umsehen. Das waren sozusagen die ersten Zeichen, die man direkt vor Augen hatte. Da war wirklich ein Krieg zu Ende gegangen. Und das hatte nun beinahe sechs Jahre gedauert. Ich konnte mich noch sehr gut an den ersten Tag des Krieges erinnern, an die Panik, an die Hysterie, die ausbrach. Ich lebte zu dieser Zeit in Frankreich. Ich konnte mich noch an den ersten Luftalarm erinnern und an das Schreien, das plötzliche Schreien in dem Keller, in dem ich steckte, denn ich war damals noch brav in den Keller gegangen beim Aufheulen der Sirenen, was ich später nicht mehr machte. Ich erinnere mich an das Aufschreien in diesem Keller in der ersten Nacht, der ersten Kriegsnacht: »Gas! Gas!« Denn die Leute konnten sich nichts anderes vorstellen, als daß die Deutschen sie sofort vergasen würden. Das traf allerdings dann nicht auf die Franzosen zu, sondern auf eine besondere Sorte von Menschen, aber dieses Gas kam erst eine Weile später. Jedenfalls, so ungeheuer war die Furcht vor diesem neuen Krieg, der da anbrach, daß man es sich gar nicht anders vorstellen konnte: Der Hitler will uns schon in der ersten Nacht vergasen. Das war damals allgemein verbreitet. Alle Franzosen hatten schon vorher Gasmasken bekommen, die waren an die Bevölkerung ausgeteilt worden, und nur Ausländer bekamen keine. Ausländer waren auch damals nicht besonders beliebt. Das war unvergeßlich gewesen, ist bis heute unvergeßlich geblieben. Das war die erste Kriegsnacht gewesen. Ich will nicht über die folgenden sprechen, die schlimmer waren. Das nun war der letzte Tag des Kriegs gewesen, das war der 9. Mai 1945.

Jetzt mußte man erst mal die Toten zählen und kam damit nicht zu Rande, es waren zu viele.

Wolfgang Leonhard

Das eigentlich entscheidende Datum 8. Mai 1945 – das Ende des Krieges und der Beginn eines demokratischen Neuaufbaus – hat sich in mein Gedächtnis kaum eingeprägt. Bereits seit dem 2. Mai 1945 war ich als Mitglied der »Gruppe Ulbricht« so aktiv im Nachkriegs-Berlin tätig, daß ich die Ereignisse des 8. Mai kaum wahrnahm.

Am 30. April 1945 standen zehn deutsche kommunistische Emigranten vor dem Nebeneingang des »Hotel Lux« in Moskau – bereit zum Flug nach Deutschland. Jeder von uns hatte nur einen Koffer mit dem notwendigsten Gepäck für einige Tage. Der Autobus brachte uns zum Flughafen. Dort stand, abseits von den anderen Flugzeugen, eine DC 3-Transportmaschine für uns bereit. Kaum glaublich, aber wahr: Selbst beim Abflug aus Moskau wußte niemand außer Ulbricht, ob es sich nur um einen kurzen Parteiauftrag (»Kommandirowka«) handelte oder ob wir endgültig nach Deutschland zurückfliegen würden.

Von den zehn Mitgliedern der »Gruppe Ulbricht« war ich mit 24 Jahren der Jüngste. Seit 1935 in der Sowjetunion aufgewachsen, war ich damals ein überzeugter Anhänger des Marxismus-Leninismus – aber keineswegs unkritisch. Vor allem machte ich mir bereits damals kritische Gedanken über die entsetzliche Verhaftungswelle von 1936 bis 1938 – auch meine Mutter war ihr zum Opfer gefallen und verbrachte neun Jahre im Lager Workuta –, den Hitler-Stalin-Pakt vom August 1939, den alles übersteigenden Führerkult um Stalin, die erniedrigenden Formen der Selbstkritik, die ich in der Kominternschule 1942/43 erlebt hatte, nicht zuletzt über die Selbstherrlichkeit vieler Funktionäre. Aber an jenem 30. April 1945, während unseres Rückfluges nach Deutschland, war ich voller Hoffnung: Wie viele Menschen in der

Sowjetunion glaubte ich, daß es nach dem Sieg in der Sowjetunion freier werden würde und, vor allem, daß sich Nachkriegs-Deutschland anders entwickeln würde als das, was ich in der Sowjetunion Stalins erlebt hatte.

Nach etwa drei Stunden Flug landeten wir auf einem kleinen, primitiven Feldflugplatz. Erst Jahre später erfuhr ich, daß wir bei Kalau (Calawa) im Kreis Meseritz (Miedzyrzecz), etwa 60 Kilometer östlich von Frankfurt/Oder, gelandet waren. Kurz darauf stieß ein höherer Sowjetoffizier zu uns. Wir fuhren auf einem Lastwagen weiter zu dem kleinen Ort Schwerin (Skwierzyna), wo wir vom Sowjetkommandanten dienstbeflissen begrüßt und zu einem üppigen Mahl eingeladen wurden. Hier übernachteten wir.

Am nächsten Morgen, dem 1. Mai 1945, fuhren wir weiter – diesmal bereits in mehreren eigens bereitgestellten Personenwagen. »Wohin?« fragte ich neugierig. »Na Sapad« (»Nach Westen«) war die ausweichende Antwort des begleitenden Sowjet-Offiziers. Das Land auf beiden Seiten der Straße machte einen trostlosen Eindruck, ab und zu sahen wir Lastwagen mit zurückkehrenden Fremdarbeitern oder befreiten Kriegsgefangenen, die die Fahnen ihrer Heimatländer an den Wagen angebracht hatten. Besonders erschüttert war ich über die Verwüstungen und Zerstörungen in der Gegend um die Seelower Höhen westlich von Küstrin.

Schließlich hielten wir – in Bruchmühle bei Straußberg, 35 Kilometer östlich von Berlin. Wir wurden in einem dreistöckigen Gebäude in der Buchholzer Straße 8, dem »Säulenhaus«, einquartiert.

Bruchmühle war nicht zufällig gewählt: Hier befand sich die »Politische Hauptverwaltung« der Armeen Marschall Shukows, der »Ersten Bjelorussischen Front«. Ulbricht fuhr sofort zu einer Besichtigungsfahrt nach Berlin – erst Jahre später erfuhr ich, daß er in Weißensee gewesen war –, während wir übrigen von General Galadshijew, dem Chef der Politischen Hauptverwaltung der Ersten Bjelorussischen Front, und seinen Mitarbeitern im Offizierskasino in der

Fichtestraße 38 (später: »Jägerheim«) empfangen wurden. Jeder von uns erhielt ein gewichtiges Dokument. Der Betreffende, so hieß es, sei in den von den Armeen der Ersten Bjelorussischen Front besetzten Gebieten für die Politische Hauptverwaltung tätig. Anschließend wurden wir zu einer längeren Besprechung mit den höheren politischen Offizieren eingeladen. Thema: Die Situation in Deutschland und unsere zukünftigen Aufgaben.

Bei einem Nachmittagsspaziergang in Bruchmühle traf ich zum ersten Mal eine »richtige Deutsche«. Von ihr hörte ich, daß der Einmarsch der Sowjettruppen nicht so vor sich gegangen war, wie wir uns die Befreiung vorgestellt und in unseren Rundfunksendungen aus Moskau dargestellt hatten.

Abends, nach der Rückkehr Ulbrichts, wurden wir im Sitzungssaal des zweiten Stocks des Säulenhauses zusammengerufen. Nun erhielten wir von Ulbricht unsere »Direktiven«: Als erste Aufgabe sollten wir in den 20 Berliner Stadtbezirken entsprechende Bezirksverwaltungen aus geeigneten Antifaschisten aufbauen.

Am Morgen des 2. Mai 1945 – jenem Tag, an dem die letzten Einheiten der Wehrmacht in Berlin kapitulierten – fuhren wir von Bruchmühle über Biesdorf und Friedrichsfelde nach Berlin. Nach einer kurzen Besprechung in der zentralen Sowjetkommandantur, damals in Berlin-Lichtenberg, fuhren wir in das Stadtzentrum. Erst jetzt, während unserer ersten Fahrt durch Berlin, erlebte ich das volle Ausmaß der Zerstörung und des Grauens. Brände, Trümmer, umherirrende Menschen in zerfetzten Kleidern. Ratlose deutsche Soldaten, die nicht mehr zu begreifen schienen, was vor sich ging. Singende, jubelnde und oft auch betrunkene Rotarmisten. Berliner Frauen, die unter Aufsicht von sowjetischen Soldaten die ersten Aufräumungsarbeiten leisteten. Aus den Häusern wehten weiße Fahnen als Zeichen der Kapitulation oder rote als Begrüßung für die sowjetischen Truppen. Nicht wenige trugen damals auch weiße oder rote Armbinden – ganz vorsichtige sogar beide auf einmal.

Nach unserem Besuch in der Kommandantur in Berlin-Lichtenberg wurden wir aufgeteilt. Je zwei Mitglieder der »Gruppe Ulbricht« wurden in einige wichtige Berliner Bezirke entsandt. Ulbricht lud mich ein, mit ihm nach Berlin-Neukölln zu fahren. Am selben Abend besuchten wir eine Gruppe Neuköllner Kommunisten. Wir traten in ein einfaches Zimmer einer Arbeiterwohnung, das durch eine flakkernde Petroleumlampe erleuchtet wurde – elektrisches Licht gab es natürlich nicht. So sehr ich mich freute, erstmalig »richtige« deutsche Kommunisten zu treffen, so sehr erschütterte mich die selbstherrliche Art Ulbrichts. Es war nicht ein Wiedersehen mit Freunden, sondern eher ein Treffen des Chefs mit Untergebenen. Ulbricht fragte die Neuköllner Kommunisten aus und gab ihnen kurz, nüchtern und hart die Richtlinien für die weitere Arbeit.

Am Abend des 2. Mai trafen wir uns dann wieder in Bruchmühle. Jeder von uns gab einen Bericht; danach erläuterte Ulbricht die Direktiven, wie die Bezirksverwaltungen »politisch richtig« zusammenzustellen seien. In den Arbeitsbezirken sollten wir Sozialdemokraten als Bürgermeister einsetzen, in den bürgerlichen Vierteln – etwa Wilmersdorf, Charlottenburg und Zehlendorf – einen »bürgerlichen Antifaschisten« – falls möglich mit Doktorgrad –, »mit dem wir gut zusammenarbeiten können«. Zu Dezernenten für Ernährung, Wirtschaft, Soziales und Verkehr sollten wir Sozialdemokraten ernennen. »Die verstehen was von Kommunalpolitik«, meinte Ulbricht leicht ironisch. Für Gesundheitsfragen mußten wir antifaschistisch eingestellte Ärzte finden, für das Post- und Verbindungswesen »parteilose Spezialisten« und für den neu einzurichtenden Beirat für Kirchenfragen »antifaschistische Geistliche«. Erst am Schluß erwähnte Ulbricht »unsere Genossen«. Diese sollten jeweils nur den Ersten Stellvertretenden Bürgermeister sowie die Dezernenten für Personalfragen und Volksbildung stellen. Außerdem sollten wir in jedem Berliner Bezirk »einen ganz zuverlässigen Genossen« für den Aufbau der Polizei finden.

Bereits an diesem Abend erhielt jeder von uns einen Berliner Bezirk zugeteilt – mir wurde Wilmersdorf übertragen. Am 3. Mai begann unsere organisierte Tätigkeit. Ich war mir der grotesken Situation bewußt: Als 24jähriger, gerade aus der Sowjetunion zurückgekehrter Kommunist sollte ich nun in Wilmersdorf einen »bürgerlichen« Bezirksbürgermeister einsetzen – und zusätzlich noch eine ganze Bezirksverwaltung nach dem von Ulbricht dargelegten Schema. Ununterbrochen war ich unterwegs – auf der Suche nach »antifaschistischen Demokraten«. Nur ein einziges Mal gestattete ich mir einen privaten Abstecher: Ich fuhr in die Künstlerkolonie am Laubenheimer Platz zur Bonner Straße 12 – hier hatte ich als Kind in den Jahren 1931/32 gewohnt.

Nach manchen Schwierigkeiten gelang mir die Erfüllung des Parteiauftrages: Als Bürgermeister von Wilmersdorf hatte ich Dr. Willenbücher gefunden, in der Weimarer Republik Mitglied der Deutschen Volkspartei, als Antifaschist nach dem 20. Juli 1944 von den Nazis verhaftet, Oberregierungsrat a. D. und mit Doktortitel – genau, wie Ulbricht es gewünscht hatte. Als Stellvertreter schlug ich einen Kommunisten vor. Als ich mit Dr. Willenbücher zum Sowjetkommandanten von Wilmersdorf kam, begrüßte er uns freundlich, fast hochachtungsvoll: »Es freut mich, Herr Dr. Willenbücher, Sie hier begrüßen zu dürfen.« Wir setzten uns in einen für die Maitage 1945 relativ behaglichen Raum, und der Kommandant erklärte feierlich, daß er hiermit »Dr. Willenbücher zum Bezirksbürgermeister von Berlin-Wilmersdorf« ernenne.

Jeden Tag fuhren wir nun früh morgens von Bruchmühle in die verschiedenen Berliner Bezirke. Zunächst sollten wir uns auf die westlichen Bezirke konzentrieren, so Ulbricht, da in wenigen Wochen die westlichen Alliierten in Berlin eintreffen würden und bis dahin alles fix und fertig sein müßte. Abends, nach unserer Rückkehr, fanden in Bruchmühle regelmäßige Sitzungen statt. Jeder von uns gab seinen Bericht, und Ulbricht erläuterte die neuen Anweisungen. Bei einer dieser Begegnungen gab der spätere DDR-Führer die Direktive: »Es muß demokratisch aussehen, aber wir müssen alles in der Hand haben.«

In diesen Maitagen war ich ständig unterwegs, lernte Dutzende, vielleicht Hunderte von Menschen kennen. Mein Notizbuch war voll mit Adressen von Antifaschisten verschiedenster Richtungen, Namen eigener Genossen, Verwaltungsfachleuten, Technikern und Ingenieuren, die zur Arbeit herangezogen werden sollten.

Am Mittag des 8. Mai 1945, der sich als der historische Tag der Kapitulation erweisen sollte, erhielten wir die Anweisung: »Fahrt abends mit Euren Wagen nicht mehr nach Bruchmühle zurück, sondern nach Berlin-Lichtenberg, Prinzenallee 80, in unser neues Gebäude.« Unser neues »Hauptquartier« lag etwa auf halbem Wege zwischen den U-Bahnhöfen Lichtenberg und Friedrichsfelde; im Vergleich zu Bruchmühle war das Haus bedeutend geräumiger. In einer Paterrewohnung wurden ein großes Arbeitszimmer und ein kleiner Büroraum eingerichtet. Da sich unsere Aufgaben täglich erweiterten, trafen schon wenige Tage später Stenotypistinnen und Sekretärinnen ein. Nun konnte die Arbeit in den Berliner Bezirken leichter und schneller vor sich gehen: Die langen Fahrzeiten entfielen.

Wir steckten damals so tief in unserer Arbeit, daß wir die Kapitulation Hitler-Deutschlands und die Siegesfeiern der sowjetischen Truppen am 8. und 9. Mai gar nicht wahrnahmen.

Unvergeßlich aber bleiben mir heute, 50 Jahre später, meine damaligen großen Hoffnungen: die ersten von Hans Mahle geleiteten Sendungen des Berliner Rundfunks (11. Mai), die Bildung des Gesamtberliner Magistrats (17. Mai), die beginnende Zusammenarbeit von antifaschistischen Demokraten der verschiedensten Richtungen, der Gründungsaufruf der KPD am 11. Juni mit dem Versprechen, sich für »eine antifaschistisch-demokratische Republik mit allen demokratischen Rechten und Freiheiten für das Volk« einzusetzen, die

Neugründung der SPD, der Beginn der Tätigkeit der CDU Ende Juni und der Liberaldemokraten Anfang Juli 1945 sowie vor allem die erste Erklärung der damaligen »antifaschistisch-demokratischen Einheitsfront«. Eine antifaschistisch-demokratische Entwicklung – die Einheit Deutschlands galt damals als Selbstverständlichkeit – schien sich nun zu verwirklichen.

Aber Schritt um Schritt wurden mir die Hoffnungen, ja Illusionen vom Mai 1945 genommen. Grund: die zunehmende Unterordnung der »Blockparteien«, die Proklamierung der »führenden Rolle« der SED, die Verfolgung von Sozialdemokraten als »Schumacher-Agenten«, die Einrichtung von Partei-Kontrollkommissionen, die Forderung nach Wachsamkeit und die Einleitung von »Säuberungen« der Partei von angeblichen »parteifeindlichen« und »sowjetfeindlichen Elementen«.

Am 12. März 1949, damals Dozent an der SED-Parteihochschule »Karl Marx«, zog ich die Konsequenz: Ich floh aus der Sowjetzone Deutschlands – kaum vier Jahre nach jenem Mai 1945, an dessen Zielen ich mit so großen Hoffnungen mitgewirkt hatte.

Alphons Silbermann

Das Ende des Zweiten Weltkrieges habe ich nach einer langjährigen Emigranten-Odyssee mit den Stationen Amsterdam und Paris, in Sydney, im fernen Australien, erlebt, genauer gesagt: miterlebt. Waren es doch die Zeiten, als uns noch nicht die kommunikationstechnischen Errungenschaften die Kriegsgeschehen in Sekundenschnelle ins Haus brachten. Wir waren auf eine dazumal zweitrangige, nicht besser als wir selbst informierte Schlagzeilenpresse angewiesen oder auf die über knatternde Kurzwelle aus London kommenden kommentarlosen Nachrichten der BBC.

Gewiß, Australien war im Kriegszustand, und das gleich in doppelter Richtung: einmal gegen die Deutschen und zum anderen, für das Land weitaus bedrohlicher, gegen die Japaner. Pflichtgemäß mobilisierte Australien, sandte Truppen nach Europa bzw. Afrika, verstärkte zu See die gegen die Japaner angehenden Amerikaner und nahm an Niederlagen wie an Siegen teil. Natürlich bekümmerte man sich auch um die sogenannte »Innere Sicherheit« des Landes und erließ schnellstens Dekrete zu deren Durchführung. Dabei hatten die zuständigen Behörden die Fremden im Lande im Auge, vordringlich uns, die aus Deutschland, Österreich, Polen und Ungarn vor dem Krieg ins Land hereingelassenen Emigranten. Kurzerhand wurden wir, die wir inzwischen staatenlos geworden waren, zu »enemy alien« (feindlichen Ausländern) ernannt, mit Meldepflicht, Ausgehverboten und anderen Beschränkungen belegt, wurden, ob Alt oder Jung, in semimilitärische Arbeitscorps gezwängt oder zu Straßenarbeiten ins Innere des Landes verschickt. Soweit es einem gelang, sich hiervon ganz oder teilweise mittels dieser oder jener Machenschaften zu befreien, konnten wir mehr oder weniger ungehindert unserem Arbeits- und Privatleben nachgehen.

Diese skizzenhafte Zustandsbeschreibung über die durchlebte Kriegszeit soll dazu dienen, ein Bewußtheitsgefüge aufzuzeigen, das zwischen den Mühseligkeiten des Aufbaus einer Existenz, der Rettung aus der direkten oder indirekten Teilnahme am mörderischen Geschehen und echter oder geheuchelter bzw. erzwungener patriotischer Gesinnung gelegen ist. Es kommt einer Verdrehung gleich, nicht zu gestehen, daß es in erster Linie das Eigeninteresse der sozialen, ökonomischen und kulturellen Selbsterhaltung war, mit dem auf die multiplen Kriegshandlungen, die Zerstörungen, die Unmengen von Toten und Verletzten geblickt wurde, soweit sie uns im fernen Land überhaupt bekannt wurden. Dachten wir, die wir keine Exilanten wie einstens Heine oder Börne waren, sondern ob ihres Judentums verfolgte Emigranten – ein gewaltiger, allzuoft übersehener Unterschied –, an Deutschland in der Nacht, dann dachten wir an die uns geraubten materiellen und immateriellen Güter, an das Schicksal unserer Nächsten, an den Verlust unserer Jugend, an die uns aufgezwungene Fremdheit – all dies mit einem Gemisch aus Wehmut und abgründigem Haß. Selbst wenn wir gewollt hätten, als Widerstandskämpfer oder als Befreier aufzutreten, wo oder wie denn? Nicht einmal das Bestehen und der Horror der Konzentrationslager war uns mangels Information bekannt. Erst lange Zeit nach Beendigung des Krieges, als wir uns auf die Suche nach unseren Familienmitgliedern und Freunden begaben, wurden uns Treblinka, Buchenwald und Auschwitz zu Begriffen mörderischen Tuns.

Als in Sydney bei Beendigung des Krieges die Glocken läuteten, Jubel und Trubel die Straßen füllten, Siegesparaden und Dankesgottesdienste abgehalten wurden, blieben wir, die Fremden im fremden Land, abseits stehen. Zwar konnten wir voraussehen, und so geschah es denn auch, daß die meisten der uns Emigranten auferlegten Beschränkungen aufgehoben wurden, ja, daß man uns gar die australische Staatsbürgerschaft verlieh – doch unser Haß auf ein verruchtes Deutschland wurde hierdurch nicht gemildert. Eher hatten wir jetzt den Mut, so wie einstens die Nazihorden »Juda verrecke« gröhlten, nunmehr, grob gesagt, »Deutschland verrecke« auszurufen.

Wenn ich es von heute aus übersehe, dauerte es nicht allzu lange, bis sich Australien von der Kriegsalltäglichkeit löste und auch wir, die teils-teils-integrierte Gruppe der Emigranten, am freiheitlich-demokratischen Raum des pazifischen Kontinents teilhaben konnten. Indes, nicht so unbeschwingt wie der durch ihre happy-go-lucky-Attitüde bekannt gewordene und durch wenig kulturelles Erbe belastete Großteil der australischen Bevölkerung. Denn was uns die inzwischen wieder hergestellten Kommunikationslinien (Schiffs- und beginnender Flugverkehr und unzensierter Rundfunkempfang) aus dem fernab liegenden Europa in Wort und Bild überbrachten – von der Zerstörung der Städte, der Armut der Bevölkerung, der Gründung der Bundesrepublik über Besatzung, Säuberung, Wiederaufbau, Kriegsverbrechertribunal bis hin zu politischen und wirtschaftlichen Machtverteilungen –, blieb uns eine psychische Last, sollte das eine oder andere gelingen. Unsere mit Schmerz und Wut gefüllten Tränen galten nicht einem darniederliegenden Deutschland, nicht einmal einer verlorenen Heimat, denn diesen Begriff hatten uns die Nazis bestens ausgetrieben, sondern dem Leid, das uns unter der Führung einer machtbesessenen Bande ein Volk angetan hat, zu dem wir Juden schon zu Zeiten Karls des Großen ganz oder teilweise gehörten.

Was immer wir, diese quantitativ gesehen kleine in Australien lebende Emigrantengruppe, mit Bezug auf Deutschland taten oder dachten, war von einem Ressentiment geleitet, das bis an die Grenzen der Rache reichte, obwohl wir hierzu weder Mittel noch Wege hatten. Doch die Zeiten vergingen, und da die meisten unter uns inzwischen wohl etabliert waren, verwandelten sich die haßerfüllten Gefühle gegenüber einem verruchten Deutschland in aufdrängende Indifferenz. Wie mein seliger Vater wollten die meisten unter uns Deutschland nie wiedersehen, denn, wie sagte mein gescheiter alter Herr: »Ich will mir meine guten Erinnerungen ans Land meiner Väter nicht rauben lassen.«

Diese Worte sprach er, als ich mich nach dem Kriege aus beruflichen und juristischen Gründen auf meine erste, dazumal sechs Wochen dauernde Schiffsreise nach Europa begab. Beruflich hatte ich in England und Frankreich zu tun, juristisch wegen Fragen der durch Enteignungen entstandenen Schäden und Verluste in Deutschland (Thema: Wiedergutmachung). Ich besuchte der Reihe nach München, Gießen und meine Geburtsstadt Köln. Dort wanderte ich über Schutt und Trümmer an zerstörten Häusern vorbei, blickte auf eine ärmlich gekleidete und verharmt dreinblickende Menschenmenge, doch, ich sage es offen und ehrlich, Mitleid überkam mich nicht. Mögen sie doch in dem Saft schmoren, den sie sich gebraut haben. Ich will nichts mehr mit ihnen zu tun haben.

Jetzt wird man fragen: Mensch Silbermann, Sie sind aber doch in den sechziger Jahren erst zeitweilig, dann ganz nach Deutschland zurückgegangen. Wie das? Ja, in der Tat. Es war zu Beginn der sechziger Jahre, als ich bei einem von mir in Paris im Auftrag des Französischen Rundfunks organisierten internationalen Kongreß über die soziologischen Aspekte der Musik am Rundfunk den an der Universität zu Köln wirkenden eminenten Soziologen René König traf, der, offensichtlich von meinen Arbeiten beeindruckt, mir anbot, an die Kölner Universität zu kommen. »Dort werden Sie gebraucht. Denn es ist an uns, den von den Nazis Vertriebenen und insbesondere an Ihnen, dem Juden, aufklärend die tief eingedrungene nationalsozialistische Ideologie mit ihrem rabiaten Antisemitismus zu durchlöchern, vor allem bei der Jugend.« Ich zögerte eine lange Zeit; wurde von Familie und Freundeskreis beschworen, nur ja nicht in das Land der Mörder und Henker zurückzukehren – doch ich ging. Ein von Leid und Tatkraft geprägter militanter Humanismus trieb mich in der mir eigenen Weise, mich der jungen Nachkriegsgeneration als der zu stellen, der einstens als »Deutscher Jude« sich fühlte und dachte. Weiß Gott, ich mußte viele, viele Ressentiments über Bord werfen, mußte Bitterkeit verbergen, den Blick auf eine Zukunft werfen, in der die Jahre einer Gewaltherrschaft so sehr in die Ecke einer verachtenswerten Vergangenheit gedrängt werden, daß man ihrer nur mit Schaudern gedenken kann.

Ich gestehe: So habe ich das Kriegsende nicht erlebt!

Erwin Wickert

»Wohin willst du?« fragte ich Kurt Lüdde-Neurath, als er auf dem Hof unserer Botschaft in Tokio eilig an mir vorbeigehen wollte.

»Zum Chiffrierbüro. Telegramm aus Berlin!« sagte er. Ich schloß mich ihm an.

Es war Ende April 45. Wir hatten schon seit vierzehn Tagen keine Verbindung mehr mit Deutschland. Unsere Funkstation in Emden war von den Engländern, die in Nauen von den Sowjets besetzt. Nach Deutschland telefonieren konnte man nicht mehr. Der Deutsche Kurzwellensender schwieg auch.

Kurt Lüdde war Legationssekretär im politischen Referat der Botschaft, ich war Rundfunkattaché, gerade dreißig Jahre alt geworden, Kurt war etwas älter. Das wird das Telegramm sein, dachten wir, in dem steht, daß der Krieg zu Ende ist, daß wir kapitulieren, daß der Wahnsinn aufhört.

Das Chiffrierbüro lag im Kanzleigebäude. Die fünf Chiffreure waren schon seit Wochen arbeitslos. Sie saßen nur herum.

»Geheim?« fragten wir sie.

»Nein. Satzbuch. Ein ganz kurzes Telegramm.«

Das Chiffrier-Satzbuch enthielt fünfstellige Nummern für alle gebräuchlichen deutschen Wörter. Die Alliierten kannten es. Der Text konnte also nicht geheim sein. Vielleicht teilte es uns nur kurz die Kapitulation mit, dachten wir hoffnungsvoll. Das brauchte man ja schließlich vor den Alliierten nicht mehr geheimzuhalten.

Der Kanzler Meyer hatte es selbst unternommen, den Text zu entziffern. Franzl Krapf und Richard Breuer kamen auch. Da waren wir vier Jüngeren wieder zusammen. Wir standen vor Meyers Tür herum und warteten. Schließlich kam er heraus. Er hatte das Telegramm und den entzifferten Text in der Hand und las ihn uns vor.

»Diplogerma Tokio. Für Major Karsch«, las er. Karsch war der Gehilfe des Militärattachés. »Kinderzuschlag für Tochter Mechthild fällt ab 1. Februar fort. Überzahlter Betrag wird mit nächster Gehaltszahlung eingezogen. Legationskasse.«

Wir lachten nicht einmal. Der Krieg war also nicht zu Ende. Wir gingen niedergeschlagen auf den Hof, fragten uns nur, woher das Telegraphenamt das Telegramm empfangen hatte.

Am 1. Mai hörte ich beim Frühstück vom Radio San Francisco, ein norddeutscher Sender habe gemeldet, Hitler sei gestern in Berlin im Kampf gefallen. Mir war auf einmal leicht. Ich fühlte, daß ich mich entspannte und daß ich bisher verkrampft gewesen, daß nun eine schwere Last von mir gefallen war, an die ich mich gewöhnt und die ich zuletzt gar nicht mehr gespürt hatte. Nun war niemand mehr da oben, der den Krieg fortsetzen und gegen dessen Befehl keine Berufung möglich war. Ich will es nicht Fröhlichkeit nennen, aber es war eine seltsame, ganz ungewohnte Leichtigkeit.

Ich versuchte meine Frau telefonisch zu erreichen, die mit unseren beiden Söhnen Wolfram und Ulrich wegen der Luftangriffe an den Kawaguchi-See am Abhang des Fuji evakuiert worden war; aber die Verbindung kam nicht zustande. Ich fuhr mit der Straßenbahn in die Botschaft – mein Auto hatte ich schon verkauft – und meldete dem Botschafter Stahmer, Hitler sei gefallen. Wenn die Nachricht von den Amerikanern komme, sei es nur ein Gerücht – Feindpropaganda, sagte er. Er stellte sich, als glaube er noch immer an den Endsieg. Aber in der Botschaft hatten auch andere Radio San Francisco gehört. Wir glaubten der Radiomeldung.

Ich hatte ein kleines Haus in Seijo, etwa fünfzehn Kilometer von Tokio entfernt, für meine beiden Mitarbeiter gemietet. Sie hörten dort ausländische Rundfunknachrichten, die in der Botschaft täglich in einem kleinen Bulletin zusammengefaßt und verteilt wurden: unsere einzige verläßliche Nachrichtenquelle. Die Mitarbeiter sagten, auch BBC melde Hitlers Tod. In der Nacht zum 2. Mai hörten sie zum ersten Mal auf der Langwelle den deutschen Soldatensender Oslo. Er meldete, Hitler sei in Berlin den Heldentod gestorben. Ich teilte es dem Botschafter Stahmer in einer Notiz mit. Er reagierte darauf nicht.

Doch am nächsten Tag berichtete auch die japanische Presse, Hitler sei tot und Großadmiral Dönitz sein Nachfolger. Er habe die Kapitulation angeboten. Er sei ein Verräter.

Dann erhielten wir unerwartet über einen Sender der Marine aus Schleswig ein Telegramm des neuen deutschen Außenministers Schwerin von Krosigk, er bedaure, daß es seine erste Aufgabe als Außenminister sei, die japanische Regierung davon zu unterrichten, daß das Deutsche Reich am Ende seiner Kraft sei und seine Pflichten als Bundesgenosse Japans nicht mehr erfüllen könne. Es müsse die Alliierten jetzt um einen Waffenstillstand ersuchen.

Stahmer teilte dies dem japanischen Außenminister in einer Note mit. Außenminister Togo verwarf sie als nicht stichhaltig. Am 7. Mai wurde in Reims die bedingungslose Kapitulation aller deutschen Streitkräfte unterzeichnet.

Nun zeigte sich auch Stahmer davon überzeugt, daß Hitler tot war. Er ließ die Fahne der Botschaft auf Halbmast setzen und ordnete für die Botschaftsangehörigen eine »Gedenkstunde für den im Kampf um Deutschland gefallenen Führer Adolf Hitler« an.

Sie fand in dem großen Empfangssaal der Botschafter-Residenz statt. Neben dem Rednerpult standen Parteifunktionäre mit der Hakenkreuz-Fahne. Ich erinnere mich nicht, ob unser Marinekommando auch mit der Reichskriegsflagge vertreten war. Unsere Waffenattachés trugen Uniform mit allen Orden. Die japanische Regierung war eingeladen, entsandte aber nur den stellvertretenden Protokollchef des Außenamtes.

Die »Nippon Philharmoniker« unter dem deutschen Dirigenten Helmut Fellmer spielten das Siegfried-Idyll von Richard Wagner. Dann sprach Stahmer über den Heldentod des größten Sohnes des deutschen Volkes. Ein Trompeter intonierte, und alle sangen das Lied vom guten Kameraden. Die Philharmoniker schlossen mit der Air aus Johann Sebastian Bachs Orchester-Suite in D-Dur. Es folgten der »Abschiedsgruß an den Führer und die Lieder der Nation«, das heißt also das Deutschland-Lied und das Horst-Wessel-Lied. Die Anwesenden erhoben die Arme zum Hitlergruß. Zum Fahnenausmarsch spielten die Nippon Philharmoniker den Badenweiler Marsch, Hitlers Lieblingsmarsch.

Ich habe das Programm der Feier aufgehoben, weil ich annahm, daß dies wohl die einzige Totenfeier in der ganzen Welt für Adolf Hitler sei. Es liegt jetzt vor mir.

Für uns Deutsche in Japan aber war damit der Krieg noch nicht zu Ende. Zwar hatten die Japaner der Botschaft jede weitere Tätigkeit untersagt; aber wir waren noch immer abhängig von Stahmer und vor allem von dem SS-Standartenführer Polizeioberst Meisinger, als »Schlächter von Warschau« bekannt, der eng mit der japanischen Militärpolizei, der *Kempeitai*, zusammenarbeitete.

Ich hatte am 4. Mai dem Marineattaché Admiral Paul Werner Wenneker vorgeschlagen, seinen Freund Admiral Dönitz über die Marine-Funkverbindung zu bitten, Stahmer abzuberufen und ihn, Wenneker selbst, zum Nachfolger zu ernennen. Dann sollte er als erstes Meisingers Büro durch sein Marinekommando besetzen lassen und die Akten konfiszieren. Er wollte darüber erst nachdenken, antwortete jedoch am nächsten Tag, er könne schlecht sich selbst als Botschafter vorschlagen, aber er bat, was ich erst Jahre später aus den Akten erfuhr, am 5. Mai Dönitz, den Leiter der deutschen Wirtschaftsdelegation in Japan, Helmuth Wohlthat, der nichts mit dem Nationalsozialismus im Sinne gehabt hatte, zum Botschafter zu ernennen. Doch daraus wurde nichts mehr, weil Deutschland zwei Tage darauf kapitulierte.

Die Botschaft mit allen Gebäuden, die Häuser fast aller Botschaftsangehörigen, auch meins, verbrannten bei einem amerikanischen Luftangriff am 25. Mai. Ein großer Teil Tokios wurde in dieser Nacht vernichtet. Es kamen darin fast so viele Menschen um wie durch die Atombombe in Hiroshima.

Ich hatte nur mein Fahrrad und einen Koffer mit Kleiderbügeln und einem Halbrund Schnittkäse gerettet. Da in Tokio die Bahn nicht mehr fuhr, radelte ich, den Koffer auf dem Gepäckträger, nach Seijo, konnte mich dort in einen Zug zwängen und gelangte zu meiner Familie am Kawaguchi-See. Dort hatten wir von einem japanischen Bauern ein kleines Haus gemietet; einige Möbel, unsere Kleidung, meine Bibliothek hatten wir schon vor Monaten dorthin gesandt.

Das Deutsche Reich hatte kapituliert. Japan kämpfte weiter. Kinder riefen uns jetzt auf der Straße *»maketa doitsu«* – Besiegte Deutsche – nach. Die japanische Militärpolizei hatte uns in drei Evakuierungsorten zusammengelegt, die wir nur mit Passierscheinen verlassen durften. Ich sollte Trauzeuge bei der Hochzeit meines Freundes Franz Krapf sein, doch die Kempeitai ließ mich nicht fahren. Sie wurde immer unfreundlicher und nervöser. Sie zwang uns, im Sand einer Insel des Kawaguchi-Sees Gemüse anzupflanzen – entgegen jeder völkerrechtlichen Übung. Was mit uns geschehen würde, wenn die amerikanischen Streitkräfte in Japan landeten, wußten wir nicht. Nach dem Kriege hörten wir, unsere »Gräber seien bereits ausgehoben gewesen«, was aber auch ein Gerücht sein konnte.

Die amerikanischen Luftangriffe gingen weiter, nahmen zu, fast alle Großstädte waren bereits vernichtet. Das Land war gelähmt, aber das Militär wollte nicht aufgeben. Eher sollte alles untergehen. Der Tenno, der den Krieg nicht gewollt, aber auch nicht hatte verhindern können, zwang schließlich die Regierung, indem er seine verfassungsmäßigen Rechte weit überschritt, zu kapitulieren. Ein Putschversuch junger Offiziere, die den Kaiserpalast besetzten und den Frieden verhindern wollten, wurde niedergeschlagen. Am 15. August, wenige Tage nach Hiroshima und Nagasaki, hielt der japanische Kaiser zum ersten Mal in der Geschichte eine Rede an sein Volk. Er sprach im Rundfunk.

Ich hatte meine Wirtsleute eingeladen, bei mir die Rede zu hören, weil mein Radio auch Tokio empfangen konnte. Sie hatten Feiertagskimonos angezogen, saßen mit gekreuzten Beinen gerade aufgerichtet auf den Strohmatten unseres kleinen Zimmers und hörten »die Stimme des Kranichs«.

Mein Hauswirt, der alte Osano, war der einzige, der aus dem feierlichen Hofjapanisch des Kaisers heraushörte, daß Japan bedingungslos kapitulieren wolle. Er saß steif und unbeweglich da, doch Tränen liefen ihm die Wangen herab. Seine Frau und die Schwiegertochter atmeten erleichtert auf. Sie hatten nur verstanden, der Krieg sei jetzt zu Ende. Nun würden die beiden Söhne Osanos, wenn sie nicht gefallen waren, irgendwoher aus Übersee zurückkehren.

Die amerikanischen Truppen landeten ohne japanische Gegenwehr und besetzten das Land. Stahmer und einige Parteifunktionäre wurden gefangengesetzt. Uns taten die Besatzer nichts. Wir lebten friedlich weiter in unseren Häusern, konnten auch reisen und wurden 1947 auf amerikanischen Truppentransportern repatriiert, durften sogar an Hausrat mitnehmen, was wir gerettet hatten.

Der ehemalige Botschafter, Standartenführer Stahmer, setzte sich, in Deutschland angekommen, bald nach Liechtenstein ab, wurde wegen früherer, noch nie befriedigend erklärter Verdienste um das Fürstentum oder den Fürsten zum Grafen ernannt und arbeitete fortan für den Schweizer Waffenhersteller Oerlikon-Bührle. Den Polizeioberst SS-Standartenführer Meisinger hatten amerikanische Soldaten bald nach der Landung aus Kawaguchi abgeholt und den Polen ausgeliefert, die mit dem »Schlächter von Warschau« kurzen Prozeß machten und ihn henkten. *Sit ei terra levis* – möge die Erde ihm leicht sein, riefen wir diesem Menschen über das Grab nach.

Hermann Lenz

Bei jedem Schritt veränderten sich Wald und Straße, die einem Stahlstich auf altem Papier glichen. Die Straße stieg, machte eine Kehre, führte durch kahlen Wald. An einer Telegraphenstange klebte ein Zettel: »Wir werden sie mit unseren Händen erwürgen, wenn wir keine Waffen haben!« Es war ein eng bedruckter Zettel.

Es war still, ich ging allein und hatte ein Gewehr. Es war, als würde ich geschoben. Der Wald wich hinter mir zurück. Ich sah ins Weite, und unten lag ein Dorf. Ich ging in dieses Dorf, betrat ein Haus, sagte zu einem Mann mit nacktem Oberkörper, der vor einer Schüssel voll dampfenden Wassers stand, die Kompanie solle abrücken, so sei der Befehl. Ich sagte auch den Ort, wohin die Kompanie sich zurückziehen solle, doch den Namen habe ich vergessen. Es war im März.

Ich ging wieder zum Wald hinauf. Aus einem Fenster schaute eine dicke Frau und deutete ins Weite. Ich sah, wohin sie zeigte. Da krochen drüben auf dem andern Abhang dieses flachen Tales Panzerwagen, die mir gelb erschienen; vielleicht kam es vom Abendlicht. Die Frau sagte, ich solle schnell weggehen, denn einmal hätten sie schon hergeschossen. Also machte ich mich fort, kam wieder in den Wald, hockte neben andern in einer Jagdhütte; ein Offizier rief in einen Telephonhörer: »Hallo, Stechfliege!« und schüttelte den Kopf, weil alles stumm blieb. Zu mir sagte er: »Geh und suche die Verbindung zur 5. Kompanie. Dein Gewehr kannst du hierlassen.«

Und jetzt war's Nacht. Ich dachte: Du wirst den Tag abwarten, nie mehr kehrst du zu den anderen zurück ... und wurde im Hellwerden, als ich auf einem Gleis ging, von zweien angerufen; einer legte auf mich an. Ich winkte, setzte mich zu ihnen, und wir redeten darüber, ob wir überlaufen sollten, aber wie? Ich sagte: »Ich warte es ab«, ging weiter. Die beiden sollten den Bahndamm verteidigen oder bewachen, und ich war froh, mein Gewehr los zu sein.

Um Mittag ging ich in ein Dorf hinein. Auf der Straße hielt mich ein Feldwebel an. Ich kannte ihn, er sagte: »Du hast ja kein Gewehr! Wir sollen jeden festnehmen, der kein Gewehr hat! Besorge dir so schnell wie möglich ein Gewehr!« Strelow hieß der Mann, ich erinnere mich. Es war damals für mich kritisch, denn woher bekam ich ein Gewehr in diesem Dorf, wo der Mittag blank war bis in jeden Winkel. Der Abend und das Zwielicht wären günstiger gewesen.

Dann begegnete ich dem Leutnant. Er trug mein Gewehr und sagte: »Da hast du's wieder. Mich hat's scheußlich gedrückt.« Ich ging in ein Haus hinein, fragte, ob ich Essen haben könnte, und zeigte eine Handvoll Zigaretten vor. Die Frau sah von der Seite her auf meine flache Hand, schüttelte den Kopf und sagte, sie brauche sie nicht. Dann zeigte ich ihr Nescafé, den sie nicht kannte. Doch wenn es Kaffee sei, gut, dann könne ich hier essen, sagte sie und nahm die Tüte, drehte sich rasch nach mir um und sagte: »... Wenn Sie überhaupt ein Deutscher sind!« – »Doch, ich bin's«, sagte ich und dachte: Leider... Nachdem ich gegessen hatte und wieder draußen war, atmete ich auf.

Es rappelte und trappelte, es schepperte und stampfte, es schwatzte und bewegte sich: das war der Heerbann mit seinen Troßkarren unten in der engen Straße, wo die Häuser vorragten. Wenn ich aus dem Fenster schaute, schwebte ich über der Gasse. Das ging nun alles dem Rhein zu, aber es nützte nichts mehr; die letzte Brücke hatten doch schon die Amerikaner. Es hatte sich herumgesprochen, aber trotzdem eilte es den andern immer noch, und das verstand ich nicht.

Kerzen flackerten auf einem kalten Herd. Daneben saß ein alter Mann und döste. Hinter einer Tür lachten Mädchen. Es wurde gekichert, die Tür flog auf und zu. Ich überlegte, wo ich schlafen sollte. Die im Nebenzimmer wollte ich nicht stören, also ging ich in die Waschküche hinunter und legte mich neben einem Fahrrad auf den Boden. Schlief auch ein paar Stunden, ging in der Frühe wieder weiter, diesmal in den Wäldern, und es war klares und warmes Wetter, damals im März fünfundvierzig. Im Wald jaulten Panzermotore, und ich konnte nicht verstehen, daß sie langsam näher kamen. Der Himmel war voll Jabos. Es schien, als sollte es mir nicht gelingen, gefangen zu werden. Die Jabos kippten aus der Bläue, senkten sich und schossen, und ich lag an einem Bahndamm; ringsum spritzte es im Boden; ich dachte: Wieder hat's dich nicht erwischt. An meiner linken Hand steckte ein silberner Ring, in dessen Stein ein Mädchenkopf geschnitten war.

Dann dieser äußerste Moment, als ich hinter einer Weide neben einem Bach lag. Sie schossen über uns hinweg, es spritzte am Grasrand der Böschung, und ein Leutnant duckte sich und watete im Wasser weiter. Wir blieben liegen. Ich warf mein Gewehr in den Bach und riß Patronen aus den Taschen; viele waren grünspanig geworden, denn ich hatte sie sogar in Rußland nicht gebraucht; ich hatte selten geschossen, immer aus der Hüfte, weil ich gedacht hatte: wenn du nicht zielst, kommst du durch diesen Krieg.

Ich preßte mich hinter die Weide. Ein Panzer schwenkte auf die Wiese ein, er war neu und hatte grüne Flanken; er schoß über mir in den Weidenstamm; die Kugeln schlugen hindurch. Ein Soldat sprang hinterm Panzer vor und schoß auf uns im Stehen. Immer wieder rief einer von uns: »Mister! Mister!« Ich riß mein Handtuch aus dem Brotbeutel heraus, sprang auf und winkte.

Da wurde es dann still. Der Panzerdeckel klappte auf, und oben sah ein bleicher Kopf mit dünner Goldbrille heraus, der kaute. Ich sprach mit ihm. Er sagte, wir sollten die Verwundeten zum Gutshof bringen. Dort stand ein Arzt vor einer Sandsteinmauer. In der Sonne lagen Verwundete; einer hatte einen Schuß hinter den Augen, lebte aber noch. Zwei von uns hatten Bein- und Armschüsse. Der Arzt gab jedem eine Spritze. Dann wurden sie hineingehoben in ein Sanitätsauto und fortgefahren; es ging rasch. Hochbepackte Troßkarren zogen in den Hof ein, und voraus ging ein kleiner Kerl mit krummen Beinen; er schwenkte ein Bettlaken. Später erzählte er, SS habe in sie hineingeschossen. Ein Amerikaner fragte mich: »Warum seid ihr zum Bach gelaufen?« und ich erzählte von dem Leutnant, der »Los, ihr lauft mit mir!« geschrien und eine Pistole in der Hand gehalten hatte, dicht vor unsern Bäuchen. Der Amerikaner lächelte und nickte. Wir stellten uns in einer Reihe auf und hielten die Hände über die Köpfe. So wurden wir photographiert, und die Verschlüsse der Photoapparate klickten. Lautlos gingen die Amerikaner auf dicken Gummisohlen; süß roch ihr Zigarettenrauch in warmer Luft. Ein Panzer nahm eine Häuserecke mit. Eine alte Frau schaute aus einem Fenster und sagte: »Gefangen sein ... ist hart.« Stahlruten schwankten wie Fühler über Jeeps, die vorbeistäubten. Ein Amerikaner griff nach meinem Sturmabzeichen; ein Offizier schrie ihn an, und er nahm die Hand weg. Ich schob das Sturmabzeichen in die Tasche; das war nun also etwas wert.

Wir marschierten in der Frühe aus dem Gutshof fort. Ich ging am Schluß des Zuges, die Hände in den Taschen und den Mantel offen. Hinter mir fuhr ein Wagen im Schritt, und oben war ein Maschinengewehr aufmontiert; daneben stand der Captain, und seine Zigarre bewegte sich vom einen Mundwinkel zum andern.

Wir marschierten in einem Tal. Ein Bach glänzte durch Gebüsch. Einer rief etwas, das ich nicht verstand; wir blieben stehen; das Maschinengewehr drehte sich und schoß. Da liefen drüben zwei am Hang, und vor ihnen spritzte es im Boden. Wir riefen: »Kommt herüber!« Der eine hob die Arme und blieb stehen, der andre aber lief. Da warfen ihn die Kugeln auf den Boden.

Wir warteten, bis der andre mit erhobenen Händen bei uns war; dann trotteten wir wieder weiter. Es hieß, die beiden hätten nach Haus gehen wollen, sieben Kilometer von hier seien sie daheim.

In einem kleinen Bahnhof sprangen wir über Signaldrähte und wurden gefilmt. Ein Neger schenkte mir eine Orange. Wir stiegen in Güterwaggons ein. Steine krachten an die Wand des Güterwagens, während wir durch Frankreich fuhren. In der Morgenfrühe sah ich Bomberzüge vor rosawolkigem Himmel herankommen; sie vereinigten sich in der Höhe und strebten ostwärts. Ich kam in ein Zeltlager, das in Äckern aufgebaut war und scharfkantiges Steinpflaster hatte.

Es hieß: »Messer abliefern!« und ich gab das Messer meines Großvaters her, dessen Klinge wackelte; vom Griff war ein Stück abgesplittert. Ein Amerikaner fragte nach meinem Füllfederhalter; ich zog ihn aus der oberen Rocktasche; er schraubte ihn auf, doch war die Feder abgebrochen und die Tinte floß. Er fragte nach meiner Uhr und ich hatte keine; nie hatte ich im Krieg eine Uhr gehabt. Ich zog grüne Wollhandschuhe aus und zeigte meine nackten Hände vor; der Ring steckte im Wollhandschuh. Auf einem Klappstuhl saß ein Soldat mit Handschuhen aus gelbem Leder und blätterte in meinem Soldbuch. Er fragte, während er nach oben schaute: »Wo haben Sie studiert?« Ich sagte es. – »Glauben Sie nicht mehr an den Führer?« – »An den habe ich nie geglaubt.« Er schrie mich an, das sei eine Lüge, und Lügen seien hier nicht erlaubt. »Machen Sie, daß Sie wegkommen!« schrie er. Ich lächelte, er konnte nichts von mir wissen. Ein Deutscher bist du und nicht mehr. Finde dich ab.

Ich ging, sah auf scharfkantigen Kalksteinboden und wurde am Ärmel gezupft. Der »Kommissar« stand da, ein Russe vom Troß; er lachte breit. Er griff mir an die Schulter. Das genügte.

Nach Cherbourg, wo das Lager überfüllt war. Wagnermusik wogte aus Lautsprechern über Zelten in der klaren Luft; Roosevelt war gestorben. Nachts sprachen Maschinenpistolen von Holztürmen. »Die Dämmerung senkt sich über das Reich ...«, begann der Heeresbericht der Amerikaner, der in

Maschinenschrift neben dem Lagereingang ausgehängt war. Ich wusch mich unter einem Wasserhahn, sah zwei beeinandersitzen im Zeltschatten, und der eine trennte sich mit einer Rasierklinge die Kragenspiegel von der Uniform; er sagte: »Jetzt bin ich kein Soldat mehr; jetzt bin ich Kriegsgefangener.« Jeder hockte dicht neben dem andern. Geldscheine raschelten, Siebzehn und Vier wurde gespielt. Ich gab sechshundert Mark ab und erhielt eine Quittung. Neben mir tippte sich einer an die Stirn und sah mich an; er erzählte, daß er vor dem Krieg oft auf Traberpferde gesetzt und viel gewonnen habe. Er zeigte mir eine Photographie, auf der er in Hitleruniform, drei Sterne am Kragen, zwischen alten Kämpfern stand. Ich gab mein Sturmabzeichen einem Neger und erhielt dafür ein Päckchen Zigaretten durch den Stacheldraht; auf dem Päckchen stand »Old Gold«.

Brotbeutel und Leibriemen flogen auf einen rasch wachsenden Haufen. Noch einmal sah ich mein Koppelschloß an, in das eine Krone und der Spruch ›In Treue fest‹ hineingeprägt waren; es war aus grauem Blech gemacht, glänzte nicht und hatte keinen Adler, über dem ›Gott mit uns‹ stand. In Rußland hatte es einmal einer betrachtet und gesagt: »Wenigstens lügst du nicht.« Es war ein Koppelschloß von früher. In Neuburg an der Donau hatte ich es im Frühjahr 40 gefaßt.

Aufs Schiff am 20. April; es zog hinaus ins glatte, graue Wasser und wartete vor England. Nun sammelte sich der Geleitzug. Die Sonne kam heraus. Hinter Dunst ruhte im Licht ein grüner Streifen Land, zu dem ich nie hinüberkommen würde. Die grüne Ferne wurde zu einer Stadtmauer, von der Türme aufs Meer schauten, das nun lila war, rötlich und hell an diesem frischen Morgen; Wolken ruhten in der Ferne, einzelne Wolken, aufgelockerte, Kränze von Wolken über einem Wasser, das sich dunkelblau verändert hatte. Immer noch stand drüben die uralte Mauer, bräunlich und geschwärzt; sie mußte Zinnen haben, Forts, und streng befestigt sein. Fische folgten unserem Schiff, als schwarzgrüne

Geschosse durchflogen sie die Wogen, und ich fragte einen Feldwebel, ob ich durch sein Fernglas schauen dürfe. Da sah ich, daß die Mauer Schiffe waren, ringsum war das Meer bedeckt mit Schiffen, und sie vereinigten sich in der Ferne zu einer Mauer.

Der Kapitän hieß Redmond. In rotgestreifter Wolljacke saß er da, die Arme auf der Stuhllehne verschränkt, und rauchte Pfeife, wenn wir uns Essen in die Konservenbüchsen kippen ließen. Der Kapitän schaute uns an.

Vor mir ging der Greifswalder, ein großer, breiter Mann, der eine Joppe aus dickem, dunkelblauem Stoff anhatte. Ich beneidete ihn um die Joppe, weil er darin wie einer aussah, der nirgends hingehörte; so war's jetzt richtig. Er ging langsam und schwer über die Eisentreppe, die nachgiebig geworden war von der bewegten See.

Ich trat durch eine Luke in die graumilchige Luft. Viele knieten am Boden und klopften Rost ab; andere reinigten die Löcher der Rohre im Pissoir, aus denen Wasser spritzte, denn dafür gab es eine Extraportion Essen. Mir war's recht, nichts zu tun, an Deck zu liegen und zu spüren, wie sich das Schiff regte, hob und senkte. Vom Flugzeugträger stieg ein Flugzeug auf. Patrouillenboote schlüpften durch ein Meer, das gallertig geworden schien, so grau und glasig streckte es sich jetzt. Es hieß, deutsche U-Boote seien gemeldet worden, und einer mit scharfer Brille sagte: »Wenn wir doch torpediert und von den Unsern befreit würden!« Ich schaute auf die Seite, und der Greifswalder sah mich unbewegten Gesichts an. Ein Amerikaner hielt mich an der Hand fest, sagte: »Oh, nice ring!« und ich erwiderte: »From my bride. She is jewish.« Er machte einen Schritt zurück. Ich steckte den Ring wieder in den Handschuh und dachte zurück. Während das Schiff schwankte, dachte ich an H., denn von ihr war der Ring. Zu Zwangsarbeit eingezogen, mußte sie Waggons der Münchener Straßenbahnen waschen.

Einer trug schon eine Khakijacke und hatte sich mit Bleistift AUSTRIA auf den Ärmel gemalt, dort wo die Amerikaner ihr Divisionszeichen trugen. Ich fragte ihn, woher er sei. Er war aus Wien. – »Amerikanischer Sektor?« fragte ich. »Naa, russischer. Waaßt, dees is mir egol. I komm mit jedem aus. Waaßt eh scho … Muaßt di halt durchwuzzeln.«

Ein anderer war Bankbeamter und hatte die Taschen voll Geld; mit glücklicher Hand spielte er Siebzehn und Vier. Mir fiel ein, daß ich Zwanzigmarkscheine an Amerikaner verteilt hatte, damals im Moseltal. Das Geld war doch jetzt nichts mehr wert … Er aber lächelte mit schmalem, geschärftem Gesicht, ein Dunkelhäutiger, der auf die Seite schaute. Der kannte sich aus. Er ging wie ich mit offener Uniformjacke, die Hände in den Taschen. Früher war er lang in Prag gewesen. Wenn du alles so wie der hinnähmest, kämst du leichter durch, dachte ich, und der Greifswalder sagte über ihn: »Ein Einzelgänger. Vierzig ist er und noch Junggeselle.«

Vor dem Pissoir rieb sich ein Schauspielschüler Krem auf beide Augenlider. Das Pissoir wurde von einem stumpigen Schwaben bewacht, der's sauber hielt und nur so viele hineinließ, wie drin Platz hatten. Ich sagte zu ihm: »Wart nur, unser Leben lang werden wir in Ruinen hausen. Du kannst Gift darauf nehmen.« – »Ach was, saudomms Gschwätz! In zehn Jahr siehst nix mehr vom Krieg!« schrie er, schaute ins Pissoir hinein und sagte: »So, jetzt hot's Platz. Jetzt kaaschd schiffa«, während draußen der Sturm sauste und das Schiff im aufgewühlten Wasserboden stampfte. Über der Mastspitze stand für einen Augenblick ein beweglicher grauer Rand; dann drückte er von unten her und hob uns mächtig. Ich wartete darauf, seekrank zu werden, doch änderte sich nichts. Eine Stimme rief in den Schiffsbauch herein: »Hitler is dead!« Und viele, die auf dem Stahlboden lagen, johlten wie nach einer Führerrede.

Die Luft wurde trocken, mild; sie schien stillzustehen. New York zeigte sich dunstig an einem warmen Morgen. Ich sah die Seeseite der Stadt mit hellem wie schaumigem Grün und hohen Häusersilhouetten. Glocken läuteten und Schiffssirenen stöhnten; Nebelhörner muhten, ein großer Jubel;

unseretwegen konnte es nicht sein. Ich fragte den Feldwebel mit dem Fernglas, was es bedeute, und er sagte: »War is over. War in Europe.«

Hilmar Hoffmann

Das Ende von Hitlers Krieg erlebte ich als stufenweise Kulmination, die mit dem 8. Mai 1945 ihr historisches Datum erreichte. Um das Ende des Krieges, das viele von uns Oberschülern des Jahrgangs 1925 als ein siegreiches antizipierten, nicht memmisch im Schoß der Familie zu erleben, sondern als todesmutige Kämpfer an vorderster Front, haben wir Obersekundaner uns 1942 freiwillig gemeldet.

In den befohlenen Jugendfilmstunden hatten uns heroisierende Dokumentarfilme vom Kaliber »Feldzug in Polen«, »Feuertaufe« oder »Sieg im Westen« emotional beeindruckt, und in der Aula unserer Penne hatte uns Günther Prien, mit Ritterkreuz, Eichenlaub und Schwertern hochdekorierter Korvettenkapitän, für den Krieg begeistert. In seiner schmucken blauen Uniform ein ideologischer Werbeträger par excellence, eroberte der Kommandant des legendären U-Bootes 47 unsere Herzen mit seinem authentischen Bericht über seine riskante Aktion in der Bucht von Scapa Flow, wo er gleich 1939 das britische Schlachtschiff »Royal Oak« auf den Grund des Meeres schickte. Motivierendes Vorbild des Reports aus erlebter Todesnähe, hatte es für die meisten von uns die Wirkung eines Initiationsritus für das ersehnte eigene Heldenleben. Wer sich noch nicht beim Wehrbezirkskommando als Freiwilliger gemeldet hatte, der tat es jetzt. Der propagandistisch vermarktete Kriegsheld propagierte auch seinen eigenen Bestseller »Mein Weg nach Scapa Flow«.

Gleichwohl habe ich mich nicht zur U-Boot-Waffe gemeldet; absaufen schien mir kein erstrebenswertes Ende – ohne »Wohnrecht im Grabe« (Kafka). Statt dessen musterte ich bei den Fallschirmjägern an. Beide als Todeskommandos gerühmte Waffengattungen, waren sie die einzige erlaubte

Alternative zur Waffen-SS, die einen sportgestählten Fähnleinführer mit einsneunzig und blauen Augen gern für ihre niederen Zwecke vereinnahmt hätte. Anders als damals erhofft, sollte der Krieg für mich aber schon wenige Wochen nach der Grundausbildung vorbei sein – Tatort Normandie. D-Day heißt das geschichtsträchtige Datum für die militärische Wende im Westen, nachdem die Schlacht um Stalingrad Anfang 1943 das Ende von Hitlers Expansionsfeldzug im Osten längst eingeläutet hatte. D-Day markiert auch das Ende meiner militärischen Karriere als Fahnenjunker im Fallschirmjägerausbildungsregiment Nr. 1 des Obersten von Kummer. Als Chewing-gum kauende GIs vermutlich aus Dakota oder Alabama mich bei Cherbourg kassierten, zweifelte ich an meiner Eins in Englisch. Im bis dahin entscheidendsten Augenblick meines Lebens, wo die Überlebenschance am seidenen Faden der sprachlichen Verständigung hing, begriff ich kein einziges Wort des hostil geführten Verhörs.

Bevor wir unfreiwilligen »Prisoners of war«, alle unter zwanzig, auf Liberty-Frachtern wie ansonsten grüne Bananen gestapelt wurden, um in den Staaten die Ernte einzufahren, mußten wir auf dem metaphorischen Feld der Ehre viele für ihren Führer elendig krepierte Kameraden bergen. Soldaten unseres Alters hockten da in matschigen Löchern, das Feldtelefon noch in der Hand, oder saßen am Steuer eines Geländewagens wie auf arretierten Bildern eines modernen Kriegsfilms. Äußerlich unversehrt, hatten Luftminen ihre Lungen zerrissen. Tag und Nacht bei Wind und Wetter im Wechsel mit sengender Sonne beschleunigter Verwesung ausgesetzt, verbreiteten die Leichen höllischen Gestank, den wir nur mit einer Fahne als Folge von viel Fusel in den Wind schlagen konnten. Mit billigem Brandy betäubten auch unsere Bewacher ihre Sinne, günstige Gelegenheit für einige Unverbesserliche abzuhauen, um das Ende des Krieges verzögern zu helfen.

Konkrete physische Gefahren des Krieges waren aber erst

wirklich zu Ende, als wir nach dreiwöchiger Odyssee über den großen Teich im sicheren Fort von Baltimore gelandet waren. Der drei Wochen währende konsequente Zickzackkurs hatte den tödlichen Torpedos deutscher U-Boote keine Chance gelassen. Nach langer Fahrt im bequemen Pullman-Train an der Endstation Greeley/Colorado ausgestiegen und zu Fuß ins Zehntausend-Betten-Megacamp gekommen, war die Überraschung nicht eben übel: Fabrikneue Klamotten, bequeme zivile Schuhe, Lux-Seife und Frottéhandtücher für die Dusche. Wer nichts als die kriegsverherrlichende Pflichtlektüre von Werner Beumelburg oder Paul Ettighofer kannte, hatte von einem Gefangenenlager gewiß andere Bilder im Kopf. Statt aus dem Blechnapf, aßen wir von weißem Geschirr; statt auf lausigen Holzpritschen lagerten wir auf weichen Matratzen mit steriler Bettwäsche. Zum Frühstück gab's Vollmilch, Apfelsinen, Popcorn, Donuts. Die bange Frage: was haben die bloß vor mit uns, ob solch üppiger Camouflage, sollte sich als voreilig erweisen. Die Sieger hatten offensichtlich nichts im Sinn, was mit der Genfer Konvention kolliciert hätte, wie wir nach einer Woche Quarantäne von Rommels geschlagenen Helden des Afrika-Corps erfuhren. Die waren schon seit 1943 im Camp und hatten die Lagerstraßen längst nach Hitler, Rommel, Göring benannt.

Einige Wochen freiwillig als Holzfäller in der dünnen Luft der Rocky Mountains, war ich schließlich froh, die schöne Öde gigantischer Bergmassive wieder zu tauschen mit steppenhafter Prärie und horizontweiten Ackerebenen im sonnenverwöhnten Tal. Die zivilisierte Infrastruktur mit Kantine, Kirche, Kino, mit Hospital und Sportplatz machte das Gefangenendasein halbwegs erträglich, weniger jedoch das Warten auf das Ende des Krieges. Statt Bäume fällen jetzt Ablenkung durch Zwiebeln ziehen und Kartoffeln buddeln, Tomaten und Bohnen pflücken, abgeräumte Mais- und Kornfelder pflügen. Mehrere tausend Gefangene waren täglich bis zu 200 Meilen buchstäblich auf Achse. Von weit her kamen die Farmer im frühen Morgengrauen ans Lagertor, um uns auf ihren Dreieinhalbtonnern mit ausgeleierten Stoßdämpfern möglichst ohne großen Zeitverlust durch den Kordillenstaat zu touren. Für die immer noch gläubigen Krieger im grauen POW-Drillig war dies aber kein Ersatz für entgangene moribunde Abenteuer. Ihnen waren nur die Träume geblieben, um darin Held zu spielen. Der wichtigere Grund für meine Rückkehr aus den Mountains war der neu ausgeschriebene Abiturkurs für Inhaber von Not-Reifezeugnissen. Besonders in meinen Minusfächern Mathematik und Latein machte das Lernen mit jungen Lehrern Spaß. Noch heute erinnere ich mich gern an Jesuitenpater Degenhard aus Nijmwegen, freiwilliger Seelsorger in Wehrmachts-Lazaretten, der mir auch außerhalb des Abendunterrichts beim Pauken lateinischer Proverba vorwärts geholfen hatte.

Als eines Tages zehntausend mit ihrem POW auf dem Rücken und dem Horst-Wessel-Lied auf den Lippen im Gleichschritt durchs Lagertor marschierten, um im amerikanischen Sektor des Camps der am Fahnenmast die »Stars and Stripes« ersetzenden Hakenkreuzfahne mit »deutschem Gruß« zu huldigen, die ein Schalk dort nächtens hochgezogen hatte, folgten weitreichende Konsequenzen. Erst als nach Stunden der zuständige General herbeigeeilt war, durfte das aus Mehlsäcken gefertigte corpus delicti vom Mast gezogen werden. Das auf deutscher Seite von einem ehemaligen Kretakämpfer und Ritterkreuzträger geleitete Lager wurde unverzüglich aufgelöst. Dieser befohlene Ausstieg aus dem ideologischen Anachronismus einer verschworenen Eliteeinheit hinter Stacheldraht, aus dem Geister-Lager ideologischer Verblendung, war für mich ein weiterer wichtiger und bewußtmachender Zwischenschritt hin zum Ende des Krieges.

Der geschlagenen Elite Görings, Dönitz' und Himmlers war ein zweites Mal ihr selbstbehaupteter Status genommen worden; in alle Winde der Staaten verstreut, konnten sie als Masse kein Unheil mehr stiften. Ich wurde noch im Sommer

1944 nach Fort Meade in den Staat Washington D.C. verladen. An jedem neuen transitorischen Ort war es für die Lebensqualität eines POW wichtig, beim Aufrufen der angebotenen Jobs genau hinzuhören, um flinker als andere Bewerber zur Stelle zu sein, falls einem die signalisierte Tätigkeit konvenierte. Als die Kategorie »Verkäufer« an der Reihe war, erreichte ich mit langen Beinen als erster die Ziellinie, bedrängt von einer schließlich langen Schlange. Mein Englisch war inzwischen well improved, so daß ich den Job bekam, der sich als Traumjob erweisen sollte: Ich wurde Verkäufer in einem Sales Commissary, in dem die Familien der rund ums Fort Meade stationierten GIs Lebensmittel und Kurzwaren kauften, bevor die Männer in Libertyfrachtern nach Übersee in eine ungewisse Zukunft eingeschifft wurden. Mit schwarzen POW-Lettern auf weißem Kittel, kassierte ich nicht nur viele tips von einem halben Nickel an aufwärts, wofür ich mir Werke von Whitman und Yeats auf Dünndruckpapier kaufte, ich durfte auch angedötschte Dosen und leicht lädierte Verpackungen abends mit ins Camp nehmen. Vor allem mußte ich weder Socken noch underware waschen, meine Freunde und ich trugen, ohne Rechnung, nur noch brandneue Sachen. Dies war mal eine kuriose neue Variante des näherrückenden Kriegsendes.

Während im Camp-Cinema in Colorado pro-sowjetische Filme wie »Mission to Moscow« oder Anti-Nazifilme wie »Dive Bomber«, beide von Michael Curtiz, oder fürs Gemüt auch schwülstige Bing Crosby-Flotten freiwillig angeschaut wurden, bekamen wir im Staate Washington im Rahmen des »Re-education«-Programms Filme des US-Informations-Service im Speisesaal vorgesetzt. Ich werde nie den ersten Eindruck jener dantesk erscheinenden Dokumente aus den gerade befreiten Konzentrationslagern Bergen-Belsen und Auschwitz vergessen, diese schockierende blicknahe Konfrontation mit dem Unfaßbaren, für das Holocaust weltweit ein Begriff für deutsche Barbarei wurde. Das Ende des Krieges war für die wenigen Überlebenden der KZ zwar eine

Erlösung von der Todesfurcht, aber keine, die auch ein lebenslanges Vergessen versprach. Die in authentischen Bildern vermittelte Hölle hatte auf viele von uns kathartische Wirkung: Hatten wir denn für das Morden unschuldiger Menschen unseren Eid geschworen? Die in vielen Gesprächen vertiefte Reflexion dessen, was als deutsche Schande ein Menetekel geworden ist, hat meine spätere Biographie wesentlich geprägt. In meinen Vorlesungen in Bochum, Marburg und Tel Aviv ebenso wie in meinen einschlägigen Büchern habe ich immer wieder die Filmpropaganda im Dritten Reich analysiert und ihre Folgen thematisiert, weil ich als Kind hautnah deren intoxikative Effekte selber erfahren habe, auch den subkutanen Einfluß antisemitischer Filme der schlimmsten Sorte wie »Der ewige Jude« und »Jud Süß« und andere, subtiler den Antisemitismus artikulierende kinematografische Verführungstechniken.

Vom offiziellen Ende des Krieges am 8. Mai 1945 hatte ich wohl als erster Kriegsgefangener unseres Lagers erfahren: Im Sales Commissary. Als der Geschäftsführer und die übrigen Verkäufer siegestrunken auch mir, dem Deutschen, ein Glas Sekt einschenkten, um mit mir auf den Sieg der Alliierten über Hitler anzustoßen, fühlte ich mich einen Augenblick lang als einer der ihren. Erst am Abend bei Diskussionen im Lager ist mir bewußt geworden, daß dieses Datum nicht nur das Ende des Krieges war, sondern der Beginn einer neuen Zeitrechnung nach Hitler – ohne organisierten Faschismus.

PS: mit dem besiegelten Untergang des Dritten Reiches waren die je subjektiven Folgen des Krieges für viele POWs noch lange nicht zu Ende. So wurde zum Beispiel ich erst im April 1946 in Camp Shangs bei Boston heimgeschifft. Das lief nach dem Alphabet: Hoffmann Adolf, Hoffmann Albrecht, Alex, Alfred, Alfried, Andreas usw. Es schien eine Ewigkeit zu dauern, bis die mit H beginnenden Vornamen an die Reihe kamen. Als nach mir mindestens hundert weitere Hoffmänner eine ganze Kompanie darstellten, beschloß ich, nach der Heimkehr mich durch einen Bindestrich-Namen von der Sippe abzuheben: etwa Hoffmann-Osterfeld. Osterfeld heißt jener Vorort von Oberhausen, wo meine Mutter ihren Sohn erwartete. Sie hat mir diese schnöde Absicht schnell mit dem überzeugenden Argument ausgeredet, ein seltener Vorname wie der meine reichte völlig aus für die notwendige Unterscheidung.

Im Mai 1946 in Belgien an Land gegangen, kampierten wir bei Lüttich tagelang ohne Dach überm Kopf unter minimalsten hygienischen Bedingungen. Fanatisierte polnische Soldaten ließen unsere gutmütigen schwarzen Bewacher in den Staaten nachträglich im hellsten Licht erscheinen. Das Ende des Krieges sollte ich aber erst im schottischen Coldstream an der Tweed erleben: Im Camp 16 Shirnside am 11. September 1947. Wir waren mit einer Fähre zum nahen Fjord verfrachtet worden, um an der englisch/schottischen Grenze »nur kurz noch« die Ernte einzuholen. Die Prolongierung solchen Zwangsaufenthaltes immerhin am Rande eines der herrlichsten Rhododendron-Wälder Europas verdankte ich dem Notabiturzeugnis der »Horst-Wessel-Oberschule«, das man bei Gefangennahme in meinem Soldbuch gefunden hatte. Allein dieser Schulname war daran schuld, daß ich erst 28 Monate nach Kriegsende »repatriiert« wurde. Die alliierten Behörden hatten ein Gymnasium, das den Namen des Nazimärtyrers Horst Wessel im Schilde führte, für eine Art nationalpolitische Erziehungsanstalt gehalten. Einziger Trost: Besser eine zu späte Heimkehr als ein zu frühes Ende des Krieges in einem der 200 eisernen Särge auf den Sandbänken der Weltmeere.

Ignatz Bubis

Hans Sarkowicz: Herr Bubis, 1945 wurden Sie von der sowjetischen Armee in Tschenstochau befreit. Wie war Ihr Weg von Breslau, wo Sie 1927 geboren wurden, nach Tschenstochau in das Arbeitslager einer Munitionsfabrik?

Ignatz Bubis: 1935 sind meine Eltern und ich nach Polen gegangen in einen Ort namens Deblin, wo die Großeltern mütterlicherseits lebten. Sie gingen erst, nachdem mein Großvater für meinen Vater eine Stelle besorgt hatte, in der er in seinem Beruf in einer Schiffahrtsgesellschaft arbeiten konnte. Als wir dort hingekommen sind, war noch mein Bruder Chil mit mir, der im Mai 1935 an Blinddarmvereiterung gestorben ist. Mein ältester Bruder Jakob war mit meiner Schwester schon 1933 aus Deutschland emigriert. Ich ging dann noch vier Jahre zur Schule in Polen. Und dann kam der Krieg. An diesem Tag, am 1. September 1939, sollte ich in ein polnisches Gymnasium eingeschult werden, aber da fielen bereits die Bomben, und ich ging dann nicht mehr zur Schule, bis Polen besetzt war. Ich konnte dann einige wenige Wochen zur Schule gehen, bis Juden überhaupt keine Schule mehr besuchen durften, so daß für mich Anfang 1940 die Ausbildung zu Ende war. Meine Mutter starb Ende 1940. Und im Februar 1941 wurde in Deblin ein Ghetto gebildet. Mein ältester Bruder und meine Schwester waren gleich bei Kriegsausbruch in den Teil Polens gegangen, der später von der Sowjetunion besetzt wurde. Ich war dann nur noch mit meinem Vater und später noch mit meinem Großvater väterlicherseits zusammen, der 1941 zu uns kam. In dem Ghetto Deblin, wo ich gelegentlich als Postbote gearbeitet habe, war ich bis Mitte September 1942. Dann wurde dieses Ghetto liquidiert, und die meisten Ghettobewohner wurden deportiert. Ich selbst kam in ein Zwangsarbeitslager, aber immer noch im selben Ort, also in Deblin, und habe auf dem Fliegerhorst beim Betonbau und beim Gleisbau gearbeitet, bis dann Ende Juni 1942 auch dieses Lager deportiert wurde; da kam ich in die Munitionsfabrik in Tschenstochau, wo wir auch in einem Lager wohnten, das heißt, wir wohnten in einem Lager und die Herstellung der Munition spielte sich auf demselben Gelände ab.

S.: Wie lief denn gegen Ende des Zweiten Weltkriegs dieses Leben in dem Lager und in der Munitionsfabrik ab?

B.: Zunächst einmal: Wir hatten eine Bewachung von Ukrainern, die der SS angehörten, Freiwillige. Außerdem gab es einen Lagerkommandanten, der außerhalb des Lagers wohnte, und das war ein Deutscher namens Bartenschläger. Und dann gab es auch noch einen jüdischen Lagerkommandanten. Der hieß Jolles. Das Arbeitslager bzw. die Munitionsfabrik, in der ich arbeitete, war das ›Warta Werk‹. Dort habe ich von morgens bis abends an einer sogenannten Bördelmaschine gearbeitet. Mit dieser Maschine wurden Kugeln für Karabiner hergestellt. Abgesehen von der stupiden Arbeit, mangelte es vor allem an jeglichem Schutz, denn wir kamen mit Munitionspulver in Berührung, und sehr viele erkrankten an Gelbsucht. Ich bin überraschenderweise nie erkrankt. Man wartete, man wartete, ob es irgendwann einmal gelingen würde, von der Roten Armee überrollt zu werden, denn wir mußten damit rechnen, weiter deportiert zu werden, in welche Richtung auch immer. Und es war auch tatsächlich so. Zu Beginn des Januar 1945 begannen die Deportationen in kleinen Gruppen auch aus diesem Lager. Um den 14. 1. herum ging noch einmal eine größere Gruppe weg, und wir sollten am 16. ebenfalls deportiert werden. Diese Nachricht war zwar lediglich, wie wir sie nannten, eine ›Latrinennachricht‹, aber solche Gerüchte haben in der Regel immer gestimmt. Die ganze Nacht vom 15. zum 16. konnten wir Geschützdonner hören, und morgens, als wir normalerweise um 6.00 Uhr zum Appell hätten antreten sollen, habe ich mich und noch einige andere einfach unter die Strohsäcke gelegt. Als zum Appell gerufen wurde, sind wir nicht mehr rausgegangen. Ich weiß gar nicht, ob überhaupt noch welche rausgegangen sind. Das weiß ich bis heute nicht. Ich weiß nur, daß dann eine Stille herrschte. Es herrschte eine Stille im Lager, die ungewöhnlich war. Und da sind wir unter den Strohsäcken, wo wir leicht zu finden gewesen wären, hervorgekrochen und haben uns in das Lager begeben, und es war keiner da. Die Wachtürme, die waren unbesetzt. Wir sind dann aus dem Lager rausgerannt und orientierten uns nur in Richtung Osten. Wir wußten nicht einmal, wo wir hingehen, aber wir gingen eben Richtung Osten, weil wir wußten, von dort müßten die Russen kommen. Und wir sind kaum aus der Stadt rausgewesen, da kamen uns schon die ersten sowjetischen Panzer entgegen, und wir sind uns in die Arme gefallen in dem Bewußtsein, daß das zu Ende war. Die Freude war sehr groß, aber plötzlich wurde mir meine Einsamkeit bewußt. In dem Lager war ich mit einigen hundert Leuten zusammen, von denen ich mindestens die Hälfte kannte. Und mittags bekamen wir eine Suppe, zwar nur warmes Wasser mit ein bißchen Gemüse drin, aber das kam mittags. Plötzlich war auch das nicht mehr da. Zu sechst standen wir jetzt an der Straße und fragten uns: Wie wird es weitergehen?

Die Panzer waren vorbeigezogen. Um uns hatte sich keiner gekümmert. Es war ja die Front. Wir liefen dann erst mal weiter nach Osten, folgten den Straßenschildern von Tschenstochau in Richtung Radom, das 100 Kilometer östlich von Tschenstochau liegt. Denn wenn ich von Tschenstochau nach Deblin wollte, mußte ich über Radom. Wir übernachteten dann bei Bauern, und ich weiß heute nicht wie, aber am nächsten Tag hatten wir Fahrräder. Kaufen konnten wir sie nicht, denn wir hatten nichts, wir hatten auch nichts zum Tauschen. Ob wir sie schlicht und einfach entwendet hatten oder ob sie uns von den Bauern, bei denen wir übernachtet hatten, zur Verfügung gestellt worden waren, kann ich nicht sagen. Wir sind jedenfalls auf diesen Fahrrädern weitergeradelt. Richtung Radom, und dann hörten wir, daß es eine provisorische Regierung in Lublin gab. So sind wir nach Lublin gefahren. Und es war tatsächlich so, daß in diesem Lublin sich Juden sammelten, die in irgendwelchen Lagern oder bei den Partisanen überlebt hatten. Alles lief Richtung Lublin. Dort gab es auch ein Komitee, das Suppen und Verpflegung an die Überlebenden verteilte. Man konnte sich dort auch registrieren lassen. Wir bekamen, immer noch zu sechst, ein Zimmer in irgendeiner Wohnung, wo wir alle zusammen wohnten. Aber wir lebten und waren frei. Ich habe dort zum erstenmal versucht, zu erfahren, ob meine Schwester, mein Bruder irgendwo registriert sind, denn wenn sie überlebt hätten, hätten sie schon längst befreit sein müssen, denn diese Gebiete waren schon im Winter 1944 von den Sowjets befreit worden.

S.: Haben Sie denn Veränderungen an den Menschen gespürt? Hatten Sie keine Angst vor der polnischen Bevölkerung, die ja z. T. noch antisemitisch eingestellt war?

B.: In Lublin ist nichts Antisemitisches passiert. Erst später gab es Ausschreitungen. Ich habe auch mit Leuten gesprochen, die nach der Befreiung in Deblin waren und von dort nach Lublin gekommen sind. Dort, in Deblin wurden die Mutter und die Schwester eines Freundes von mir, der heute in Schweden lebt, ermordet – von Polen. Sie waren direkt von Tschenstochau nach Deblin gegangen und hatten dort einige Wochen gelebt. Und dann ist er mal rausgegangen, und als er nach Hause kam, waren die Mutter und die Schwester, die auch Tschenstochau überlebt hatten, tot – sein Vater und zwei seiner Brüder waren in der Nazizeit umgebracht worden. Daraufhin sind die letzten noch in Deblin lebenden Juden, es waren nur ungefähr zehn Familien, auch nach Lublin gekommen. Lublin war plötzlich das Zentrum der befreiten Juden, auch der ungarischen oder rumänischen. Wer immer in Polen oder in dem befreiten Teil Deutschlands überlebt hatte, kam nach Lublin. Später bin ich dann nach Lodz, nach Litzmannstadt. Praktisch lebte ich bei meinem Onkel, dem Bruder meiner Mutter. Und als der nach Lodz gezogen ist, bin ich mit ihm gegangen. Von dort ging ich nach Breslau. Die Stadt war mir jedoch fremd geworden und in unserer Wohnung lebten Flüchtlinge. Dann hörten wir, daß es in Deutschland »DP-Lager« gibt. Das waren die Lager für »displaced persons«, »entwurzelte Personen«. Hier in der Nähe von Frankfurt, in Zeilsheim, war zum Beispiel auch ein solches Lager. Ein anderes gab es in Berlin-Schlachtensee. Daraufhin ist mein Onkel schon ein bißchen früher weg, und ich bin kurz nach ihm auch nach Berlin gekommen in dieses »DP-Lager« Schlachtensee. Nur, nach drei Tagen wollte ich nicht im Lager bleiben. Das war für mich wieder ein Lager.

Mein Onkel, der Bruder meiner Mutter, der früher nicht deutscher Staatsbürger gewesen war, der mußte zunächst im Lager bleiben. Aber wer Bezug zu Deutschland hatte, durfte auch gleich in der Stadt wohnen, und so bin ich nach West-Berlin gegangen und habe später auch teilweise in Dresden gewohnt, bin also immer zwischen West-Berlin und Dresden gependelt.

S.: Konnten Sie sich denn am Tag Ihrer Befreiung vorstellen, daß Sie einmal wieder in Deutschland leben würden und daß Sie sich sogar für dieses Deutschland ganz massiv politisch einsetzen würden?

B.: Ganz bestimmt nicht. Ich wollte nicht in Deutschland bleiben. Ich kam lediglich, weil es von Deutschland aus eine Auswanderungsmöglichkeit gegeben hat. Ich war mir nur nicht im klaren, ob ich nach Palästina gehen wollte, Israel gab es damals noch nicht. Viele Leute gingen damals illegal nach Palästina. Wenn die Schiffe aufgegriffen wurden, hat man sie alle auf Zypern interniert. Andere gingen nach Kanada, viele nach Amerika, einige sogar nach Australien. Mein Onkel ist 1949 nach Amerika gegangen, aber ich wollte mich auch von meinem Onkel abnabeln. Ich wollte nicht immer der Neffe sein, der bei seinem Onkel lebt. Das mit Deutschland ist erst peu à peu gekommen. Aber meine ursprüngliche Absicht war, aus Deutschland wegzugehen.

S.: Hielten Sie es damals für möglich, daß sich aus strammen Nationalsozialisten und Antisemiten demokratische Bürger eines demokratischen Staates entwickeln könnten?

B.: Das konnte ich mir nicht vorstellen. Und so ist es ja eigentlich genaugenommen nicht gekommen. In der damaligen sowjetischen Besatzungszone hatte man den Eindruck, daß dort lauter Widerständler lebten. Übrigens war das auch im Westen teilweise nicht viel anders. Das Leben ging weiter. Nazis gab es plötzlich keine mehr. Die Tatsache, daß es letztendlich irgend jemand gewesen sein mußte, der alle diese Verbrechen begangen hatte, wurde verdrängt: Die sind ja nicht da, die sind interniert oder in Gefangenschaft. Die Bösen gab es nicht, es gab nur die anderen. Daß das nicht so war, daß sich da über Nacht nicht alles geändert hatte, darüber habe ich mir keine Illusionen gemacht. Das ist heute anders, weil ja inzwischen drei Generationen oder zwei Generationen Erwachsener da sind, die nach dem Krieg geboren wurden. Die zweite Generation ist mittlerweile auch 20, 25, 30 Jahre alt, und mit dieser Generation habe ich überhaupt keine Probleme. Ich habe auch keine Probleme mit der älteren Generation, aber trotzdem stellt sich mir oft die Frage, wenn ich Gleichaltrigen oder etwas Älteren, als ich bin, begegne: Was hat er gemacht? Und dann komme ich zu dem Ergebnis: Besser du weißt es nicht.

Iring Fetscher

Das Kriegsende hatte sich schon lange angekündigt. Ich erlebte im Herbst 1944 den Rückzug von den baltischen Inseln Ösel und Moon, die Abschnürung der Nordfront und dann noch einmal die Ostpreußens. Spätestens im Dezember 1944 konnte niemand mehr ernsthaft an einen »Siegfrieden« der Wehrmacht denken. Italien und Finnland hatten längst Frieden geschlossen, an allen Fronten waren die deutschen Truppen zurückgegangen. Ich erinnere mich noch deutlich an die bitteren Kommentare meines Kommandeurs, als es im Wehrmachtsbericht wieder einmal hieß, »die deutschen Truppen haben ihre systematischen Absatzbewegungen zum Zwecke der Frontverkürzung fortgesetzt«. »Was heißt hier Rückzug«, meinte der Oberst, »heillose Flucht wäre wohl angemessener!« Wenn noch einmal »Nachschub« an jungen Soldaten an der Front eintraf, waren es unzulänglich ausgebildete, blutjunge Leute. Ein General, der wieder einmal über die Qualität dieses »Ersatzes« entsetzt war, erinnerte daran, daß hier das gleiche Verbrechen begangen wurde wie seinerzeit bei Langemarck, als völlig unausgebildete Kriegsfreiwillige in den sicheren Tod geschickt wurden. Für uns jüngere Offiziere war diese Information neu. In der Schule hatten wir nur die ruhmreiche Legende von den tapferen Freiwilligen kennengelernt, die mit dem Deutschlandlied auf den Lippen für ihr Vaterland in den Tod gegangen waren. Der nüchterne Realismus unseres Generals weckte uns auf.

Die letzten Kämpfe dieses Krieges hatte ich im Kessel von Heiligenbeil in Ostpreußen erlebt. Zu meiner Überraschung liefen Soldaten des 1. Infanterieregiments, das aus Ostpreußen bestand, neben mir geschlossen über. Eigentlich hätten sie doch jetzt – wo es wirklich um die Verteidigung ihrer Heimat ging – erst recht kämpfen müssen, dachte ich. Aber die offensichtlich gewordene Täuschung, der sie jahrelang erlegen waren, die irrealen Hoffnungen, die eine skrupellose Propaganda immer wieder belebte und die sich als Lug und Trug enthüllt hatten, ließ diese Soldaten verzweifeln. Ich war gelassener, weil ich seit Stalingrad nicht mehr an die Möglichkeit eines Sieges glaubte und mich nur fragte, wie das Ende wohl aussehen werde.

Eine schwere Belastung stellten die Meldungen über die Zerstörungen deutscher Städte dar. Wochenlang wartete ich auf Nachricht aus Dresden und wußte nicht, ob meine Eltern und Geschwister die Angriffe überlebt hatten. Meine kleine Gruppe und ich hatten Glück, wir wurden im März 1945 mit Marineprämen über das Frische Haff zur Nehrung übergesetzt. Dort war es einige Tage ruhig. Enge Kleidung und mangelnde hygienische Möglichkeiten ließen unter meinem rechten Arm einen Schweißdrüsenabszeß entstehen. Nachdem eine kleine Operation nur vorübergehend Abhilfe geschaffen hatte, erhielt ich eine Schiffskarte und durfte nach Kopenhagen »abreisen«. Vermutlich war das meine Lebensrettung. Der Ozeandampfer der Hamburg-Afrika-Linie »Ubena« brachte fast viertausend Zivilisten, Kranke und Verwundete in zwei, drei Tagen ins friedliche Dänemark.

Noch auf dem Schiff erhielten wir – am 30. April – die Nachricht vom sogenannten »Heldentod« Adolf Hitlers. In meinem Tagebuch notierte ich: »vielleicht hat er aber von seinem Leibarzt nur eine zu starke Dosis eines Beruhigungsmittels gespritzt bekommen«. An den »heldenhaften Kampf« bis zur letzten Minute mochte damals wohl keiner mehr glauben. Es sollte nur noch fünf Tage dauern, bis wir – das heißt bis die deutschen Soldaten in Dänemark – kapitulierten. Dort war der Krieg schon am 5. Mai zu Ende. Noch einige Tage nach dem 5. Mai konnten wir – die im Freihafen von Kopenhagen in großen Lagerhäusern untergebrachten Soldaten – frei in der Stadt herumlaufen. An zahlreichen Plakatsäulen hatten Dänen eine Landkarte Europas angeschlagen, auf der dunkel die von den Alliierten eroberten Gebiete eingezeichnet waren. Nur noch ein schmaler Streifen Land war nicht von ihnen besetzt. Die Unterschrift zu diesem Plakat lautete lakonisch »Denn wir fahren gegen Engelland«. Ein bißchen fürchteten wir in Dänemark, die Sowjets könnten – nachdem sie Bornholm besetzt hatten – noch weiter nach Westen vorrücken und uns in Gefangenschaft führen. Aus diesem Grunde waren wir fast ebenso begeistert wie die Dänen, als schließlich fünf britische Kreuzer im Hafen einliefen. Natürlich nutzten die meisten Soldaten die kurze Zeit zwischen dem Waffenstillstand und der Übernahme der Macht durch die Briten, um Lager zu plündern und sich mit Zigaretten, Alkoholika, Schokolade usw. einzudecken. Ein Matrose hatte sich ein riesiges Käserad besorgt, und ich besaß einen Eimer Erdbeermarmelade. Wir legten unsere Nahrungsmittel zusammen und lebten von Broten aus Käse, die mit Marmelade bestrichen waren.

Auf der Kaimauer fanden wir eines Tages einen Berg von Uniformen deutscher Amtswalter. Die glänzend vergoldeten Rockaufschläge leuchteten in der Sonne. Soldaten gingen daran vorbei und machten ihre sarkastischen Bemerkungen über den »Mut« dieser Nazis, die sich inzwischen in Soldatenuniformen ›versteckt‹ hatten. Am 8. Mai meldeten die dänischen Zeitungen »Kapitulation auch im Osten, Norwegen wieder frei«. Die Regierung des »Storamiralen«, des Großadmirals Dönitz, mit Sitz in Flensburg wurde einige Zeit lang noch ernst genommen.

Wie immer in Kriegszeiten tauchten zahlreiche Gerüchte auf. Eins lautete, die westlichen Alliierten wollten mit Hilfe der deutschen Wehrmacht den Krieg gegen die Sowjetunion »übernehmen«. Anlaß für dieses Gerücht war vermutlich die Tatsache, daß die britische militärische Führung den Offizieren der Wehrmacht ihre Pistolen ließ, um ihnen die Aufrechterhaltung der Disziplin zu erleichtern. Die Dänen wurden angewiesen, deutsche militärische Telefonleitungen intakt zu lassen. Die Art und Weise, wie die Engländer mit wenigen hundert Soldaten mehr als hunderttausend deutsche Soldaten bewachten und schrittweise aus Dänemark abtransportierten, fand ich bewundernswert. Im Geschichtsunterricht hatten wir das Prinzip der ›indirect rule‹ Englands über Indien und andere Kolonien kennengelernt, jetzt erlebten wir es am eigenen Leibe. Kampftruppen mußten das Land zu Fuß verlassen und alle Fahrzeuge und Fahrräder abgeben. Kranke und Verwundete durften bis zur vollständigen Genesung in Dänemark bleiben. Der leitende Generalarzt der Wehrmacht wurde für diese Wehrmachtsangehörigen verantwortlich gemacht. Die Verbindung zum Hauptquartier der Engländer wurde von einem britischen Soldaten wahrgenommen, der seine Befehle an die Wehrmachtsführung weitergab. Später, als ich mit den übrigen Genesenen ins Lager Heide gebracht worden war, übernahmen bewaffnete Feldjäger der Wehrmacht unsere Kontrolle. Niemand durfte ohne ausdrückliche Erlaubnis oder Entlassungsschein das weiträumige Lager – in dem die deutsche Zivilbevölkerung geblieben war – verlassen. Mit einem Minimum an Personal und an »Gewalt« wurden alle deutschen Soldaten perfekt kontrolliert und in Schach gehalten. Feldjäger und Offiziere wie Unteroffiziere nahmen der siegreichen Macht die meiste Bewachungsarbeit ab.

Wie reagierten einfache Soldaten und Offiziere auf die Niederlage? Zunächst waren wohl alle dankbar dafür, daß der Krieg zu Ende war. Insbesondere diejenigen, die den Krieg von seiner schrecklichsten Seite im Osten kennengelernt hatten. Vermutlich fiel es den deutschen Besatzern Dänemarks, die ein angenehmes Leben gehabt hatten, weit schwerer, von ihren Illusionen Abschied zu nehmen. Wir Verwundeten und Kranken von der Ostfront konnten eine gewisse Genugtuung darüber nicht verbergen, daß diese Etappensoldaten zu Fuß nach Hause marschieren mußten.

Einen Augenblick lang dachte ich daran, von Kopenhagen aus nach Schweden zu fliehen, wo die Tochter von Freunden meiner Eltern mit einem Diplomaten verheiratet war. Auf jeden Fall plante ich bald eine »zivile« Tätigkeit und vor allem ein Studium. Aus diesem Grunde nützte ich die erstbeste Gelegenheit, um entlassen zu werden, obgleich das Leben im Lager Heide keineswegs unangenehm war: Wir wohnten bei Bauern, wurden zusätzlich von ihnen und aus Lagerbeständen der Wehrmacht verpflegt – sogar mit Zigaretten – und erhielten, wenn ich nicht irre, sogar Wehrsold. Dennoch fand ich, daß es Zeit war, nach Hause zu gehen und sich nach einer anderen Beschäftigung umzusehen. Viele Offiziere blieben jedoch entscheidungsschwach im Lager und wurden dann – was sie freilich nicht ahnen konnten – den Franzosen »übergeben«, die weit weniger Kriegsgefangene gemacht hatten als die Engländer und auf diese Weise »entschädigt« wurden. Viele mußten dann jahrelang in französischen Lagern auf ihre Entlassung warten.

Meine Erinnerungen an die Tage vor und nach Kriegsende sind nicht unangenehm. Ich stand mit einem Armverband in einer Straße Kopenhagens – mitten unter den jubelnden Dänen –, als Marschall Montgomery im Kraftwagen des Königs einzog. Mit Hilfe des Verkaufs von etwas Golddouble besorgten ein befreundeter Wachtmeister und ich uns Kronen. Davon kauften wir uns herrlich schmeckende Kuchen mit Schlagsahne. Später tauschte ich meine Dienstuhr gegen Geld ein und versorgte mich so gut mit Butter und Sahne, daß ich mir Monate später Sorgen wegen meines Gewichts machen mußte. Die Kontakte mit Engländern waren angenehm. Als ich von einem Schiff bei Flensburg an Land ging, trug ein junger walisischer Soldat unaufgefordert meinen Koffer, den ich mir in Kopenhagen besorgt hatte. Auch die Offiziere, die unsere Entlassungspapiere ausstellten, waren fair und großzügig. Die Entlassungsaktion sollte die Einbringung der Ernte erleichtern. Aus diesem Grunde wurden alle Soldaten entlassen, die Bauern waren oder landwirtschaftliche Schulen besucht hatten. Damit konnte ich zwar nicht dienen, aber mein Berufswunsch »Landwirt« genügte, vor allem, nachdem ich von einem Bauern im Lagergebiet eine schriftliche »Anforderung« vorweisen konnte. Ich bin sicher, daß der britische Offizier dieses »Manöver« durchschauen konnte, aber warum jemanden halten, der nach Hause will?

Merkwürdig, wenn ich heute an die Tage um den 8. Mai 1945 herum denke, bin ich voller Dankbarkeit für die Engländer: sie schützten uns vor der Roten Armee und ließen bis zuletzt Transportschiffe aus Ostpreußen nach dänischen und deutschen Häfen kommen, sie erlaubten den Verwundeten und Kranken, sich in Dänemark auszukurieren, und sie entließen alle, die sich bereit erklärten, bei der Ernteeinbringung zu helfen. Mehr konnten wir von ihnen kaum erwarten.

Im Unterschied zu vielen anderen waren für mich das Kriegsende und die deutsche Niederlage kein Schock. Zu lange hatte ich sie schon vorausgesehen, zu oft hatte mein Vater davon gesprochen, daß es mit dem »Dritten Reich« ein schreckliches Ende geben werde, als daß mich die Kapitulation und die Besetzung ganz Deutschlands überrascht hätten. Freilich sollte es noch viele Jahre dauern, bis ich für mich die Formel fand, die den 8. Mai »auf den Begriff« zu bringen suchte: *die Niederlage, die unsere Befreiung war*.

Nach dem Scheitern des Attentats auf Hitler am 20. Juli 1944 beging mein Kommandeur Oberstleutnant von Lengerke Selbstmord. Zuvor hatte er sich von allen Offizieren des Regiments freundlich und scheinbar heiter verabschiedet.

Seit dem 8. Mai wußte ich definitiv, wie recht mein Vater mit seiner radikalen Ablehnung der Nazis und mit seinen Voraussagen des schlimmen Endes gehabt hatte. Erst Monate später sollte ich erfahren, daß er an diesem letzten Tag des Krieges von einer SS-Streife erschossen worden war, als er auf dem Weg zum sowjetischen Stadtkommandanten von Dresden gewesen war, um ihm die Zusammenarbeit Dresdner Antinazis anzubieten.

Siegfried Unseld

Am achten Mai 1945 frühmorgens hörten wir in unseren Zelten, die in einem Wäldchen bei Flensburg-Mürwik aufgeschlagen waren, englische Kommandostimmen und einen von Zelt zu Zelt gehenden Befehl zum Aufstehen und Raustreten. Als wir unsere Zelte verließen, sahen wir englische Soldaten mit Maschinengewehren unterm Arm, die unseren Zeltplatz und den Wagenpark umstellt hatten. Der Führer unserer Einheit, Oberleutnant Adler, wurde aus seinem grauen Wohnwagen geholt; er ließ uns antreten. Ein englischer Soldat schaute in jedes unserer kleinen, mit Schutzfarbe getarnten Zelte hinein, um sich zu vergewissern, daß sie leer und keine Hinterhalte zu erwarten waren.

Für uns kam das alles nicht überraschend. Wir waren eine kleine Gruppe von Marinenachrichtensoldaten, die eine bewegliche Funkstelle operierten, einen in einem Fünf-Tonner-Citroën eingebauten Sender und Empfänger. Die Funkstation war unmittelbar Großadmiral Karl Dönitz unterstellt. Wir waren einer der wenigen Marinefunktrupps, die im Januar 1945 bei Rathenow im Bezirk Potsdam für das Oberkommando der Kriegsmarine ausgebildet worden waren; unsere Hauptbeschäftigung war freilich der Versuch, den dauernden Bombenangriffen amerikanischer und englischer Flugzeuge zu entkommen; dann siedelten wir nach Plön über, wohin Dönitz am 22. April sein Hauptquartier von Berlin aus verlegte; von hier aus ging es immer nur bei Nacht nach Wilhelmshaven und schließlich am zweiten Mai nach Flensburg; als wir ankamen, waren wir nur noch die einzige mobile Funkstation, die anderen hatten den Bombenhagel nicht überstanden.

Über unseren Sender liefen die entscheidenden Meldungen der letzten Kriegstage. Ich war zwanzig Jahre alt, im

Mannschaftsdienstgrad eines Obergefreiten, hatte drei Jahre als Marinefunker an Kriegsfronten gedient und erhielt nun den Auftrag, für die Funkarbeit neue, bisher nicht verwandte Codes zu benutzen, um die an Dönitz gerichteten oder von ihm ausgehenden Funksprüche zu entschlüsseln oder zu verschlüsseln. Wir waren außer den unmittelbaren Beteiligten wohl die ersten, die am 30. April nachmittags die Information eines für Dönitz bestimmten Funkspruchs aufnahmen: »Anstelle des bisherigen Reichsmarschalls Göring setzte der Führer Sie, Herr Großadmiral, als seinen Nachfolger ein. Schriftliche Vollmacht unterwegs. Ab sofort sollen Sie sämtliche Maßnahmen verfügen, die sich aus der gegenwärtigen Lage ergeben. Bormann.«

Wir waren damals nicht in der Lage, über die Tragweite dieser Meldung, die von Martin Bormann, dem »Sekretär des Führers«, stammte, nachzudenken. Auch nicht über den Funkspruch vom ersten Mai, in dem Dönitz einen Selbstmord zum Heldentod stilisieren ließ: »... daß unser Führer Adolf Hitler nachmittags in seinem Befehlsstand in der Reichskanzlei, bis zum letzten Atemzug gegen den Bolschewismus kämpfend, für Deutschland gefallen ist«. Wir hatten Tag und Nacht im buchstäblichen Sinn alle (Funk-)Hände voll zu tun, um Meldungen, Botschaften (»An das deutsche Volk«) und Tagesbefehle an all die Orte zu senden, wo noch deutsche Truppen waren oder die Flotte operierte. Es waren erregende Tage mit dem Gefühl, zwischen den Zeiten oder in einer Niemandszeit zu leben, erregend für uns, die ohnmächtigen Handlanger der Mächtigen, deren Macht freilich von Tag zu Tag verfiel; wir konnten nun das Ende des »Tausendjährigen Reiches« hautnah wahrnehmen. Dönitz erkannte die Aussichtslosigkeit der militärischen Lage, er suchte den mit Kapitulation verbundenen Frieden gegenüber dem Westen zu ermöglichen. Tage- und nächtelang war in unserer kleinen Funkstelle Hochbetrieb, dann, am sechsten Mai, plötzlich Funkstille. Nur unsere Station durfte noch senden und empfangen, um mit den Unterhändlern der Kapitulation zu korrespondieren.

An diesem Morgen des achten Mai wußten wir Zaungäste der großen Geschichte mehr als viele andere Deutsche. Seit dem fünften Mai schwiegen im Nordraum nach einer Teilkapitulation, die Generaladmiral Friedeburg bei dem englischen Feldmarschall Montgomery unterzeichnet hatte, die Waffen; Montgomery hatte die Ablieferung aller Waffen und Schiffe gefordert; so schwer dies gerade Dönitz fiel, er mußte es akzeptieren; das Codewort »Regenbogen«, für die auf allen U-Booten vorbereitete Selbstversenkung durfte nicht ausgegeben werden, doch viele Kommandanten versenkten aus eigenem Entschluß ihr Boot. Und wir wußten auch, daß am Vortag, am siebten Mai, in Reims, im alliierten Hauptquartier des Generals Eisenhower, von Generaloberst Jodl im Auftrage von Dönitz die Gesamtkapitulation der deutschen Wehrmacht unterzeichnet wurde. Insofern waren wir also an diesem Morgen des achten Mai von dem englischen Besuch nicht überrascht.

Aus der Gruppe der englischen Soldaten löste sich, lässig mit einem Stöckchen unter dem Arm, ganz so, als befände er sich in einem Kolonialgebiet des britischen Empire, ein englischer Offizier, ein Major, und hielt eine kurze Ansprache. Er sprach zwar deutsch, immerhin, aber so gebrochen, daß es schwer zu verstehen war, und zudem formulierte er alle Fachausdrücke in Englisch, was wir wiederum nicht so recht verstanden. Er sprach von »unconditional surrender«, »the head« des deutschen Staates, Dönitz, würde »maintained«. Die Engländer wünschten »to negotiate with him« – was immer dies bedeutete.

Wir aber hätten bis auf weiteres unsere Funkarbeit zu verrichten, über unsere Sender sollten die Kapitulationsabsprachen verbreitet werden, jedoch dürfte es keine verschlüsselten Funksprüche mehr geben, und wann immer möglich, sollten die Texte in englischer Sprache gesendet werden. Er übernehme das Kommando, Oberleutnant Adler habe seinen Weisungen zu folgen. Oberleutnant Adler salutierte – er sollte noch monatelang eine Art militärisches Regime im

Wäldchen bei Flensburg-Mürwik ausüben, noch monatelang galt unsere von den Engländern genehmigte Anschrift O.K.M.-M.N.A.-Skl-M.N.K.100 (Mot) Glücksburg.

Spricht jemand von Ihnen Englisch? fragte der Major. Niemand meldete sich. Kann jemand Englisch lesen? – Ich meldete mich schüchtern, meiner hochstaplerischen Kühnheit bewußt (in den zwei Jahren meines englischen Schulunterrichts haben wir mehr gesungen als gelernt, denn Englischlehrer Zeller war auch für Gesang zuständig, er haßte die Engländer, komponierte Lieder im Stile von »Bomben auf Engeland«, die wir im Englischunterricht singen mußten). Der Major gab Oberleutnant Adler die Anweisung, den Dienst wie gewohnt weiterzuführen, die Waffen mußten wir abgeben. Für uns ging eine Welt zu Ende, eine andere begann.

Der Übergang war nahtlos und geschah doch mit unbekannten Größen, denn die Bedingungen dieser »bedingungslosen Kapitulation« waren unbekannt. Waren wir Gefangene, oder waren wir frei? Dönitz und seine Regierung wurden in der Enklave Flensburg-Mürwik belassen; man wollte mit ihm verhandeln, und doch hatten nur die Sieger das Sagen. Ich sollte Dönitz einen Tag später, am neunten Mai, zum ersten und letzten Mal sehen, als er im Gelände der Marineschule Mürwik eine Ansprache an das verbliebene Offizierskorps hielt, ich sah ihn nur von ferne, seinen bemüht aufrechten Gang, er sprach von der Notwendigkeit, in der Stunde der Niederlage Würde und Disziplin zu wahren; er konnte noch bis zum 23. Mai »regieren«, dann wurden er und seine Minister von einem englischen Kommando gefangengenommen: das Deutsche Reich war zu Ende, das Schicksal der deutschen Nation offen. Die juristischen Fragen, wer wir seien, ob es einen deutschen Staat oder eine deutsche Staatlichkeit noch gebe, waren unerheblich. Es herrschten die Sieger.

Oberleutnant Adler teilte die Mannschaft zur Arbeit ein. Der englische Major nahm mich zur Seite, bat oder befahl mir, mich anzuziehen und ihm zu folgen. Im Jeep ging es nach Flensburg ins englische Hauptquartier. Ich wurde von Offizieren verhört, nach meiner Dienst- und Kriegszeit ausgefragt, wie ich in den Stab von Dönitz gekommen sei.

Schließlich erhielt ich eine Bescheinigung, wonach ich für eine englische Behörde arbeite und mich im Raum Flensburg bewegen dürfe. Der Major empfing mich zum Tee – mein erster englischer Tee. Ich mußte ihm die Geschichte der Einheit Adler erzählen, unser bewegtes Schicksal in Rathenow, Plön und Flensburg. Wir sahen uns in den folgenden Monaten immer wieder, entdeckten bald die gemeinsame Leidenschaft des Schachspiels, es schien, als hegte er väterliche Gefühle für mich. Wie er hieß, weiß ich nicht mehr. Ich bin ihm nie mehr begegnet. Dabei habe ich allen Grund, ihm dankbar zu sein: Von ihm erfuhr ich die erste reale Aufklärung über die Verbrechen der vergangenen Jahre, und wahrscheinlich hat er mein Leben gerettet. Als nämlich auf Drängen der Sowjets jene Reste der deutschen Armee, die die Engländer noch duldeten, aufgelöst wurden, war es auch mit der Einheit Adler zu Ende, wir sollten ins Gefangenenlager Rostock eingeliefert werden, das damals unter englischer Aufsicht stand. Am Vorabend des Abtransports steckte mir der Major ein Papier zu, in dem ich vom Bürgermeisteramt Flensburg als Dolmetscher angefordert wurde. Mit den Soldaten meiner Einheit betrat ich am Morgen das Gefangenenlager, am Abend wurde ich als einziger mit gültigen Papieren entlassen. Am nächsten Morgen oder jedenfalls nur Tage danach wurde die Grenze der sowjetischen Besatzungszone über Rostock vorgezogen, und die Sowjets übernahmen das Lager; ich habe von keinem der damaligen Kameraden irgend etwas mehr gehört.

Dieser achte Mai 1945: Irgendwie war alles widersinnig. Man hatte als Deutscher für einen guten Ausgang des Krieges gekämpft, und nun mußte man das Unvorstellbare, Niederlage und Kapitulation, herbeiwünschen, der Wahnsinn mußte zu Ende sein. Ich sagte nicht die Wahrheit, wenn ich von Erleichterung oder Befreiung spräche. Irgendwie war alles zu Ende, und es war richtig so. Irgendwie mußte es aber weitergehen, aber wie sollte es weitergehen? Nie wieder das, was war, das war sicher! Aber Gefühle von Schuld, Scham und Schande wurden erst später bestimmend. Ohnmacht und Bewußtlosigkeit vermischten sich mit dem selbstbewußten Gefühl, Gefahren, oft auf des Messers Schneide, überlebt zu haben und mit dem lebhaften Instinkt des Zwanzigjährigen weiterleben zu wollen. Man hatte Furcht vor der Gefangenschaft und Furcht vor der Freiheit. Für mich war dieser Tag Leere und Lehre zugleich. Es ist gut, sich daran zu erinnern. Wer das Böse vergessen will, läßt es dauern, nur wenn wir erinnern, vermögen wir uns von ihm zu lösen, uns zu erlösen.

Bernard Schultze

Ein Flüchtlingszug, einer der letzten, rumpelte von Heringsdorf, ganz nahe dem von der Roten Armee eroberten Swinemünde kommend, in Richtung Lüneburger Heide – zwei Wochen vor der Kapitulation. Drei Tage dauerte die Fahrt, und immer wieder wurde der Zug von britischen Spitfire-Flugzeugen angegriffen. Meine Eltern und ich – wegen Tb aus der Wehrmacht gerade entlassen – waren im großen Strom der Pommernflüchtlinge unterwegs, um endlich an einem klaren, sonnigen Morgen in Flensburg zu landen. Flensburg, die nördlichste Stadt Deutschlands, nahe der dänischen Grenze.

Wir hatten alles stehen und liegen gelassen, es war der letzte Flüchtlingszug, Stettin war gefallen, die Hitlerjungen waren mit Panzerfäusten und viel zu großen Stahlhelmen ausgezogen und nicht mehr heimgekehrt. Vor Augen hatte ich noch auf dem kalten Steinboden der Heringsdorfer Waldkirche die verrenkten Glieder eines dort liegenden Soldaten in seiner Todesstarre. Das war der Abschied, und starr stand das opulente Gitter der Begräbnisstätte meiner Großeltern im Hintergrund.

Abschied von meiner Kindheit, wo ich am Ostseestrand mit buntem Eimer und Schippe, meinen jüngeren Bruder an meiner Seite, die langen Sommer spielend verbracht hatte.

Flensburg, auf den Dächern überall waren die roten Kreuze gemalt; ob die russischen Flugzeuge sie wohl respektierten? Wir waren in eine neue Welt getreten voller ungewisser Schrecken vor der russischen Soldateska.

Als Untermieter einer dänisch-deutschen Lehrerfamilie, er hatte gerade sein Parteiabzeichen ins Klo geworfen, lebten wir die ersten Tage in der Erwartung der Kapitulation.

Im Volksempfänger hörte ich die Stimme eines Kompanie-

Kameraden, Klaus Kahlenberg, mit dem ich mich in Rußland über Kunst hatte unterhalten können. Er mußte als Leutnant den letzten Wehrmachtsbericht verlesen. Ich dachte an Orel, an Kursk, sah aus dem Fenster, auf der Straße einige heftig gestikulierende Offiziere, unter ihnen Himmler, sein weißes, etwas fettes Gesicht.

Und dann kamen die Briten, rote Anschläge an den Mauern, man blieb zu Hause am Fenster. Die Offiziere mit dem unentbehrlichen Stöckchen unter dem Arm. Die lächerlichen Barrikaden wurden zur Seite geräumt. Die Besatzungszeit hatte begonnen. Am Lautsprecher hörten wir das Zeremoniell der bedingungslosen Kapitulation. Ich floh in meine Bilderwelt, malte auf Verdunklungspapier mit selbstangerührten Kleisterfarben phantastische Traum-Stilleben und Gespenstergesichter. Ich verbarg mich gleichsam hinter den Traumkulissen. Ein alter fleckiger Spiegel hart am Fenster stehend, diente mir zu einem Selbstbildnis, deren ich in der Vergangenheit so viele gemalt hatte. Hinter mir auf einem harten Kinderbettchen lag die Leiche des Töchterleins meiner Wirtin, die auf die Sargträger wartete. Natürlich dachte ich an Strindberg und Kubins Gespenster. Alles um mich her schienen körperlos flatternde Wesen, tote Hüllen.

Und einen Tag später stand ich vor der Tür eines Lungenarztes, der mir meinen Pneu auffüllen mußte. Als ich in das leere Wartezimmer eintrat, war es, wie wenn ein Zauberreich in glühenden Farben mich umschloß. Es waren Aquarelle von Nolde, eins neben dem andern. Ja, dieser Doktor Friesz war Hausarzt von Noldes, besonders der Frau Ada. Im Ordinationszimmer leuchteten Blumenstilleben und Märchengesichter. Solche Bilder hatte ich als Primaner im Kronprinzenpalais gesehen neben Marcs »Turm der blauen Pferde«. Eigentlich war in diesem Augenblick ein Fenster aufgestoßen, von wo ich meine Farben-Zauberwelt nun auf immer betrachten konnte. Daß ich ein elender, hustender Flüchtling war, vergaß ich und dachte nur an zukünftige wunderbare Bilder. Jetzt konnte mich nichts mehr alptraumhaft ängstigen.

Ich war wieder Maler geworden, ohne die Fesseln des Führerstaates. Eine rechte Freundschaft begann jetzt mit diesem Arzt, dem ich von da an alles, was ich malte und zeichnete in dieser kuriosen Stadt des Nordens, zeigte, so daß er eines Tages ein ganzes Bündel mit zu Noldes nahm – Seebüll war für deutsche Flüchtlinge verboten. Ich sah ihn dann etwas später, als er am Südermarkt stand und ich ihm vorgestellt wurde. Sein geisterhaft bleiches, aber herrisches Gesicht und die kalten hellblauen Augen, die durch mich hindurchzusehen schienen auf einen fernen Horizont.

Seit dieser Zeit wußte ich um meine Aufgabe: ein phantastisches Reich zu malen und zu zeichnen, ein Leben lang. Aber ich mußte Geld verdienen. Natürlich brannte uns die Not nicht allzu heftig auf den Nägeln. Mein Vater war Richter am Kammergericht und wußte, daß er bald an ein Oberlandesgericht kommen würde, was nach einem Jahr auch geschah, in Frankfurt/M.

Aber noch waren wir ja in Flensburg, und ich versuchte bei den reichen Bauern mein Glück als Porträtist der ganzen Familie, um mit Butter und Speck nach Hause zu fahren. In den englischen Offiziersklub wurde ich eingeladen; mit Kohle, oft auf Tapetenpapier, zeichnete ich die Herren, und man war unzufrieden, wenn alles sich verwischte. So versuchte ich es mit dem Ansprühen von Zuckerwasser, mit wechselndem Erfolg.

Da gab es eine deutsch-dänische Kunsthandlung namens Hattesen. Ein fröhlich-dicker blonder Däne. Er kaufte mir meine Aquarelle ab, half mir zu Ölfarben, und ich malte einige Bilder auf Pappe, die heute zum Teil im Landesmuseum in Schleswig hängen. Tagelang in der Sommerzeit schlenderte ich am Hafen umher, zeichnete, was mir vor den Stift kam, und malte zu Hause verzauberte Fische oder ein größeres Zirkus-Bild.

Da traf ich Peter Röhl, Bauhaus-Schüler und später Lehrer am Städel. Am Strand der Flensburger Förde lernte ich gleichsam im Schnellkurs die Regeln des Bauhauses kennen.

Er erzählte mir von der Methode Klees oder Nagys, von Fritz Winter und Muche. Ich lernte, was Ökonomie, was Stil, was Konsequenz der Mittel bedeuten. Meine wuchernden Strukturen bekamen gleichsam ein Knochengerüst. Wir zeichneten Akt zusammen, wobei ich begriff, wie einfältig das Aktzeichnen auf der Akademie betrieben wurde.

Die Wochen, die Monate gingen dahin, der Winter stand vor der Tür, und ich schlich in den Wald, um Holz zu klauen und auf dem Bahnhof Briketts. Holzhacken wurde zur täglichen Hauptbeschäftigung, manchmal malte ich in Wollhandschuhen. Täglich wurden nur schlechte Kartoffeln mit Hering und roter Beete gegessen.

Ich schloß die Augen, wollte nicht die Demütigungen der Bevölkerung sehen und die Arroganz der Sieger mit dem Stöckchen unterm Arm. Die Besatzungszeit stand in voller Blüte, die Züge waren voller Flüchtlinge mit Körben und Säcken, um auf den Kartoffelfeldern nachzulesen.

In der Stadtbibliothek war ich ein häufiger Gast und las, was ich noch nicht kannte, und entdeckte den Band: »Bildnereien der Geisteskranken«, das gab mir neue Impulse. Vom fernen Berlin hörte und las ich Ausstellungsberichte der Galerie Rosen, sah dürftige Abbildungen, aber das war mir zu sehr gegenständlich-surrealistisch. Nach wie vor war die Cobra-Gruppe mit Asger Jorn für mich der stärkste Eindruck. – Langsam rundeten sich die Monate, bis wir im Frühjahr 47 nach Frankfurt kamen, in die Großstadt mit dem Amerika-Haus und neuen Freunden.

Ralph Giordano

Hans Sarkowicz: Herr Giordano, Sie sind am 20. März 1923 in Hamburg geboren, waren also am Kriegsende 22 Jahre alt. Im Gegensatz zu anderen Deutschen erlebten Sie die Befreiung im Versteck. Warum waren Sie untergetaucht?

Ralph Giordano: Wir waren am 14. Februar 1945 untergetaucht, nach langen Vorbereitungen, weil ich wußte, daß die Geheime Staatspolizei trotz des drohenden und sichtbaren Kriegsendes natürlich noch nach Juden und Jüdinnen griff, die dem Holocaust noch nicht zugeführt waren. Und so war es dann auch. Am 14. Februar 1945 ging noch ein Transport nach Theresienstadt ab. Die Russen standen schon vor Dresden, muß man sich überlegen. Meine Mutter sollte dabei sein, war aber nicht dabei, weil wir in die Illegalität gegangen sind, in ein Versteck im ausgebombten Norden von Hamburg bei einer ehemaligen Nachbarin, in dem Haus, in dem wir bis zur Ausbombung im Juni 1943 neunzehn Jahre gewohnt hatten, und die das auf sich nahm, die genau wußte, wenn wir entdeckt werden würden, wäre unser Leben natürlich verwirkt gewesen, aber auch das ihre. Solche Deutsche gab es auch. Wir sind monatelang in dem Versteck gewesen, die letzten vierzehn Tage ohne Lebensmittelzufuhr. Wenn die 8. britische Armee des Feldmarschalls Montgomery, der Hamburg am 3./4. Mai 1945 befreit hat, wenn sie etwas später gekommen wäre, hätten wir den Zweiten Weltkrieg und das Dritte Reich, das Hitlersystem, nicht überlebt.

S.: Hatten Sie denn im Versteck noch Kontakt zu Freunden, zu Bekannten, oder waren Sie ganz untergetaucht?

G.: Wir waren vollständig untergetaucht. Aber selbstverständlich, der Mensch muß essen, und das hatte ich vorher alles organisiert. Ich habe mich alle vierzehn Tage nachts hinausgestohlen. Alles, was ich Ihnen jetzt hier sage, steht in meiner Hamburger Familien- und Verfolgtensaga, »Die Bertinis«. Das ist kein Tatsachenroman, kein Tatsachenbericht, sondern ein Roman, aber er hält sich an biographische Wahrheiten. Und eine dieser Wahrheiten, eigentlich die schrecklichste, die wir in diesen zwölf Jahren erlebt haben, war diese Illegalität, dieses Versteck im Norden Hamburgs in einem ausgebombten, ausgebrannten Häuserkarree, wo diese Nachbarin sich einen Waschkeller ausgebaut hatte. Und neben diesem Waschkeller war ein Verlies, das ich dort, als ich sie besuchte, entdeckte und mir sofort der Plan kam, im Falle eines Falles uns dort zu verstecken. Es fällt mir noch heute schwer, nach 50 Jahren, darüber zu sprechen. Es war Wasser auf dem Boden. Ratten waren da. Wir hatten nachher keine Kraft mehr, uns gegen sie zu wehren. Wir alle haben Rattenbisse mitbekommen. Und natürlich gab es die ständige Gefahr, entdeckt zu werden. Unsere Nachbarin arbeitete von neun Uhr morgens bis sechs Uhr abends. Es gab Nachbarn in diesem Häuserkarree, die natürlich keine Ahnung hatten, daß wir da waren. Wir mußten leise sein. Es durfte kein Wort fallen, jedenfalls solange unsere Wirtin, unsere Freundin, nicht da war. Das ist schwer zu schildern, was da in einem vorging. Mein Bruder und ich hatten in diesen Monaten gelernt, im Dunkeln Schach zu spielen mit Steckfiguren. Man konnte das nur ertasten, Springer, Läufer, Bauer, Dame, König. Es ist unglaublich, was der Mensch vermag unter solchen Umständen und Zuständen.

S.: Wie haben Sie denn dann gemerkt, daß der nationalsozialistische Spuk vorbei war? Kam da jemand zu Ihnen, oder merkt man das, fühlt man das?

G.: Als wir in die Illegalität gingen, war Ostpreußen bereits besetzt. Die Rote Armee war bis an die Oder gekommen, die Amerikaner und Engländer und auch die kleineren Kontingente der Franzosen standen tief in Deutschland. Unser Leben war ein Wettlauf zwischen Endlösung, wie die

Nazis die Vernichtung der europäischen Juden ja nannten, ein Wettlauf zwischen Endlösung und Endsieg der Alliierten. Und wir hatten natürlich Verbindung nach außen, nämlich dadurch, daß unsere Wirtin auch Nachrichten hörte, und wir wußten, die Befreier kamen näher und näher. Nur, ob wir die Befreiung erleben würden, das war bis zur letzten Stunde unklar, unsicher einfach, weil wir so geschwächt waren, daß es eigentlich ein Wunder ist, daß wir diesen 3./4. Mai 1945 erlebt haben.

S.: Sie sagen, Sie waren sehr geschwächt. Sie hatten lange nichts mehr zu essen bekommen. Lag das an der Wirtin?

G.: Nein. Es lag nicht an der Wirtin. Es lag daran, daß die Lebensmittelzufuhr bei den Leuten, die uns das gaben, von der Geheimen Staatspolizei entdeckt worden war, auch das schildere ich in den »Bertinis«. Es fällt mir sehr schwer, hier den komplexen Vorgang zu erzählen. Es war dann eben so: Diese lebenswichtige Zufuhr war abgeschnitten. Wir hatten noch ein paar Vorräte, die etwa bis zum 20./21. April anhielten. Und dann war es auch interessant, wenn ich das so sagen kann, daß wir den Hunger nicht im Magen gespürt haben, sondern in den Kniekehlen, und daß wir so schwach waren, als wir aus dem Keller herauskrochen am 4. Mai 1945, am Morgen jenes Tages, daß wir nicht gehen konnten. Wir hörten die Panzer, die auf den Flughafen zurollten, und wir krochen aus dem Versteck heraus. Meine Eltern und meine beiden Brüder waren nie herausgekrochen in diesen Monaten. Ich war der einzige, der das Verlies nachts oder nur bei Dunkelheit verlassen hatte, um mit den notwendigen Lebensmitteln zurückzukommen bis eben zu dem Punkt, wo es nicht mehr ging.

S.: Hatten Sie denn überhaupt die Kraft, als Sie am 4. Mai aus Ihrem Versteck kamen, sich zu freuen? Was haben Sie denn empfunden, als dieser ganze Spuk vorbei war?

G.: Es war wie ein Traum. Wir waren wie in Trance. Wir konnten übrigens die Augen nicht weit aufmachen, so wie man die Augen normal aufmacht, sondern wir konnten nur blinzeln, weil wir das Tageslicht nicht mehr gewohnt waren. Und ich erinnere mich noch, mir war etwas im Keller verborgen geblieben. Mein älterer Bruder Egon ging mit seinem braunen Haar in die Illegalität, und an dem Morgen, als wir rauskrochen, sah ich, daß die eine Hälfte seines Haares, er war damals dreiundzwanzig Jahre alt, grau geworden war. Und das nahm ich wahr. Ich nahm auch wahr, wie die Nachbarn erstaunt waren, wie sie uns dann beglückwünschten, ohne daß wir wußten, was sie getan hätten, wenn sie uns vorher entdeckt hätten. Auf der anderen Seite war es natürlich ein unvergeßlicher Tag für mich. Und wenn ich hundertfünfzig Jahre alt werden würde, ich würde nie vergessen, was dieser Tag und überhaupt die Befreiung für mich bedeuten, zumal wir eigentlich geglaubt hatten, ohne je darüber zu sprechen, daß wir die Befreiung nicht erleben würden. Es war wie ein Aberglaube, daß wenn wir darüber sprechen würden, dann wären wir ganz sicher gewesen, daß wir sie nicht erleben würden. So gab es irgendwo eine kleine abergläubische Hoffnung, wenn wir darüber nicht sprächen, dann würde es vielleicht werden. Es ist dann geworden, im Gegensatz zu Millionen anderen, die den Holocaust nicht überlebt haben.

S.: Gibt es noch konkrete Erinnerungen, was Sie an diesem 4. Mai 1945 taten?

G.: Es gibt Erinnerungen. Wir sind zurückgekrochen in den Keller, aber nicht in das Loch, in dem wir uns so lange versteckt hatten. Wir haben da gelegen, nicht gesessen. Wir waren zu schwach dafür. Und ich erinnere mich, daß wir uns angeguckt haben, stundenlang, und nicht gesprochen haben, weil wir fürchteten, aus einem Traum zu erwachen. Wir konnten es, und das galt nicht nur für diesen Tag, einfach nicht als wahr akzeptieren: der Todfeind war besiegt, die Befreier waren da, es gab keinen Grund mehr für diese Angst, über Jahre hinweg vor dem jederzeit möglichen Gewalttod. Sie konnten ja jederzeit kommen. Nicht, weil wir irgend etwas gemacht hätten gegen den Staat, sondern unser

Verbrechen war unsere biologische Existenz. Daran erinnere ich mich noch sehr genau. Wir sind dann ärztlich behandelt worden. Und es ist heute immer noch so, ich wache morgens auf und habe das all die Zeit über getan, in mehr oder weniger großen Intervallen, und denke: Es kann doch nicht wahr sein, du lebst, du hast das überlebt. Und für mein Ostpreußenbuch war ich im Führerhauptquartier in der Wolfsschanze gewesen und habe auf den Trümmern des gesprengten Führerbunkers gestanden und gedacht: Dieser Hitler, dieser Minotaurus da in diesem Betonlabyrinth, er ist tot seit 50 Jahren, und du Ralph Giordano stehst hier und hast ihn überlebt. Das wird für mich bis an mein hoffentlich sehr fernes Ende ein großes Wunder bleiben.

S.: Und Ihre ehemaligen potentiellen Peiniger, waren sie jetzt plötzlich freundlich zu Ihnen? Haben Sie Veränderungen an den Menschen gespürt? Waren alle Deutsche plötzlich Widerstandskämpfer oder zumindest Menschen, die den Nationalsozialismus schon immer abgelehnt hatten?

G.: Meine deprimierendsten Erfahrungen mit meiner deutschen Umwelt liegen eigentlich nach 1945, nicht vor 1945, als die Fronten klar gewesen waren. Es gab Feinde, Todfeinde. Es gab eine große indifferente Masse, und es gab Freunde, Bundesgenossen, die bereit waren, ihr Leben für die Verfolgten einzusetzen, wie in unserem Fall. Jetzt plötzlich danach gab es eine kollektive Grundhaltung, die so unwahrhaftig war, wie man es sich nur denken kann, das heißt, die überwältigende Mehrheit der deutschen Nation war angeblich und scheinbar vor 1945 im Widerstand gewesen. Niemand war Nazi gewesen. Jeder wollte einen Juden versteckt haben, das heißt, es war ein deutlich sichtbarer und hörbarer Vergeltungsschock da, das heißt, die Menschen hatten, ohne Ausmaß und Detail dessen zu kennen, was der Vernichtungsapparat angerichtet hatte, ein dunkles, tief schlechtes Gewissen, und das versuchten sie auf diese Weise zu kompensieren. Es war schauerlich. Und das ist eine Haltung, die sich leider, leider dann auf andere Weise, mit anderen Vorzeichen, fortgesetzt hat. Als der Vergeltungsschock vorbei war, haben diese Leute ganz schnell wieder Morgenluft gewittert und sind dann das weiter gewesen, was sie schon vorher waren: Opportunisten. Ich spreche jetzt nicht von *den* Deutschen, sondern ich spreche, was die ältere Generation anbetrifft, von einer großen Mehrheit. Und diese Erfahrung war nicht gut, um es sehr, sehr vorsichtig auszudrücken.

S.: Wußten Sie denn am Tag Ihrer Befreiung schon, daß Sie in Deutschland bleiben würden?

G.: Nein, das wußte ich nicht. Vor der Befreiung war für uns alle völlig klar: Wir würden dieses Deutschland so schnell wie möglich verlassen. Wir würden seinen blutigen Staub wirklich so schnell, wie es irgendwie ginge, von unseren Füßen schütteln. Wir haben ab 1939 nur von *den* Deutschen gesprochen Wir haben uns überhaupt nicht zugehörig gefühlt. Die Isolierung begann gleich 1933, am ersten Tag, als wir die Schule besuchten und in Nichtarier und Arier geteilt wurden. Nein, das war für uns vollkommen klar: Wir würden Deutschland verlassen. Es ist dann nicht so gekommen, und zwar durch Umstände und Zustände, durch Motive, die wir vorher nicht so erahnen konnten. Zum Beispiel: Es war ja eine Zeit großer Not, was würde aus den Menschen werden, die uns geholfen hatten zu überleben? Konnten wir sie jetzt einfach im Stich lassen? Und nach diesem kurzen Vergeltungsschock war sehr schnell klar, daß die Ehemaligen, die Anhänger Hitlers, wieder Mut faßten, und das, was ich die zweite Schuld nenne, also Verdrängung, Verleugnung der ersten unter Hitler, als zweite Schuld nach 1945, das war ganz offensichtlich: die Täter würden davonkommen. Ich wäre mir wie ein Deserteur vorgekommen, wenn ich das verwirklicht hätte, was vor der Befreiung klar gewesen war, nämlich nach Amerika zu gehen. Es ging nicht. Weiter: Die deutsche Sprache war ja meine Muttersprache. Und sie war nicht nur meine Muttersprache, sie war auch meine Mutter, das wunderbare Werkzeug meines Berufes.

Ich wollte ja immer schreiben. Ich hätte nie in einer anderen Sprache schreiben können. Das alles sind Bindungen gewesen, die stärker waren als die angerichteten Schäden. Es müssen starke Bindungen gewesen sein, denn die Schäden sind unheilbar.

S.: Wie planten Sie am Tag Ihrer Befreiung Ihre Zukunft? Sie standen ja wieder an einem Anfang. Und so jung waren Sie auch nicht mehr.

G.: Ich muß sagen, ich fühle mich mit 72 noch jung. Sie können sich vorstellen, wie jung ich mich damals mit 22 Jahren gefühlt habe, allerdings eben mit Erfahrungen, die Gott sei Dank sehr, sehr vielen Menschen, auch die ein langes Leben haben, erspart bleiben. Es war gar keine Planung da. Alles, was ich Ihnen eben erzählt habe von diesem Umwandlungsprozeß, weg von Deutschland und dann bleiben in Deutschland, ist etwas gewesen, was nicht intellektuell geplant werden konnte, was nicht vorher organisiert werden konnte. Nein, nein, das ist etwas, was sich so ergeben hat. Im tiefsten lebte etwas in mir, was sich dann über mein ganzes Leben hin als der eigentliche Kompaß erwiesen hat, nämlich meine innere Beziehung zur Welt der Opfer. Das ist der Kompaß, nach dem ich mich richte: mein Verhältnis zu ihnen, meine Pflichten, die ich übernommen habe aus ihrem Tod, haben mein Leben bestimmt in jeder Weise, auch was meine politischen Irrtümer anbetrifft. Und das ist letztlich wohl der eigentliche große Magnet, der mich hier in Deutschland gehalten hat, der es dann mit sich gebracht hat, daß ich mich eben dennoch zugehörig gefühlt habe und fühle, nachdem das wie erloschen gewesen ist. Auch in den ersten zwanzig Jahren nach der Befreiung habe ich noch lange von »den Deutschen« gesprochen. Dann habe ich 1987 mein Buch »Die zweite Schuld oder von der Last Deutscher zu sein« veröffentlicht. Das kann ein Autor nur schreiben, wenn er diesen Prozeß bis dahin durchgemacht, durchlitten und erkämpft hat, nämlich sich trotz allem als zugehörig zu fühlen. Und diese Zugehörigkeit kommt ganz einfach dadurch, daß nach einer langen Inkubationszeit, so etwa ab Mitte der 60er Jahre, mir klar geworden war, es gibt Millionen von Deutschen, die genauso denken wie ich, und ich denke so wie sie. Das sind Menschen, auf die du bauen kannst, denen du vertrauen kannst. Auch wenn das eine aktive Minderheit ist, der ich mich zugehörig fühle, so würde ich doch sagen, daß sie unter den Bedingungen der parlamentarischen Demokratie unüberwindbar ist, und ich sehe keine Alternative für die demokratische Republik. Also, das ist ein langer, langer Prozeß. Es gibt ein Buch von mir, das heißt »Ich bin angenagelt an dieses Land«. Da sind Reden und Schriften über deutsche Vergangenheit und Gegenwart etwa der letzten zehn Jahre, und das ist ein wahres Wort. Ob ich will oder nicht, das ist ein Heinesches Verhältnis, angenagelt zu sein. Ich würde es nicht als Haßliebe bezeichnen, das wäre verkehrt, sondern von Abstoßung und Anziehung sprechen, und ich bin ein Teil von diesem Land und dieser Geschichte, und es gibt kein Entkommen.

S.: Haben Sie denn damals bei der Befreiung glauben können, daß sich in Deutschland, in einem demokratischen Staat, wieder einmal Antisemitismus, Rechtsradikalismus und Ausländerfeindlichkeit entwickeln könnten?

G.: Niemals hätte ich geglaubt, daß das, was heute in Deutschland ist, möglich werden könnte, dieser rassistische Flächenbrand, der über Deutschland rast und noch nicht ausgetreten ist, mit Toten und Hunderten von Verletzten und mit einer ungeheuren Passivität des Staates, der die rechten Gewalttäter wie ungezogene Verwandte behandelt, während sein eigentlicher Todfeind die Linken geblieben sind. Die Mörder der RAF müssen selbstverständlich bekämpft werden, nur, sie haben keine Massenbasis. Das ist bei der rechten Gefahr ja ganz anders. Nein, ich habe damals das, was jetzt ist, niemals für möglich gehalten. Ich habe seit September 1991 weit mehr als 800 Drohungen bekommen. Ich bin immer bedroht worden als politischer Publizist, aber das hat sich seit drei Jahren so verstärkt, auch akustisch, auch über Telefon. Das ist ja der Öffentlichkeit auch bekannt geworden, weil ich keinen Grund gesehen habe, das nicht publik zu machen. Nicht um mich als Opfer oder als Verfolgter auszustellen, sondern um klarzumachen, was in diesem Deutschland der 90er Jahre noch immer oder schon wieder möglich ist. Nein, das was heute ist, hat kein Überlebender, der in Deutschland ist, hat kein Überlebender des Holocaust damals bei der Befreiung voraussehen können.

S.: Glauben Sie dennoch, daß die NS-Vergangenheit in der Bundesrepublik aufgearbeitet worden ist, oder meinen Sie eher, daß noch viele Deutsche traurig darüber sind, den Krieg verloren zu haben?

G.: In der älteren Generation hat dieser Teil, davon bin ich überzeugt, überwogen. Daß das Leben so ganz anders verlaufen ist, als sie es sich in ihren Siegplänen vorgestellt haben. Die Vergangenheit ist nicht aufgearbeitet worden, weder in der alten Bundesrepublik noch in der ehemaligen DDR. Beide deutschen Teilstaaten haben auf ihre Weise versucht, sich an dem Leichen-Himalaja, den die Nazis errichtet und aufgetürmt hatten, vorbeizumogeln, und wir kriegen die Quittung dafür. Ich kann den jungen Leuten nur eines raten. Wenn es ein Problem gibt: Verdrängt nichts. Verdrängen nützt nichts. Es bedeutet nichts anderes, als daß Vergangenheit ständig als Gegenwart vor sich hergeschoben wird und als unbewältigte Masse bleibt. Und so kommt es dann, daß das, was wir hier in den letzten drei Jahren seit Hoyerswerda über Solingen und Mölln erlebt haben, daß das etwas ist, was nicht aus Ereignissen neueren Datums erklärbar ist, sondern der Humus für dieses Unkraut, was da jetzt hochsprießt, das ist das, was ich die zweite Schuld nenne, also die Verleugnung der ersten unter Hitler dann nach 1945, und zwar nicht bloß rhetorisch oder moralisch, sondern tief instituiert durch das, was ich den Großen Frieden mit den Tätern nenne. Die sind bis auf wenige Ausnahmen alle davongekommen, und das kann letztlich nicht gutgehen.

S.: Wie sollte denn Ihrer Meinung nach das Datum des

offiziellen Kriegsendes, der 8. Mai 1945, in der Bundesrepublik gefeiert werden?

G.: Es bedeutet ja auch eine große Ehrlichkeit im negativen Sinne, daß es bisher nicht gefeiert worden ist. Es wäre ja nicht ehrlich, jedenfalls über lange Jahrzehnte der Nachkriegsgeschichte hin, wenn dieser 8. Mai 1945 nun zum Feiertag erklärt worden wäre wie der 3. Oktober 1990, hinter dem natürlich doch die Mehrheit der Nation stand. Aber die Deutschen von damals und auch lange danach noch, ich denke bis in die 60er, 70er Jahre hinein, haben sich nicht befreit gefühlt. Wie konnten sie? Tief in ihrer Seele waren sie Anhänger des Nationalsozialismus, oft viel stärker, als sie sich selber bewußt gewesen sind. Hitler hat bei den damaligen Deutschen ins Schwarze getroffen. Er hat ihre heimlichsten kleinbürger-, spießbürgerlichen Träume erfüllt. Die haben sich unter ihm omnipotent gefühlt, als Herren über riesige Territorien und Millionenmassen unterdrückter Völker. Nein, nein, das ist ein schlimmes Kapitel, und es wäre, ich wiederhole es, tief unaufrichtig und unehrlich gewesen, wenn der 8. Mai quasi dann eben formal, um ein gewisses Etikett gegenüber dem Ausland zu bewahren, wenn der zum Feiertag erhoben worden wäre. Ich hoffe nur, daß in Deutschland eine Situation kommt, eine politisch historische, moralische Atmosphäre geschaffen wird, die diesen Tag zum Feiertag macht, aber dann organisch gewachsen mit dem demokratischen Willen der Mehrheit, dem demokratischen Willen neuer Generationen, die in jeder Weise de facto historisch, moralisch schuldlos sind an dem, was ihre Eltern und Großeltern getan haben, aber dennoch in der Verantwortung dessen stehen, was damals passiert ist. Man kann aus seiner Geschichte nicht aussteigen, und Ralph Giordano ist der beste Beweis dafür.

Walter Jens

Im Rückblick nimmt sich die Wende vom April zum Mai 1945, wie ich sie in Hamburg erlebte, beinahe alltäglich aus; zwar fielen noch Bomben auf Bergedorf und Bilwerder; ferne Außenbezirke der Stadt lagen gelegentlich unter britischem Artilleriefeuer; aber gemessen an den Feuerstürmen des Sommers 1943, herrschte beinahe so etwas wie erwartungsvolle Stille in der zur Hälfte zerstörten Stadt: *Nur ein paar Tage noch, und der Krieg ist vorbei.* (Vom Konzentrationslager Neuengamme wußten wir wenig, damals, nichts von den Ermordungen der Preisgegebenen durch die SS, nichts vom elenden Sterben der Häftlinge auf dem zur Evakuierung bestimmten Schiff ›Cap Arcona‹ – einer Aussonderung der zur Vernichtung bestimmten Menschen, die dazu dienen sollte, die Schreckensszenen in Neuengamme vor den anrükkenden britischen Truppen zu vertuschen.)

Ein seltsames Schauspiel: Wir kannten die Listen und Lügen der Parteioberen, wußten, was es bedeutete, wenn »Baldrian«, wie der Drahtfunk-Sprecher in der Kommandozentrale genannt wurde, einen schweren Luftangriff ankündigte, mit sonorer Stimme, *alles halb so schlimm, Leute*, aber wir vertrauten in den letzten Kriegstagen gleichwohl dem Kampfkommandanten, einem General namens Wolz, und sogar dem Reichsstatthalter Kaufmann.

»Kaufmann spricht wie die Pythia«, sagte mein Lehrer, der Graezist Bruno Snell, und sein Kollege, der in Hamburg Zuflucht suchende Hans Diller (ausgebombt in Kiel, das elterliche Haus in der Sierichstraße war unzerstört), fügte hinzu: »Das ist ein gutes Zeichen.« Während ich das Kapitulations-Ritual vom 3. Mai vergessen habe und nichts mehr vom Einmarsch der britischen Truppen in die Vaterstadt weiß, erinnere ich mich sehr genau an Gespräche, die meine

Professoren im Seminar für Klassische Philologie der Universität führten, am Bornplatz, gegenüber dem Bunker, nahe der Stelle, wo einmal die Synagoge gestanden hatte – benachbart auch der Spielstätte des jüdischen Kulturbunds in der Hartungstraße, in der, Kontinuität verbürgend, Ida Ehre ein paar Monate später ihre Intendanz beginnen sollte: Hamburger Kammerspiele – ein Reich wahrer, nicht oktroyierter *reeducation*.

Snell und Diller bei der Exegese von Gedankengängen ihnen von Grund auf verhaßter Machthaber des T. I. (*tertium imperium*, von Altphilologen spöttisch verkleinert): im Zeichen solcher Paradoxie habe ich das Kriegsende erlebt und dabei erfahren, wie verläßlich eine Wissenschaft sein kann, in deren Reihen ich mich, im Dezember 1944 an der Freiburger Universität promoviert, einzureihen begann: »Lateinische Stilübungen. Übersetzung von Thomas Manns Schlußkapitel aus den ›Buddenbrooks‹: Dr. Jens«, würde es bald darauf heißen, in den Ankündigungen des Seminars.

Nein, sie können nicht irren, die beiden Philologen, dachte ich, als ich die Seelenanalysen meiner Lehrer erwog. Was sollte Karl Kaufmann denn anderes tun, als die Pythia zu spielen, wenn er die Stadt kampflos übergeben wollte? Den Helden herauskehren, »um keinen Preis der Welt« sagen, »ich kämpfe bis zum letzten Atemzug für den Führer«? Dann hätte er sich zum Todfeind der kriegsmüden Bevölkerung gemacht. Und wenn er log? Vom Kampf sprach, aber insgeheim längst zur Kapitulation entschlossen war? Dann wäre er ein Opfer der eigenen Intrige gewoden: kein Pardon für Hamburg von seiten der Briten. Was aber, so Bruno Snell bei der Enträtselung des Orakels, wäre gewesen, wenn Kaufmann, unterstützt durch Wolz, seine geheimen Pläne öffentlich bekannt haben würde, verläßlich und rechtzeitig? Dann hätte den beiden ein schreckliches Ende gedroht – und der Stadt, die einem martialischen Befehlshaber, einem Himmler-Gefolgsmann, ausgeliefert wäre, erst recht. Was also blieb Karl Kaufmann anderes übrig, als wie die Pythia zu reden, wenn er Hamburg, jedenfalls mit der noch vorhandenen Hälfte, bewahren wollte?

Nun, Bruno Snell behielt recht – ein Gelehrter und Demokrat, der während der zwölf Jahre seinen jüdischen Freunden in der Emigration die Treue hielt und den Kontakt zu ihnen, auf dem Postweg über die Schweiz, nie abreißen ließ, sah sich bestätigt. Anglophile Weltläufigkeit brauchte nicht länger Tarnung zu suchen, die Zeiten, da die vier Studenten der klassischen Philologie, 1941, die soeben herausgegebenen Oxyrhynchos-Papyri nur nach Überwindung von geheimen Austausch-Schwierigkeiten zu Gesicht bekommen konnten, waren vorbei – eine kleine Weile noch, und der große Eric Robertson Dodds, Snells alter Kollege und Freund, würde aus Oxford nach Hamburg kommen, um über die internationale Solidarität der Altertumsforscher zu dozieren, unter anhaltendem Applaus der Studierenden, zu deren Zunft kaum mehr als eine Handvoll von Parteitreuen gehört hatte, und diese wenigen waren verachtet.

Unvergeßlich der Augenblick, als Bruno Snell mir ein Privatissimum über eine Schrift des Althistorikers Berve hielt, die Thukydides' ›Geschichte des peloponnesischen Kriegs‹ mit Hitlers ›Mein Kampf‹ verglich. »Das ist nicht nur charakterlos, junger Freund, das ist, ob Sie es glauben oder nicht, wissenschaftlich völlig unhaltbar: Thukydides, das läßt sich beweisen, hat mit Adolf Hitler nicht das geringste zu tun.« (Die Sätze waren, wie sich versteht, in geschliffene Häkchen gesetzt, unterstützt durch eine Bewegung der Arme: hoch erhoben, der eine, bei dem Wort Thukydides; erdwärts gesenkt, der andere, als die Vokabel Hitler fiel.)

Kurzum, wenn ich mir, fünfzig Jahre nach der Befreiung Deutschlands vom Nationalsozialismus, die Frage stelle, wie ich die Tage zwischen Ende und Neuanfang erlebt habe, dann kann die Antwort nur lauten: als Philologe, der ein zwiefaches Glück hatte: das Glück, seines schweren Asthmaleidens wegen niemals Soldat werden und auf andere Menschen schießen zu müssen, *und* das Glück, in den Jahren nationalsozialistischer Herrschaft die richtigen Meister gehabt zu haben, an der Gelehrtenschule des Johanneum so gut wie an der Universität, in Hamburg nicht anders als in Freiburg, wo ich, Bruno Snell auch in diesem Punkt verbunden, im Gast-Ambiente (Barnfield House, Fritz-Geiges-Straße 1) mehr englisch als deutsch sprechen mußte: Die Dame des Hauses, Mrs. Weigel, legte Wert darauf, in ihrer Muttersprache angeredet zu werden; ihr Deutsch war geprägt von britischer Akzentuierung; sobald sie in Erregung geriet, vergaß sie es rasch, am Tag der Invasion zum Beispiel: »*Walter, come downstairs! Our boys! Our boys!*«

Unter diesen Zeichen habe ich nicht nur das Kriegsende, sondern schon die Jahre davor aus verfremdender Perspektive anschauen können – als Altphilologe und nicht als Germanist, als BBC-Hörer und nicht als Partizipant bei Sendungen des Großdeutschen Rundfunks, als Schüler Snells und nicht Berves, nicht in einem Wohnheim, sondern als Untermieter bei Mrs. Weigel, die mir, kaum hatte ich mein Zimmer bezogen, bedeutete (damals noch auf deutsch): »Der Krieg wird erst zuende sein, wenn wir Ratten essen und ihr Rattenersatz.« (*Wir* – das waren natürlich die Engländer, *ihr* hingegen die Deutschen.)

Da wurde ein Satz gesprochen, 1943 in Freiburg, der ein Diktum variierte, das Bruno Snell mir bei Gelegenheit meines Antrittsbesuchs im Jahre 1941 zugerufen hatte – Antwort auf meine Frage, ob er denn meine, daß das Studium der klassischen Philologie, *rebus sic stantibus*, aussichtsreich sei. »Aber natürlich, lieber Freund, selbstverständlich sogar: unter *einer* Voraussetzung, wie sich versteht: daß wir den Krieg verlieren, aber das werden wir ja.« (Nach 1945, als ich diese Geschichte mehrfach erzählt hatte, wurde Snell gefragt, ob er denn bedacht habe, daß er sich dank des Zuspruchs für den Novizen um Kopf und Kragen hätte reden können. Seine Entgegnung, mit herzerfrischender Unbekümmertheit – und viel Naivität – vorgetragen: »Aber mitnichten. Der junge Mann hatte doch mit »Guten Tag« gegrüßt und nicht mit »Heil Hitler«.)

Die Krankheit, die Erziehung durch meine Mutter, die Solidarität mit jüdischen Freunden, »Mischblütigen«, wie sie genannt wurden, und das Behütetsein im Umkreis von Menschen, die über Deutschland hinausschauten, nach Griechenland und Großbritannien, und mir derart zeigten, daß Hitler nichts mit Thukydides, Kolbenheyer nichts mit Lessing, die ›Paracelsus‹-Trilogie nichts mit den Freimaurer-Gesprächen ›Ernst und Falk‹ zu tun hatte, die Snell in einem grandiosen *studium-generale*-Seminar nach der Befreiung traktierte: dies alles hat mir, ohne eigenes Verdienst, über die Jahre hinweg ermöglicht, das Kriegsende aus der Perspektive eines Betroffenen (mancher meiner Klassenkameraden wurde in Tod und Elend getrieben – die Hälfte der Klasse in der Versuchsschule Breitenfelder Straße 35 bestand aus Juden; mein Vater und mein Bruder standen an der Front), aber auch und vor allem aus der Sicht eines Menschen mitzuerleben, dem nicht persönliches Zutun, sondern eine Summe von glücklichen Umständen erlaubte, die ihm adäquate Rolle zu spielen: *Ich durfte Zuschauer sein* – ein Betrachter, der sich wünschte, aus der gewährten Distanz in freundlicheren Zeiten als Schriftsteller Kapital schlagen zu können. Immer noch Beobachter, immer noch Rand-Figur, nun aber, nach dem Zusammenbruch des Regimes und der Befreiung des Landes, das aus Buchenwald wieder nach Weimar finden konnte, mit dem Stift in der Hand oder, genauer, an der Schreibmaschine, Marke Erika, hergestellt von der Firma Singer und Naumann in Dresden, die mein Vater mir 1938 zu Weihnachten geschenkt hatte. (Auf der Walze ein Zettel: *Halt sie in Ehren.*)

So betrachtet, war es durchaus egoistisch, daß ich, wiewohl unbedroht, das Ende des Krieges ersehnte. Was hätte ich denn schon werden können, im Reich des Terrors und der Zensur – Walter Jens, ein schwächlicher »Kaffeehausliterat«, wie er von seinem Lateinlehrer »Speckrolle« genannt wurde, dessen Brutalität in Ralph Giordanos, meines Freundes und Klassenkameraden, Roman ›Die Bertinis‹ abgebildet worden ist.

Ja, was wäre aus mir geworden, wenn Hitler gesiegt hätte? Studienrat in Litzmannstadt bestenfalls, ein angepaßter Lehrer im sogenannten Generalgouvernement. Und die Kollegen aus dem Kreis der Gruppe 47, Heinrich Böll und Siegfried Lenz, Schnurre und Kolbenhoff, Enzensberger und Walser? Kein einziger unter allen hätte Schriftsteller, der auf Moralität hält, werden können im Europa nationalsozialistischer Prägung. Grass – ein Anonymus; Peter Weiss – allenfalls in Schweden, Wolfgang Hildesheimer (wer weiß?) in Israel und England bekannt. Und dann die Publizisten! Augstein – vielleicht Archivar in Hannover, Marion Gräfin Dönhoff, ihres Freundeskreises wegen, der Frauen und Männer, die zum Kreis der Verschwörer gehörten, bestenfalls Verwalterin auf einem Gut im Osten des Reichs, Lea Rosh – Hilfsarbeiterin in einer Agentur. Vielleicht aber auch: alle zum Schweigen gebracht und wegen erwiesener Standhaftigkeit kurzweg erledigt.

Eine Frage an den Herausgeber dieses Bandes, an die Leser, an uns alle: Wer unter den hier Versammelten hätte, nach 1945, mehr als eine Schattenexistenz führen können, im Zeichen des verheißenen, aber gottlob – auch, vergessen wir das nie, dank des Martyriums von Millionen Sowjetsoldaten – verhinderten Endsiegs? Überlebt, vielleicht, hätte mancher; aber er (oder sie) selbst bleiben können, als autonome Person: Keinem einzigen wäre das möglich gewesen, im Riesenreich mit den Millionen von entfremdeten, auf Inhumanität und Preisgabe der Selbstbestimmung abgerichteten Menschen.

Und darum bleibt, trotz Leid, Tod und Vertreibung, der 8. Mai 1945 ein guter Tag in der deutschen Geschichte: nicht nur aus der Sichtweise von Altphilologen, die, wie Bruno Snell, über die Kunst verfremdender Prophetie verfügen.

Erhard Eppler

Für mich war nicht der 7. Mai, sondern der 23. April 1945 der Tag des Kriegsendes. Ort des Geschehens war die Lüneburger Heide.

Im April 1945 muß ein stabiles Hoch das Wetter in Norddeutschland bestimmt haben. Denn fast alles, was mir in Erinnerung geblieben ist, spielt in einer klaren Aprilsonne, einem frischen Ostwind oder in kühlen, sternklaren Nächten. Die Sonne schien, als wir, um den heranrückenden Amerikanern zuvorzukommen, die Vorratslager leerten, aus denen allerhand Kostbarkeiten zum Vorschein kamen: Büchsen mit Schweinefleisch, Zigaretten, Kugelschreiber. Die Sonne schien, als wir auf Holzfeuern kleingeschnittene Kartoffeln in viel Schweineschmalz brieten und uns dann wunderten, wie schwer uns das ungewohnte fette Essen im Magen lag. Die Sonne schien über der Heide, als wir an den Straßenrändern tiefe Löcher in den Sand buddelten, von denen aus wir die feindlichen Panzer mit Panzerfäusten abschießen sollten.

Sie kamen glücklicherweise noch nicht, die Panzer, obwohl niemand genau wußte, wo denn nun die Front sei. Dafür bekamen wir plötzlich zwei nagelneue amerikanische Chrysler-Limousinen zugeteilt, von denen es hieß, einige aus der Kompanie hätten sie erbeutet. Wahrscheinlich hatten die Landser sie im allgemeinen Durcheinander irgendwo gefunden. Auch Benzin hatten sie aufgetrieben. Jedenfalls saßen wir von da an nicht mehr in unseren Löchern, sondern fuhren mit unseren Panzerfäusten wie wild durch die Gegend, meist ohne klares Ziel, immer die kerzengeraden Straßen der Heide entlang. In der Limousine saßen der Unteroffizier und die Obergefreiten, ich als der Jüngste stand außen auf dem Trittbrett – denn damals hatten die Autos noch Trittbretter. Genächtigt haben wir in Zelten in der Heide.

Diese Jagden durch die Heide hatten zwar keinerlei Sinn und auch – glücklicherweise – kein Ergebnis, aber sie waren auch nicht sinnloser als alles, was sich sonst um uns herum abspielte.

Unsere letzte Stellung waren Schützengräben und Unterstände des Truppenübungsplatzes Soltau-Munsterlager. Was Rekruten lehren sollte, wie man sich im Ernstfall schützt, ersparte uns nun Arbeit und bot etwas Deckung. Aber nur für wenige Tage.

Am 23. April 1945 gegen Abend eröffnete uns der Kompaniechef, der ganze Kessel südlich von Hamburg – ich hatte gar nicht gewußt, daß wir eingekesselt waren – werde am nächsten Morgen kapitulieren. Wer der Gefangenschaft entgehen wolle, könne in der Nacht versuchen, sich in Richtung Heimat durchzuschlagen, durch die amerikanischen Linien, falls es so etwas gab. Das sei nicht ganz ungefährlich, jeder sei frei, zu gehen oder zu bleiben.

Ich gehörte zu denen, die gehen wollten. Daraus wurde dann ein abenteuerlicher Fußmarsch nach Süden. Er dauerte genau 18 Tage, so lange, wie der Polenfeldzug zu Beginn des Krieges. Daher nannte ich ihn meinen Feldzug der 18 Tage. Er war zu Ende am 10. Mai 1945, zwei Tage nach der bedingungslosen Kapitulation der deutschen Wehrmacht. Die Kapitulation selbst hat mich nur noch wenig bewegt, denn für mich hatte der Krieg zwei Wochen zuvor sein Ende gefunden. Am Tag der Kapitulation war ich damit beschäftigt, einen unbewachten Mainübergang zu finden.

Die Nacht vom 23. zum 24. April war nicht, wie die vielen Nächte vorher, sternklar, sondern diesig, vielleicht auch neblig, jedenfalls war die Sicht begrenzt, und das konnte uns nur recht sein. Ich gehörte zu einer Gruppe von vier Soldaten, die gemeinsam versuchen wollten, durch die amerikanischen Stellungen nach Süden durchzubrechen; nein, das klingt ja noch ganz kriegerisch, wir wollten unerkannt hindurchschleichen durch irgendeine Lücke zwischen den Stellungen. Erst stritten wir uns, ob wir Waffen, in diesem Fall

Pistolen, mitnehmen sollten oder ob es für unser Vorhaben besser sei, alle Waffen zurückzulassen. Ich, der weitaus jüngste, beteiligte mich an diesem Streit nicht, da ich ohnehin keine Pistole besaß. Daß man ohne Waffen sicherer sein könne als mit Waffen, war für die meisten Soldaten nach sechs Jahren Krieg ein geradezu revolutionärer Gedanke. Schließlich nahmen zwei von uns Pistolen mit, zwei nicht, sicher kein sehr kluger Kompromiß.

Meine Bewaffnung bestand aus einem Kompaß, dem ich es wohl verdanke, daß mein Feldzug der 18 Tage nicht mißlang, und einem Packen von sechs oder sieben Dutzend Kugelschreibern, für die ich unterwegs etwas zum Essen eintauschen wollte. Aber daraus wurde nichts.

Wir schlichen uns also einige Kilometer durch Gebüsch und niedrigen Wald, bis einige schwache Lichter durch den Nebel flackerten. Es waren wohl nur Taschenlampen oder Feuerzeuge, aber sie mußten von amerikanischen Posten kommen. Wir bogen aus, bis wir wieder Lichter sahen, und begannen dann zwischen den vermuteten Stellungen hindurchzukriechen, erst robbend, so daß der Körper ganz am Boden blieb, dann auf allen vieren, bis wir es, vielleicht nach einer Stunde, wieder wagten, aufrecht, genauer gesagt, gebückt weiterzurennen.

Wir, das waren nur noch zwei, die anderen beiden hatten wir verloren – oder sie uns. Der Zufall wollte es, daß die beiden Pistolenträger und die beiden Waffenlosen unter sich waren. Wir mußten bis zum Morgengrauen möglichst weit nach Süden vorankommen, denn in der Nähe der amerikanischen Linien hätten wir den kommenden Tag nicht überstanden, ohne gefangen zu werden. Aber wo sollten wir den Tag über bleiben?

Als die ersten hellen Streifen am Horizont sichtbar wurden, fanden wir im Wald einen hohen Reisighaufen. Wir machten daraus einen flacheren, ausgedehnteren, und krochen darunter, um dort bis zum Abend auszuharren. Es wurde ein nasser Tag mit leichtem Nieselregen, und wir froren unter unserem Fichtenreisig. Aber wir mußten dort aushalten, denn erst jetzt stellte sich heraus, daß wir ein Waldstück zwischen zwei Waldwegen ausgesucht hatten, auf denen hin und wieder seltsam kleine Autos fuhren. Ein paar Tage später wußten wir, daß man sie Jeeps nannte.

Immerhin hatten wir noch Brot, so daß wir nicht zu hungern brauchten, und nichts zu trinken, was den Vorteil hatte, daß wir das Risiko des Austretens vermeiden konnten. Nach Einbruch der Dunkelheit, als wir aus unserem Versteck hervorgekrochen und unsere eingerosteten Glieder in Gang gebracht hatten, machten wir uns wieder auf den Weg, querfeldein, Marschzahl 32 auf dem Kompaß, also genau nach Süden.

Gegen Morgen versteckten wir uns wieder in einem dichten Waldstück zwischen jungen Fichten, diesmal allerdings in der Nähe eines Gehöfts. Denn jetzt ging unser Proviant zur Neige, und wir wollten von nun ab nicht mehr bei Nacht marschieren. Dazu aber mußten wir unser solides, übrigens ziemlich neues Feldgrau gegen irgendwelche zivilen Kleider eintauschen. Und dazu brauchten wir Kontakt mit Menschen.

Der Tausch gelang im Laufe des Vormittags, aber was für ein Tausch! Für mein stabiles, warmes Tuch bekam ich eine uralte durchlöcherte Hose, aus der beim Sitzen am Knie die Unterhosen hervorquollen – ich weiß, daß junge Leute dies heute schick finden –, und eine Jacke, die vor uns wohl der letzte der Knechte im Stall hatte tragen müssen. Denn alles, was zwischen den Löchern noch an Tuch vorhanden war, starrte vor Schmutz und stank, wie eben Stallkleider stinken. Da ein besseres Angebot nicht zu erwarten war, lieferten wir unsere makellosen Uniformen ab und bestaunten uns in unserem jämmerlichen Aufzug. Wir zogen es vor zu lachen, obwohl uns eher zum Weinen zumute war. Das hatte uns niemand vorhergesagt, als wir das feldgraue Ehrenkleid angezogen hatten, daß wir einmal froh sein würden, es gegen stinkende Lumpen eintauschen zu können. War das der

Nachhilfe-Unterricht, den die Geschichte für uns parat hatte?

Von nun an wagten wir es, bei Tag zu wandern. Schließlich wimmelte Deutschland von solchen Gestalten, wie wir sie jetzt abgaben. Polen, Russen, Ukrainer, die auf deutschen Bauernhöfen gearbeitet hatten, wollten sich bei den Alliierten in den Städten melden, um endlich nach Hause zu kommen. Und natürlich waren wir nicht die einzigen Soldaten, die als wandelnde Vogelscheuchen nach Hause strebten.

Das also war das Ende vom heroischen Lied: Während der Führer »bis zum letzten Atemzug« befohlen hatte, alles zu zerstören, was dem geschlagenen und damit von der Geschichte zum Tode verurteilten Volk zum Überleben hätte helfen können, schlugen sich Millionen von Landsern nach Hause durch. Viele, auch ich, wunderten sich, daß sie überlebt hatten. Und nun wollten sie in diesen letzten Tagen nicht verspielen, was sie als unverhofftes Glück empfanden. Wir wollten – vollends – überleben. Und wir wollten uns behaupten in einer Welt, die wir nicht kannten, einer Welt, die bestimmt sein konnte von der Rache oder der Großmut der Sieger. Viel mehr, fürchte ich, hat sich in meinem Kopf damals nicht abgespielt.

Heinz Zahrnt

Im Sommer 1941 lag ich mit einem Kameraden auf einer Waldlichtung im bayerischen Alpenvorland. Beide gerade erst eingezogen, unterhielten wir uns über unsere Aussichten, wie lange der Krieg noch dauern und ob wir ihn heil überstehen würden. Da sagte der andere in seinem lässigen Wiener Dialekt zu mir: »Weißt, wenn ich in vier Jahren net gar zu arg blessiert werd' abdüsten können, dann werd' ich froh sein.« Ich hielt dies für übertrieben: Noch vier volle Jahre Nazis und Krieg – das konnte ich mir nicht vorstellen. Doch er sollte recht behalten, fast auf den Tag genau.

Ich habe die zwölf Jahre Naziherrschaft und Krieg überstanden – Hypothek und Kapital eines ganzen Lebens.

Bei Kriegsende hatte ich als Unteroffizier in Rosenheim ein Arbeitskommando von etwa hundert britischen Kriegsgefangenen zu führen. Gleich bei der Übernahme des Kommandos hatte ich dem Vertrauensmann eröffnet, daß uns der gemeinsame Überlebenswille verbinde und wir aus diesem Grund so gut wie möglich miteinander auskommen müßten. Und dies gelang auch. Ich bemühte mich, den Kriegsgefangenen ihren Lebensraum so weit wie möglich zu stecken, und diese revanchierten sich mit einer fairen, völlig selbständigen Lagerführung. Wünschte ein General in Oberbayern etwas zu besichtigen, wurde ihm unser Kommando gezeigt.

Da das Kriegsgefangenenlager auf dem Gelände einer Krankensammelstelle lag und diese wiederum von Lazaretten umgeben war, entstanden von selbst Kontakte zum deutschen Lazarettpersonal. Wie überall während der Nazidiktatur, besonders aber im Kriege, fand sich ein kleiner Zirkel Gleichgesinnter zusammen – Ärzte, Krankenschwestern und Sanitäter. Mochte in unserem Kreis auch etwas von dem vorhanden gewesen sein, was man später das »andere Deutschland« genannt hat – es blieb doch nur ein immerwährendes Gespräch, gemischt aus Religion, Politik, Poesie, Moral und Musik, ohne den Willen zu einer entschlossenen Tat, höchstens bereit zu gegenseitiger Hilfeleistung beim gemeinsamen Überleben. Wir glichen Leuten, die einem Großbrand zuschauen und dabei denken: Entweder brennt's von selber nieder, oder der Regen wird es löschen.

Aber das ungeduldige Warten auf das Ende des Krieges, das schon so lange so nahe schien und sich dann doch immer noch länger hinzog, die Enttäuschung über das Mißlingen des Aufstands am 20. Juli, der Zorn über das Unrecht und Leid, das die Nazis den Menschen an jedem Tag zufügten, die Trauer über das tausendfache Sterben an den Fronten und in den Städten, das Mitleid mit den Verwundeten, die ich täglich vor Augen hatte, aber auch das eigene Abgeschnittensein von der Familie und die Angst, womöglich doch nicht mehr davonzukommen, nicht zuletzt auch die Scham über die eigene Passivität – dies alles hatte eine solche blinde Wut in mir erzeugt, daß ich am 30. Januar, dem Tag der zwölften Wiederkehr der sogenannten »Machtergreifung«, in der Wachstube das hölzerne Hitlerbild von der Wand riß, es auf der Tischkante zerschmetterte und dabei rief, daß nun endlich Schluß sein müsse. Das war kein Akt eines überlegt gewagten Widerstands, sondern nur der unkontrollierte Ausbruch eines seelischen Staus, der mich noch kurz vor Kriegsende völlig unnötig in höchste Lebensgefahr brachte. Meine Kameraden reagierten merkwürdig gleichgültig. Sie lachten nur etwas geniert, aber niemand sagte ein Wort.

Es begannen drei Monate angstvollen Wartens – manchmal spürte ich den Strick schon um den Hals. Unterzutauchen wäre unklug gewesen, denn die Feldgendarmerie kämmte in den letzten Wochen des Krieges das immer enger werdende Gebiet hinter der Front rücksichtslos nach Deserteuren durch. Und wen sie aufgriff, der wurde gehenkt. Es war ein Wettlauf mit der Zeit, wer früher da sein würde, die Gendarmen oder die Amerikaner.

Endlich war es soweit. Das Geschützfeuer rückte näher – heute oder morgen mußten die ersten amerikanischen Truppen da sein. Am letzten Abend vor der Einnahme der Stadt kam der Vertrauensmann der Kriegsgefangenen zu mir und berichtete erschrocken, der Werwolf wolle in der Nacht das Lager überfallen, und er nannte auch den Anführer des geplanten Unternehmens, den Sohn eines bekannten Geschäftsmanns. Ich lachte ihm ins Gesicht – so viel Verblendung traute ich nicht einmal den Nazis zu. Aber es gelang mir nicht, dem Briten die Angst zu nehmen. Kaum aber war er gegangen, da kam der Chefarzt eines benachbarten Lazaretts, mit dem ich befreundet war, und erzählte mir die gleiche Geschichte. Da wurde nun doch auch mir bang. Ich stellte mir vor, was mit Rosenheim geschehen würde, wenn die Amerikaner am nächsten Morgen an die hundert britische Kriegsgefangene tot oder verwundet im Lager liegen fänden. Deshalb versuchte ich jetzt, den Chefarzt aller Lazarette am Ort zu erreichen, um ihm die Evakuierung der Kriegsgefangenen vorzuschlagen. Dieser aber hatte sich just in der Nacht, in der die Amerikaner kommen sollten, krank gemeldet.

Darauf beschlossen wir nun allein, die Kriegsgefangenen nach Einbruch der Dunkelheit in kleinen Gruppen in ein nahegelegenes Lazarett zu führen und sie dort bis zum endgültigen Eintreffen der Amerikaner im Luftschutzraum unterzubringen. Hinterher ging ich, wie an jedem Abend, noch einmal durch die offenen, leeren Räume der Lagerbaracke. Dann gesellte ich mich zu den Kriegsgefangenen im Luftschutzraum, um zusammen mit ihnen die ersten amerikanischen Soldaten zu erwarten.

Bald nach Mitternacht stolperte ein SS-Sturmführer mit einigen Soldaten, in Stahlhelm und bewaffnet, in den Luftschutzkeller. Das war für beide Seiten eine verblüffende Begegnung. Die Kriegsgefangenen blickten mißtrauisch auf die behelmten und bewaffneten Soldaten, und diese wiederum waren überrascht, hier im Luftschutzraum eines deutschen Reservelazaretts alliierte Kriegsgefangene anzutreffen.

Beiden blieb nichts anderes übrig, als sich miteinander einzurichten und gemeinsam auf den Morgen und den Rollentausch zu warten, den er bringen würde – den Kriegsgefangenen die ersehnte Freiheit und den SS-Männern die gefürchtete Gefangenschaft. Kurz nach 4.00 Uhr hieß es plötzlich: »Sie sind da!« Ich stürmte hinaus, den willkommenen Befreiern entgegen – und schon war ich von zwei GI's umstellt und gefangengenommen. Die britischen Kriegsgefangenen, die mir nachkamen, hatten alle Mühe, mich wieder frei zu bekommen. Mit den amerikanischen Soldaten zogen wir dann hinüber in das Lager. Aber dort fand keine offizielle Übergabe statt, wie ich es mir vorgestellt hatte, sondern der Krieg war einfach zu Ende. Ich zog die Uniform aus und meinen Zivilanzug an, legte, die rückdatierte kirchenamtliche Dienstbescheinigung längst in der Tasche, die Armbinde mit dem roten Kreuz und dem lila Streifen an und begann meinen Dienst als Lazarettpfarrer.

Als es Abend war, der Abend des ersten Tages in der Freiheit, ging ich noch einmal zur Lagerbaracke hinunter. Dort traf ich den einstigen Vertrauensmann, allein auf einem Treppchen sitzend. Ich hockte mich zu ihm, und wir rauchten zusammen eine Zigarette. So also sah die Freiheit aus, die wir miteinander ersehnt hatten. Unwillkürlich mußte ich an das Gespräch mit meinem Wiener Kameraden am Anfang meiner Soldatenzeit zurückdenken. Jetzt war der Augenblick da, auf den ich vier Jahre, genaugenommen sogar über zwölf, gewartet und den zu erleben ich manches Mal schon nicht mehr gehofft hatte. »That's freedom«, sagte der ehemalige Kriegsgefangene neben mir. Es klang traurig, beinahe enttäuscht – die Melancholie der Erfüllung.

Wenige Tage darauf, an Christi Himmelfahrt, hatte ich auf der Krankensammelstelle einen Gottesdienst zu halten. Als Predigttext wählte ich das Triumphlied über den Sturz des Königs zu Babel aus Jesaja 14. Darin heißt es:

»Wie bist du vom Himmel gefallen,
du schöner Morgenstern!
Wie wurdest du zu Boden geschlagen,
der du alle Völker niederschlugst!
Du aber gedachtest in deinem Herzen:
›Ich will in den Himmel steigen
und meinen Thron über die Sterne Gottes erhöhen...
Ich will auffahren über die hohen Wolken
und gleich sein dem Allerhöchsten.‹
Ja, hinunter zu den Toten fuhrest du,
zur tiefsten Grube! ...
Ist das der Mann, der die Welt zittern
und die Königreiche beben machte,
der den Erdkreis zur Wüste machte
und seine Städte zerstörte
und seine Gefangenen nicht nach Hause entließ? ...
Du aber bist hingeworfen ohne Grab
wie ein verachteter Zweig,
bedeckt von Erschlagenen, die mit dem Schwert
erstochen sind
wie eine zertretene Leiche ...
Denn du hast dein Land verderbt
und dein Volk erschlagen ...
Richtet die Schlachtbank zu für seine Söhne
um der Missetat ihres Vaters willen,
daß sie nicht wieder hochkommen und die Welt
erobern und den Erdkreis voll Trümmer machen.«

Der Eindruck dieses Liedes auf die Zuhörer war so stark, daß ich den Gottesdienst gleich nach seiner Verlesung ohne Predigt hätte beschließen können. Hinterher gab es eine heftige Diskussion, fast ein Getümmel – so schroff stießen Empörung und Ergriffenheit aufeinander. Viele hatten gar nicht begriffen, daß sie einen zweieinhalb Jahrtausende alten Text gehört hatten, der von einem altorientalischen Großkönig handelt; sie meinten, es sei ein zeitgenössisches Hohnlied auf Adolf Hitler gewesen, und hatten sich deshalb so aufgeregt.

Ursache und Grund also zu Freude und Dank, aber kein Anlaß zum Triumph – denn ich habe die zwölf Jahre überlebt, weil ich weggesehen und geschwiegen hatte. In der Kirche hatte ich gregorianisch gesungen, auf der Straße aber für Juden und Kommunisten, Zigeuner und Zeugen Jehovas nicht laut geschrien. Sollte mein Überleben Sinn haben, galt es die Schuld abzutragen. Nicht noch einmal sollte es heißen, daß ich geschwiegen habe, wo ich hätte reden müssen. Darum war mein theologisches Erwachsenwerden nach dem Kriege mit einem politischen Erwachen verbunden. Gleich vielen anderen Christen erschien mir die Stunde des nationalen Unheils als eine Stunde des göttlichen Heils, und wir sprachen vom »Nullpunkt der Gnade« – aber war es dies wirklich?

Christian Graf von Krockow

Der 8. Mai 1945 gilt als historisches Datum; er markiert das Ende des Zweiten Weltkriegs und des »Dritten Reiches«. Zusammenbruch oder Befreiung? Am nächsten Tag erschien der letzte Wehrmachtsbericht, an dessen Ende es heißt: »Die Toten verpflichten zu bedingungsloser Treue, zu Gehorsam und Disziplin gegenüber dem aus zahllosen Wunden blutenden Vaterland.«

Aber das entdeckt man nachträglich in einer Dokumentation. Wer hat damals den Text überhaupt im Rundfunk gehört oder in einer Zeitung gelesen? Und auf wen unter den Deutschen hat das historische Datum einen unauslöschlichen Eindruck gemacht? Auf mich jedenfalls nicht. In den Tagebuchnotizen, die ich in ein winziges Heft kritzelte, kommt der Tag gar nicht vor.

Ich befand mich als siebzehnjähriger Soldat in Dänemark; dorthin waren wir zur Neuaufstellung verlegt worden, nachdem unsere Einheit im Kampf gegen die Rote Armee beinahe aufgerieben worden war. Ende April hatte es noch einmal Aufregung gegeben. Am 26. 4. wurden wir alarmiert, um – wie es hieß – in den Endkampf um Berlin geworfen zu werden. Am nächsten Tag erfolgte das Verladen in einen Zug, allerdings »keine Abfahrt, da wieder mal Strecke gesprengt«. Nach langem Warten wurden wir wieder ausgeladen und marschierten zurück in die Kaserne. Dank sei also den Sprengmeistern der dänischen Widerstandsbewegung, daß sie uns am Leben und in dem Land bleiben ließ, in dem es Milch und wenn schon nicht Honig, dann doch Butter noch fast wie in Friedenszeiten gab. Schließlich am 5. Mai sagt das Tagebuch mit deutlicher Erleichterung: »Es ist soweit! Waffenstillstand gegen die Engländer in Holland, Dänemark, Norddeutschland!«

Es begann dann unser Ausmarsch aus Dänemark, nach wie vor unter straffem deutschen Kommando in unseren militärischen Einheiten und noch immer unter Waffen. Dabei ging es nur langsam voran; erst am 29. Mai überschritten wir bei Flensburg die Grenze, erst zwei Tage später legten wir die Waffen nieder und sahen uns in ein Kriegsgefangenenlager ohne Stacheldraht eingewiesen, zu dem ein großes Gebiet im Nordwesten Schleswig-Holsteins erklärt worden war. Anfang Juli folgte die Entlassung – als »Landarbeiter«, wie mein Entlassungsschein vermerkt. Denn die Ernte stand bevor, und französische Kriegsgefangene oder polnische Zwangsarbeiter gab es nicht mehr, um sie einzubringen. Für den 6. Juli lese ich in meinen Notizen: »Abtransport nach Eckernförde, und endlich sind wir frei vom Kommiß … 20.00 Ankunft in Booknis. Vorläufig ist es geschafft. Jetzt beginnt ein neuer Lebensabschnitt.« Dies also war für mich das entscheidende Datum, der Tag *meiner* Befreiung.

Ja, Befreiung: Der Zusatz »vom Kommiß« besagt viel mehr, als das Wort vermuten läßt; er meint die ungeheure, undurchschaubare Kriegsmaschine, die, längst außer Kontrolle geraten, bloß noch aufs Vernichten und auf die Selbstvernichtung zielte. Der einzelne war ihr kaum entrinnbar ausgeliefert; wer sich widersetzte oder sich zu entziehen versuchte, den traf der Tod mit desto größerer Gewißheit. Jeder wußte von Erschießungen, jeder kannte die Bilder der an Straßenbäumen Gehenkten. Noch kurz vor der Kapitulation waren wir selbst zur Jagd auf Deserteure aufgeboten worden, jedoch ohne Ergebnis. Auch sie hat wohl der dänische Widerstand gerettet. Um es nicht zu vergessen: Sogar noch nach dem 8. Mai wurden Todesurteile ausgesprochen und vollstreckt.

Eine Anmerkung ist hier allerdings nötig. Auf meinem morschen Entlassungsschein erkenne ich mit Erstaunen, daß ich mich nicht nur zivil beim Amt des Bürgermeisters, sondern auch militärisch anmelden mußte. Die zivile Anmeldung erfolgte am 9., die militärische, offenbar nach einigem

Zögern, am 21. Juli beim zuständigen – wohlgemerkt deutschen – »Stadtortoffizier Kappeln«, abgezeichnet von einem Oberfeldwebel und ordnungsgemäß mit dem alten Dienststempel versehen, aus dem einzig das Hakenkreuz herausgeschnitten worden war.

Wie soll man den Sachverhalt erklären, zweieinhalb Monate nach der bedingungslosen Kapitulation? Haben womöglich britische Generale oder Staatsmänner wie Churchill mit einem Krieg gegen die Sowjetunion gerechnet und die Registrierung der entlassenen Soldaten veranlaßt, um sie, wenn nötig, wieder einziehen zu können? Ich kannte die Antwort nicht. Allerdings liefen viele Gerüchte um, etwa darüber, daß die Waffen der Wehrmacht sorgfältig eingesammelt würden. Bis heute habe ich keinen Forschungsbericht gefunden, der dieses Zwielicht über der frühen Nachkriegszeit erhellt. Eine praktische Folge hatte meine Anmeldung gottlob nicht. Bald war sie vergessen, und bald sind wohl auch die militärischen Dienststellen aufgelöst worden.

Zurück zur Befreiung: Die Kriegsmaschine war gekennzeichnet gewesen durch Willkür und Gewalt. Jetzt aber keimte etwas Neues, eine Hoffnung darauf, daß es ein Recht des einzelnen gab, über sich selbst zu bestimmen. Gewiß, die Militärregierung traf Anordnungen nach ihrem Gutdünken, und sie beschlagnahmte zum Beispiel Häuser für den eigenen Bedarf, natürlich die besten. Doch die Erwartung war groß und allgemein, daß die Briten nicht nur für Ordnung, sondern auch für das Recht sorgen würden; noch die Empörung über unverständliche Maßnahmen spiegelte diese Erwartung. Insgesamt ist sie erfüllt worden.

Befreiung meinte also die Zweieinigkeit von Recht und Freiheit. Erst später habe ich von der großen Proklamation der amerikanischen Unabhängigkeitserklärung erfahren, die unserer Schulbildung vorenthalten worden war, vom unveräußerlichen Grundrecht des Menschen auf Leben, Freiheit und das Streben nach Glück. Was wir kannten, war einzig die preußisch-friderizianische Gegenparole: »Es ist nicht nötig, daß ich lebe, wohl aber, daß ich meine Pflicht tue.« Eine der zeitgemäßen Abwandlungen hieß dann: »Du bist nichts, dein Volk ist alles.« Doch sogar das hatte man uns verschwiegen, daß zu den preußischen Leistungen die Entwicklung eines Rechtsstaates von Rang gehörte, der sich vom Führerstaat mit seiner Einforderung eines *bedingungslosen* Gehorsams grundlegend unterschied.

Meine Notiz vom 6. Juli 1945 redet nicht über die schlimme Enttäuschung, die mit der Ankunft in Booknis, einem kleinen Gut an der Ostseeküste, verbunden war. Ich hatte mich dorthin gemeldet, weil eine Freundin meiner Schwester den Sohn des Besitzers geheiratet hatte. Ich hoffte, hier meine Familie vorzufinden – vergeblich. Der schnelle Vormarsch der Roten Armee hatte ihren Treck überrollt; erst 1946 sah ich meine Mutter und Schwester, erst 1947 meinen Stiefvater wieder.

Ich stand also ganz allein da, mit nichts als meiner verschlissenen Uniform am Leibe, fürs Zivilleben mit so bizarr unbrauchbaren Dingen wie Kragenbinde, Feldflasche, Brotbeutel und Kochgeschirr gerüstet, dazu noch mit Reitstiefeln und Sporen, weil ich aus einer Kavallerieeinheit entlassen wurde. Immerhin teilte ich meine Mittellosigkeit mit Millionen von Menschen. In Schleswig-Holstein, der letzten zu Lande und über die Ostsee noch offenen Zuflucht, gehörte beinahe jeder zweite zu den Flüchtlingen aus dem Osten. Zwischen ihnen und den Einheimischen entwickelten sich rasch harte Gegensätze. Es gab Ausnahmen, leuchtende Beispiele; ich erinnere mich an eine alte Gutsherrin, die Gräfin Reventlow auf Damp, die in ihrem Hause neunzig Flüchtlinge beherbergte und alle behandelte, als seien sie ihre Kinder. Aber die Regel war das nicht. Unter den Flüchtlingen liefen bald bittere Sprüche um, Verse wie diese:

»Der Kopf aus Holz, das Herz aus Stein –
daher der Name Hol-stein.«

Aber was zählte das alles, was bedeutete es für mich? »Und

die Sonne war aufgegangen, da Lot nach Zoar kam«, las ich in einer geliehenen Bibel. »Da ließ der Herr Schwefel und Feuer regnen von dem Herrn vom Himmel herab auf Sodom und Gomorra und kehrte die Städte um und die ganze Gegend und alle Einwohner der Städte und was auf dem Lande gewachsen war. – Und sein Weib sah hinter sich und ward zur Salzsäule.« Ja, darauf kam es jetzt an, nicht zurückzuschauen und den verlorenen Besitz zu beklagen, sondern nach vorne zu blicken. Ich war jung, und ich hatte überlebt.

Übrigens besaß ich noch etwas, das zählte: ein Postsparbuch, in das der stolze Betrag von 832 Reichsmark eingetragen war. Zwar taugte das Geld nicht mehr, um ohne die viel wichtigeren Lebensmittelmarken Brot zu kaufen – und schon gar nicht taugte es, um Schuhe zu bekommen. Aber Gebühren ließen sich bezahlen. So hat mir das Postsparbuch 1946 zum Nachholen des Abiturs und 1947 zum Beginn des Studiums geholfen. In wirkliche Schwierigkeiten geriet ich erst 1948, als alles anders und besser wurde, mit der Stunde der Währungsreform.

Doch was wußte ich davon am Tag meiner Befreiung, am 6. Juli 1945? Was damals wirklich wog, sagt meine Tagesnotiz in ihrem letzten Satz: »Nun beginnt ein neuer Lebensabschnitt.«

Albert Mangelsdorff

Sarkowicz: Herr Mangelsdorff, Sie stammen aus einer Familie, die nicht mit den Nationalsozialisten sympathisierte. Hat Sie die politische Einstellung Ihres Vaters geprägt?

Mangelsdorff: Das könnte man so sagen, denn von Anfang an waren meine Eltern gegen die Nazis, mein Vater besonders, der Buchbinder und ehemaliger Sozialdemokrat war, und bei uns zu Hause wurde auch aus dieser Einstellung kein Hehl gemacht. Obwohl man natürlich wußte – und wir dies auch gesagt bekamen –, daß man sich nach außen hin bedeckt halten sollte.

S.: Sie hatten ja eine ganz besondere Form der Opposition gegen den nationalsozialistischen Zwangsstaat, der sogar bestimmte Musikformen verboten hat. Sie hörten nämlich die amerikanischen Jazzer. Wo bekamen Sie denn diese Platten her?

M.: Das geht alles eher auf meinen Bruder zurück. Er ist drei Jahre älter als ich und fing etwa 1941 an, sich für Jazz zu interessieren. Er hatte schnell Kontakt zu Leuten in Frankfurt, die sich auch mit dieser Musik beschäftigten, vor allem mit Horst Lippmann, der dann auch später, noch während des Krieges, den Hot-Club in Frankfurt gründete. Mein Bruder führte mich dort ein, obwohl ich damals gerade erst 13 Jahre alt war.

S.: Und wo bekamen Sie die Platten her?

M.: Horst Lippmann war auch da der aktivste von allen. Er hatte Verbindungen zu Leuten, die in den besetzten Gebieten, wie zum Beispiel Frankreich, Belgien usw., Platten auftrieben. Es gab auch eine Verbindung in die Schweiz.

S.: Es wurde richtiggehend geschmuggelt?

M.: Es wurde geschmuggelt, und es wurde sehr konspirativ gehandhabt. Außerdem hörten wir noch viel Jazz über die sog. »Feindsender«, natürlich auch deren Nachrichten – und das war sehr gefährlich, weil wir laufend bespitzelt wurden.

S.: Wie gefährlich war es denn, diesen, wie es damals offiziell hieß, Negerjazz zu hören?

M.: Man mußte natürlich aufpassen. Mein Bruder z.B. spielte in einem Lokal in Frankfurt mit anderen Musikern. Es war dann so, daß solche Titel immer mit deutschen Namen angesagt wurden. Und es gab Leute, die aufpaßten, wenn z.B. der sogenannte Streifendienst kam. Das war eine HJ-Organisation, die nach Jugendlichen Ausschau hielt, die noch nicht das Alter hatten, um in Lokalen nachts verkehren zu dürfen. Der Leiter dieses Streifendienstes war der HJ-Mann Baldauf. Aber auch die Gestapo vermutete bei den Jazz-Musikern politischen Widerstand, und das zu Recht. Sie haben die Jazz-Leute immer wieder zu Vernehmungen geholt. Meinen Bruder z.B. einmal zwei Wochen lang, und wir wußten nicht, wo er war.

S.: Sie selbst, das habe ich in einem Artikel gelesen, sollen politisch-pazifistische Lieder geschrieben haben. Konnte man die denn damals vortragen?

M.: Da wir in einem Vorort von Frankfurt, in Praunheim, wohnten, riß die Verbindung zu den Jazz-Leuten immer mehr ab, vor allem als auch die Straßenbahn-Verbindungen immer schlechter wurden, die oft ganz ausfielen. Ich habe mich dann mit ein paar Leuten zusammengetan, die nicht unbedingt jazzorientiert waren, aber doch eine große Sympathie dafür hatten. Es waren Leute dabei, die Gitarre spielten. Ich bekam dann selbst eine Gitarre und lernte zu spielen. Einer dieser Gruppe, Heinz Steinbrenner, der später ein sehr bekannter Bildhauer wurde, schrieb Texte, die zum Teil, aber unterschwellig, diesen Inhalt hatten, und ich komponierte dazu die Musik. Diese Lieder haben wir dann im eigenen Kreis, aber auch im Taunus gespielt. Denn um sich dem Hitlerjugenddienst zu entziehen, zogen viele junge Leute in den Taunus, und zwar an Wochenenden, speziell am

Sonntagvormittag, wo ja obligatorisch HJ-Dienst war. Das waren wirklich Hunderte, die da aus den Zügen stiegen – in Kronberg z. B. – und sich dann im Taunus verteilten. Mit diesen Leuten und auch in den Lokalen, wo man sich immer wieder traf, haben wir dann diese Lieder gesungen.

S.: Sie waren damals aber noch nicht hauptberuflich als Musiker tätig, sondern Sie wollten eigentlich am Konservatorium studieren.

M.: Ja, ich war von meinem Onkel am Konservatorium angemeldet worden. Er war Konzertmeister in Pforzheim. Ich hatte etwas über ein Jahr bei ihm gelebt und von ihm Geigenunterricht erhalten. Aber gerade als ich den ersten Unterricht haben sollte, wurde das Konservatorium geschlossen, und alle Mitglieder mußten in die Rüstungsindustrie. Ich bekam dann eine Tätigkeit in einer Werkzeugfirma, Gott sei Dank, in meinem Vorort, wo ich bis in den Januar 1945 arbeitete, bis dieser Betrieb zerbombt wurde. Das war natürlich ganz gut für mich, wenn das auch sehr makaber klingt, aber von da an habe ich nicht mehr arbeiten müssen und konnte mich wieder ein bißchen mehr der Musik widmen.

S.: Sie wurden also nicht mehr zu dem sogenannten »Volkssturm« eingezogen?

M.: Nun ja, nicht zum »Volkssturm«, aber: in den letzten Märzwochen, die Amerikaner standen schon bei Mainz, man hörte schon das Artilleriefeuer – da wurden sämtliche Jugendliche, etwa in meinem Alter, zwischen 15 und 17 Jahren, zusammengefaßt und an den Südbahnhof in Sachsenhausen gebracht. Von dort sollte dann der Abtransport aus Frankfurt stattfinden. Mit ein paar Freunden aus der Nachbarschaft, Leute mit denen ich sowieso immer Kontakt hatte, die also auch die gleiche Einstellung den Nazis gegenüber hatten, setzte ich mich, als wir auf den Zug und die Verladung warteten, heimlich ab. Es war schon dunkel. Wir trafen uns dann wieder und sind die Nacht über in den Taunus gewandert, was gar nicht so einfach war, denn die

Brücken über den Main waren alle schon zur Sprengung vorbereitet. Auf beiden Seiten der Brücken patrouillierten Soldaten, und wir mußten den richtigen Zeitpunkt abwarten, um auf die Brücke zu kommen und am Rand entlang im Schatten auf die andere Seite zu gelangen. Dort mußten wir wiederum ziemlich lange warten, bis die Gelegenheit günstig und der Wachtposten weit genug weg war, um wieder von der Brücke herunterzukommen. Wir sind bis etwa in die Kronberger oder eher Ober-Höchststädter Gegend gewandert. Aber auch das nicht ohne Zwischenfälle, z. B. auf der Höhe von Rödelheim wurden wir auf freiem Felde von einer Gruppe SA-Leuten in Uniform angehalten, die uns fragten, wohin wir denn wollten. Wir hatten Rucksäcke auf mit Verpflegung und Decken, das war so angeordnet worden, daß wir das alles mitzubringen hätten. Als sie uns also fragten, wohin wir denn wollten, sagten wir, wir seien unterwegs zum Südbahnhof, wo wir Verladen werden sollten. Das glaubten die im ersten Moment auch, nur als wir dann in eine ganz andere Richtung davongingen, riefen sie uns nach. Wir mußten um unser Leben rennen, denn sie schossen auf uns. Wir sind in eine Ziegelei rein und auf der anderen Seite wieder raus und hatten sie damit abgehängt. Wir kamen ziemlich spät gegen Morgen an und warteten da erst mal ein paar Tage, ehe wir wieder nach Frankfurt in unsere Wohnungen zurückgingen. Das dauerte, denn Frankfurt war zu diesem Zeitpunkt noch nicht von den Amerikanern besetzt, und wir konnten uns natürlich nirgendwo sehen lassen. Deshalb hielten wir uns versteckt im Hause. Ich werde jene Nacht nie vergessen, als ich zurück in unsere Wohnung gekommen war und ich mich aufs Bett gelegt hatte. Meine Eltern lebten damals praktisch nur noch im Luftschutzbunker, der etwa fünf Minuten von unserer Wohnung entfernt war. Meine Mutter kam in dieser Nacht nach Hause, um irgend etwas zu holen, tastete im Dunkeln herum, ergriff plötzlich ein Bein von mir und stieß einen fürchterlichen Schrei aus. Wir mußten uns noch einige Tage versteckt halten, bis die Amerikaner dann endlich Frankfurt übernommen hatten. Bei jedem Luftangriff konnte ich natürlich nicht in den Bunker gehen, sondern ging nur einfach in den Keller unter dem Haus, was nicht sonderlich sicher war, denn das waren diese leichten Wohnblocks der Ernst-May-Siedlung. Ich erinnere mich auch noch daran, daß Leute weiße Fahnen aus den Fenstern gehängt hatten, und da kam nochmals eine Gruppe von SS-Leuten, die in die Fenster schoß, da wo diese weißen Fahnen hingen. Glücklicherweise waren dann die Amerikaner da, und das war eigentlich ganz unspektakulär. Plötzlich stand auf der Straße an einer Ecke ein Jeep mit ein paar Amerikanern und, na gut, neugierig ist man hingegangen, und die waren auch ausgesprochen freundlich. Es kam dann so, daß man immer mehr Amerikaner gesehen hat und danach wurde auch in der Nachbarschaft ein ziemlich großes Wohngebiet geräumt, das die amerikanischen Truppen übernahmen. Was unseren eigenen Bereich, also die Straße, in der ich wohnte, anbelangte, da gab es sehr schnell Kontakte der amerikanischen Soldaten zu den Deutschen, obwohl die Amerikaner ja ein Fraternisierungsverbot hatten. Trotzdem schlossen viele Amerikaner Freundschaft mit deutschen Familien. Und mich, der ich Gitarre spielen und ziemlich viele amerikanische Lieder kannte, holte man zu Partys, zu denen die Amerikaner Getränke und Essen mitbrachten. Das war eigentlich eine ganz lustige Zeit. Es dauerte noch einige Wochen, bis der Krieg endgültig zu Ende war. Der 8. Mai war wirklich eine große Erleichterung, weil man immer noch nicht sicher gewußt hatte, wie das Ganze ausgehen würde, obwohl die Amerikaner bzw. die Russen fast ganz Deutschland besetzt hatten. Aber da war noch immer dieses Damoklesschwert der sogenannten Wunderwaffen, die die Nazis ja immer beschworen hatten. Man war wirklich heilfroh, als das Ganze schließlich vorbei war, ohne daß da noch irgend etwas passiert war.

S.: Was empfanden Sie denn, als Sie die amerikanischen Jeeps sahen? War das Freude? War es vielleicht auch ein bißchen Skepsis, was weiter passieren würde?

M.: Nein, das war wirkliche Freude, wir fühlten uns nun ehrlich und endlich befreit.

S.: Wie dachten Sie denn, daß es weitergehen würde in Deutschland?

M.: Da war natürlich eine große Null. Man wußte eigentlich überhaupt nicht, wie es weitergehen würde. Andererseits dachte man natürlich, daß nun die Nazis vom Fenster weg wären, und erstaunt war man dann, daß nach einiger Zeit ja doch wieder ein paar von denen, die man aus der Nachbarschaft kannte und die sich anderen gegenüber auch nicht immer gerade gut benommen hatten, Oberwasser bekamen, indem sie z. B. Schwarzhandel trieben. Man hatte halt gedacht, daß der Spuk nun endgültig vorbei wäre und daß die Leute nie mehr ein Bein auf die Erde bekämen. Es war natürlich nicht so.

Rosemarie Reichwein

Sarkowicz: Wie waren Sie nach Kreisau zu Frau von Moltke gekommen und warum?

Reichwein: Wir wurden im August 1943 in Berlin total ausgebombt, und Moltkes boten uns die Mansardenwohnung im Schloß Kreisau an. Wir hatten Kreisau auch deshalb gewählt, weil es von dort eine gute Zugverbindung nach Berlin gab. So konnte mein Mann an den Wochenenden zu uns kommen. Als er dann im Gefängnis saß, fuhr ich während der Wochentage nach Berlin. Insgesamt wohnte ich mit den vier Kindern von Oktober 1943 bis Oktober 1945 in Kreisau.

S.: Wie lebten Sie in Kreisau? In der Furcht vor Sippenhaft?

R.: Wir fühlten uns dort zunächst einmal sicher vor den Bomben, aber fürchteten auch keine Verhaftung.

S.: Wer hat Ihnen geholfen? Auf wessen Unterstützung durften Sie hoffen, nachdem die Nazis Ihren Mann 1944 in Plötzensee hingerichtet hatten?

R.: Es unterstützten uns die Freunde meines Mannes, zu denen vor allem Moltkes zählten; wir bekamen Pakete aus Westdeutschland und später auch von den Freunden gesammelte finanzielle Unterstützung. Dazu rechneten drei Patenonkel meiner Kinder: Harro Siegel, Albert Krebs und Hannes Bohnenkamp. Sie haben mich auch beraten.

S.: Wie erfuhren Sie, daß sowjetische Soldaten nach Kreisau kommen werden, daß für Sie damit der Krieg zu Ende sein würde?

R.: Wir hörten die Front näherrücken (vom Zobten her). Wir hatten eine deutsche Verpflegungstruppe in den Küchenräumen im Untergeschoß des Schlosses. Als diese abzog, entschlossen wir uns zum Treck in Richtung Riesengebirge.

Auf dem Gut half uns ein russisches Mädchen, das wir von Berlin mitgebracht hatten und das sich gegen Kriegsende in einen Soldaten bei den Truppen des Generals Wlassow verliebt hatte. Soldaten der Wlassow-Armee arbeiteten auf dem Gut. Als wir Ostern 1945 ins Riesengebirge treckten, konnten wir sie in keiner Weise davon überzeugen mitzukommen; wir wußten, was die Russen mit ihr und ihrem Freund anstellen würden, denn in den Augen der Russen waren die Wlassow-Leute natürlich Kollaborateure. Sie hat uns auf russisch ein Schreiben mitgegeben, in dem sie sich dafür verbürgte, daß wir zum Widerstand gegen Hitler gehört hatten und daß unsere Männer dabei umgekommen waren. Dieser Zettel war für uns später ein wichtiger Schutz vor allem gegenüber den Tschechen. Von dem Mädchen haben wir nie mehr etwas gehört. Wir lebten dann zwischen Ostern und Pfingsten 1945 in einer leerstehenden Bande bei Pommerndorf (oberhalb Ober-Hohenelbe) und erfuhren dort am 8. Mai das Kriegsende. Wir treckten dann wieder zurück nach Kreisau.

S.: Mit welchen Gefühlen empfingen Sie die sowjetischen Soldaten? Ihr Mann war ja von einem umgedrehten Kommunisten verraten worden.

R.: In Kreisau hatten die Russen im Schloß eine Kommandantur eingerichtet und auch die Verpflegung ihrer Truppe. Dort wurde auf sie aufgepaßt, trotzdem fürchteten wir Frauen ihre Verfolgung und trugen immer unser Jüngstes auf dem Arm, wenn wir ausgingen, denn Frauen mit Kleinstkindern ließen sie in Ruhe. Ich wohnte seit dieser Zeit im seitab liegenden Berghaus, das das Wohnhaus der jungen Familie von Moltke war und groß genug, uns mitaufzunehmen. Später, ab 1. Juli 1945, wurde das Gebiet bis zur Görlitzer Neisse von Polen besetzt, und als diese im Berghaus einmal plündern wollten, holten wir die Russen zum Schutz herbei.

Dieses russische Militär hatte ja mit den deutschen Kommunisten, worunter der eine meinen Mann und Julius Leber an die Nazis verraten hatte, nichts zu tun. Am Ende des Krieges sollen die Russen in Berlin diesen Mann zum Tode verurteilt und erschossen haben, weil er auch zwei deutsch-kommunistische KZ-Kameraden, Saefkow und Jakob, die zum ZK der illegalen KPD gehörten, nach dem Treffen mit den beiden Sozialdemokraten verraten hatte.

S.: Wie haben Ihre Kinder reagiert? Was haben sie von der »Befreiung«, vom Ende der Diktatur, von den Sowjets bemerkt?

R.: Die Kinder blieben zunächst ganz unbefangen, weil ich ihnen von den Hintergründen nichts erzählte; sie waren ja in der Schule mit Nazi-Kindern zusammen. Die zwei kleinsten konnten davon noch nichts verstehen. Sie haben nur ihren Vater sehr vermißt. Von der »Befreiung« haben die zwei älteren noch nichts gewußt, auch nichts von Diktatur, und die russischen Soldaten sind ihnen freundlich begegnet.

S.: Warum sind Sie schließlich aus Kreisau weggegangen bzw. geflohen?

R.: Ich bin im Herbst 1945 mit den vier Kindern im Flüchtlingsstrom der Deutschen, die von den Polen ausgewiesen wurden, wieder nach Berlin gezogen, weil ich keine Möglichkeit sah, dort den Winter zu überleben. Auch die Gräfin von Moltke verließ kurz danach mit ihren zwei kleinen Söhnen Kreisau. Sie wurde von der englischen Gesandtschaft in Warschau mit dem Auto nach Berlin gefahren. Dort sahen wir uns wieder.

S.: Wie haben Sie sich zu diesem Zeitpunkt Ihre Zukunft vorgestellt?

R.: Ich hatte zunächst keine »Zukunftsvorstellungen«, ich mußte nur ans Überleben und Durchkommen denken und freute mich, von schwedischen Freunden gleich ein Einreise-Visum zu bekommen; hatte dann aber große Schwierigkeiten, von den Besatzungsarmeen eine Ausreiseerlaubnis zu erhalten, bis die amerikanische Besatzung endlich verstand, daß wir nicht zu den allgemein Schuldigen gehörten, sondern der Vater dieser vier Kinder im Widerstand gegen Hitler umgebracht worden war.

S.: Hatten Sie als Angehörige von Widerstandskämpfern besondere Vergünstigungen?

R.: Zunächst bekam ich keine besonderen Vergünstigungen. Als ich im Herbst 1945 mit den Kindern wieder nach Berlin kam, nahm ich eine kleine Wohnung und erhielt wie alle hinterbliebenen Witwen mit Kindern eine staatliche Übergangsrente von monatlich DM 210,– (DM 50,– für mich und pro Kind DM 40,–). Davon konnte ich gerade die Miete bezahlen. Das übrige mußte ich durch meine Arbeit als Krankengymnastin (1922-1924 in Schweden ausgebildet) dazuverdienen. Es dauerte zehn Jahre, bis ich die Witwenpension von meinem Mann nachgezahlt bekam und dazu eine Entschädigung für uns fünf wegen »Schaden am Leben«, die dann auch weitergezahlt wurde.

S.: Sie hatten schon im Widerstand keine »Berührungsängste« mit Kommunisten. Konnten Sie sich eine gemeinsame Zukunft mit Kommunisten vorstellen?

R.: Mit den Kommunisten, die dann in der deutschen Ostzone (SBZ) an die Regierung kamen, konnte ich mir keine »gemeinsame Zukunft« vorstellen. Diese Kommunisten unterstanden der Stalinschen Politik, und es wurde wieder diktatorisch regiert. Ich war froh, daß mein Elternhaus und meine Geschwister im amerikanischen Sektor von Berlin waren. Sie nahmen uns dort zunächst auf, bis mein Bruder, der Erbe des Elternhauses, emigrierte und ich dann das Haus mit Hilfe des Geldes, das ich nachgezahlt bekam, übernehmen konnte.

S.: Welche Erwartungen hatten Sie an einen demokratischen Staat?

R.: Ich war froh, daß wir im Berliner Westen keiner Diktatur mehr unterstanden, und war gespannt, was für eine demokratische Regierung wir nun bekommen sollten.

Es war mir klar, daß das nicht gleich nach den Plänen für eine Demokratie, die die Kreisauer entwickelt hatten, geschehen würde.

S.: Glaubten Sie, als der Krieg zu Ende war, daß sich Ihr Mann umsonst geopfert hatte?

R.: Ich war zunächst enttäuscht, als Adenauer an die Regierung kam, daß nur restauriert wurde und kein Kontakt mehr zum Osten gesucht wurde. Am deutlichsten wurde das, als die Remilitarisierung begann und die Währungsreform durchgeführt wurde und sich dadurch die Spannungen zwischen Ost und West verstärkten. Die konservative politische Einstellung war mir zu stark geworden.

Manchmal dachte ich: War dieses Lebensopfer wirklich lohnend?

S.: Haben Sie Kontakt zu den Freunden Ihres Mannes in der DDR gehalten?

R.: Der Kontakt zu den Freunden meines Mannes in Jena und Halle war mir zu wichtig, als daß ich mich hier in der Bundesrepublik für eine Politik gegen die SBZ engagiert hätte. Ich sah an Annedore Leber, die sich öffentlich gegen die Bildung der SED, die die SPD einfach geschluckt hatte, einsetzte und sich damit von Besuchen der SBZ ausschloß, daß ich so nicht handeln wollte.

So konnte ich diese Freunde noch besuchen und die Bindung an mein Häuschen auf Hiddensee, wo ich als Eigentümerin im Grundbuch stand, aufrechterhalten, bis ich als »Westberlinerin« nach 1950 nicht mehr hindurfte. Aber nach 1970, nach den Ost-Verträgen von Brandt und Scheel, konnte ich wieder hinfahren, obwohl ich das Häuschen noch nicht wieder bewohnen durfte.

S.: Haben Sie nach Kriegsende und dem Ende der NS-Diktatur jemals erwogen, selbst in die Politik einzugreifen und damit vielleicht das Erbe Ihres Mannes zu übernehmen?

R.: Ich habe mich zu diesem Schritt nicht fähig gefühlt. Dazu bedurfte es intensiver politischer Kenntnisse. Ich engagierte mich beruflich für die spastisch gelähmten Kinder, was meine ganze Zeit beanspruchte, so daß sogar die eigenen Kinder zu kurz kamen. Seitdem ich nicht mehr beruflich tätig bin, interessiere ich mich mehr für die heutige politische Entwicklung und stelle fest, daß auch die Allgemeinheit heute mehr an der Widerstandsarbeit vor 50-60 Jahren interessiert ist. Ich werde öfter darüber befragt: wie es damals war und wie und warum wir zum Widerstand kamen. Dann bin ich gerne bereit, darauf einzugehen, weil ich es wichtig finde, daß solche Zeiten nicht wiederkommen. Darum bin ich auch zunehmend bereit, politisch und öffentlich Stellung zu nehmen.

Nina Gräfin Schenk von Stauffenberg

Sehr geehrter Herr Sarkowicz,

Mein Schicksal ist in wenigen Worten berichtet!

Nach dem 20. Juli 1944 wurde ich in Lautlingen, im Hause meiner Schwiegermutter, verhaftet. Nach einer Woche im Amtsgerichtsgefängnis Rottweil kam ich nach Berlin, ins Gefängnis Alexanderplatz (mit Wanzen!). Drei Wochen wurde ich verhört, auf anständige Weise. Danach bis Anfang 1945 im »Bunker« des KZ Ravensbrück. Zur Niederkunft meines Babies in ein NS-Frauenentbindungsheim nach Seelasgen bei Frankfurt/Oder. Wegen Annäherung der Russen wurde dieses Heim für Wolhynienflüchtlinge geräumt. Ich kam nach Frankfurt/Oder, wo bei bitterer Kälte gerade alles voller Flüchtlinge war, in eine Privatklinik. Dort wurde ich am 27. Januar 1945 von einer Tochter entbunden. Nach einer Woche wurden die Frankfurter Lazarette und Krankenhäuser geräumt. Ich kam – eher durch Zufall – ins St. Josephs-Krankenhaus nach Potsdam. Ich war krank, und auch meine kleine Tochter – Wundrose und Bronchitis. Durch die Mithilfe des Chefarztes, Dr. Schrank, wurde dort meine Tochter getauft (mit einem heimlichen Bericht an das Bischofsamt über ihren wahren Namen). Ich hatte von der Gestapo aus den Namen »Schank« annehmen müssen. Am selben Tag wurde ich von einem Feldgendarm abgeholt, um zu den übrigen Stauffenbergs zu stoßen, die in Sippenhaft genommen worden waren. Meine Mutter war inzwischen in der Haft, im SS-Straflager Mattkau, an Typhus und Lungenentzündung gestorben. Wir kamen auf großen Umwegen bis Hof. Dort sollten wir uns bei der SS melden, aber niemand wußte, wohin mit uns. An Bäumen hingen »Fahnenflüchtige« vom »fliegenden Standgericht«. Wir wurden weitergeschickt und trampten mit freundlichen Menschen ins nächste Dorf, Trogen. Das war zwei Tage vor dem Einmarsch der Amerikaner. Ich gab meinem Feldgendarm ein Zeugnis über seine Pflichterfüllung und blieb dort. Gott hatte mich fast in meine Heimat zurückgeführt! Nahe von benachbarten Freunden und Verwandten. Zu denen nahm ich baldmöglichst Kontakt auf. Von meinen Kindern hatte ich fünf Monate keine Nachricht erhalten. Erst meine Schwägerin, die Fliegerin Gräfin Melitta Stauffenberg, konnte sie zu Weihnachten 1944 besuchen und darüber schreiben. Sie durfte mich in Potsdam besuchen und hielt Kontakt mit dem Kinderheim in Bad Sachsa, in das meine Kinder unter falschem Namen von der Gestapo eingeliefert worden waren. Meine Schwägerin wurde dann mit ihrem Flugzeug abgeschossen.

Ich fand dann im Juni 1945, meine Kinder in Lautlingen wieder, zugleich mit unserer Kinderpflegerin, die nur darauf wartete, zurückzukommen.

Mit freundlichen Grüßen
Nina Gräfin Schenk von Stauffenberg

Sehr geehrte Gräfin Stauffenberg,

Sie erzählen sehr lakonisch von dem Ungeheuerlichen, das Sie am Kriegsende erlebt haben, und Sie sind so bescheiden, es in wenigen Sätzen zusammenzufassen. Darf ich Sie deshalb noch um die Beantwortung einiger Fragen bitten?

Wie und von wem haben Sie von der Kapitulation erfahren? Haben Sie Ihre Befreiung als einen Tag wahrgenommen, oder gab es für Sie Tage und Stunden nicht mehr? Was haben Sie außer Erleichterung, nicht mehr bewacht zu werden, noch empfunden? Spürten Sie als Gräfin Stauffenberg weiterhin die Sippenhaft oder wurde jetzt anders mit Ihnen umgegangen? Wie haben Sie an diesem Tag geglaubt, Ihre Kinder wiederfinden zu können? Was haben Sie unternommen? Hatten Sie noch Illusionen? Haben Sie an diesem Tag gefühlt, daß sich Ihr Mann nicht umsonst geopfert hatte, daß das Leid Ihrer Freunde nicht ohne Sinn gewesen war?

Ich danke Ihnen im voraus für Ihre Mühe und verbleibe

mit freundlichen Grüßen
Hans Sarkowicz

Sehr geehrter Herr Sarkowicz,

es ist immer wieder dasselbe: Kaum gibt man jemandem eine Antwort, kommen gleich wieder Fragen hinterher!

Ich kann sie nur unvollkommen beantworten, denn die ganze Zeit damals war so durcheinander, daß ich sie heute nicht mehr auseinanderhalten kann. Das sich auflösende Heer, plündernde Polen, die aus einem Lager ausgebrochen waren, plündernde Deutsche, die ein Arbeitsdienstlager ausräumten, Hitlerjugend, die als »Werwölfe« auftraten, schließlich unendliche Flüchtlingsströme aus dem Sudetenland.

Ich war froh, anonym bei kleinen Leuten untergekommen zu sein. Ich war »Frau Schank«, aber ohne Ausweis. Ich konnte mich nur mit meinem Führerschein und einer Fischereikarte ausweisen, die man mir merkwürdigerweise nie abgenommen hatte.

Und dann Mitte April – kamen die Amerikaner, und damit war für mich der Krieg zu Ende! Auch mit ihnen gab es Probleme – ich konnte mir jedoch mit Englisch helfen.

Nach acht bis zehn Tagen zog ich zu Freunden in der Nähe. Dort weihten wir den Bürgermeister in meine Identität ein. Der neue Landrat von Hof, soeben aus einem KZ befreit, besuchte mich und bot mir jede Hilfe an. Er fuhr mich auch zu verschiedenen, in der Nähe wohnenden Verwandten, um über sie Kontakte zu der übrigen Familie zu bekommen, von deren Verbleib ich nichts wußte.

Da die letzte Nachricht über die Kinder von meiner Schwägerin lautete, die Kinder seien aus dem Kinderheim fort (was sich als Irrtum herausstellte), nahm ich an, daß sie nach Buchenwald gebracht worden wären und bei der übrigen Familie seien.

Bei einem zweiten Verwandtenbesuch erfuhr ich, daß Melitta abgeschossen worden war und die Kinder nie angekommen waren. Zuvor hatten zurückgekehrte Buchenwaldhäftlinge von Kindern dort berichtet, und so fuhr ich mit einem Amerikaner dorthin, konnte aber nichts erfahren. Meine Kinder hatten tatsächlich nach Buchenwald gebracht werden sollen. Auf ihrem Weg zum Bahnhof Nordhausen wurde dieser durch einen Bombenangriff zerstört. Und so wurden die Kinder wieder zurück nach Bad Sachsa gebracht. Bevor ich weiteres unternehmen konnte, fanden meine Kinder, die inzwischen nach Lautlingen zurückgekehrt waren, mich!! Eines Tages fuhr ein Auto vor, und da saß eine Bekannte meiner Tante drin – mit meinem ältesten Sohn, die hatten mich besucht. Unsere Tante, die Rotkreuzoberin Gräfin Üxküll, hatte einen Holzgasomnibus organisiert gehabt und war nach Bad Sachsa gefahren und fand dort die restlichen Kinder vor, außer unseren noch die von Hofackers, Goerdelers und Lindemanns. Sie nahm alle mit und brachte sie nach Hause. Es war ein heilloses Durcheinander, aber am Ende sind alle dort angekommen, wo sie hingehörten. Drei Tage später rückten in Bad Sachsa die Russen ein.

Wann ich von der Kapitulation bzw. Hitlers Tod erfuhr, weiß ich heute nicht mehr. Man lebte von Tag zu Tag. Wegen Stromausfall konnte man auch kein Radio hören. Irgendwie hat es sich herumgesprochen. Ich habe festgestellt, daß es leichter ist, sich an primitive Verhältnisse zu gewöhnen, als wieder an normale. Eine Tee-Einladung in einem Salon, mit seidenbezogenen Stühlen und zartem Porzellan erschien mir geradezu verrückt.

Die Beendigung des Krieges wurde wohl allgemein als Befreiung empfunden. Mir war klar, daß mein weiteres Leben sehr schwierig sein würde, bis meine Finanzen geregelt sein würden. Aber wie? Und wann? Mein Haus in Bamberg war schwer beschädigt, durch Granatbeschuß. Ich mußte Mieter finden, damit das Haus mich nichts kostete – Steuern etc.

Ich erhielt vom Staat ein sehr günstiges Darlehen, mit dem ich mein Haus vermietbar und bewohnbar machen konnte. Viele hilfreiche Menschen standen mir zur Seite.

Wenn ich bedenke, wie viele Menschen *alles* verloren haben – ohne politische Verstrickungen –, so kann ich nur dankbar dafür sein, daß ich, trotz einiger Verluste, fast mein gesamtes Hab und Gut und meine Heimat behalten habe!

Ich habe nie gefühlt, daß sich mein Mann umsonst geopfert hat. Er mußte es tun!

Ich wiederhole, was ich schon jemand anderem geschrieben habe: Es mag Ihnen merkwürdig erscheinen, daß ich mich zwingen muß, immer wieder über den 20. Juli 1944 zu lesen.

Mein Mann hatte mich gelehrt, nach vorwärts zu leben. Das habe ich getan, in der Erziehung meiner Kinder und dem Wiederaufbau meines Hauses.

»Hinterbliebene« zu sein ist kein Lebensinhalt! Daß mein Mann mich bis heute begleitet, ist eine andere Sache!

Mit besten Grüßen
Ihre ergebene
Nina Stauffenberg

Hildegard Hamm-Brücher

I.

Die letzten Wochen und Tage des Krieges und der Hitler-Diktatur habe ich aus heutiger Sicht in einem Schwebezustand zwischen Angst und Erlösung erlebt. Ich war knapp vierundzwanzig Jahre alt und hatte gerade nach zweieinhalbjähriger experimenteller Arbeit mein mündliches Doktorexamen der Chemie hinter mich gebracht. Es war ein Studium, mit dem ich in der damaligen Situation auf unabsehbare Sicht keinen Lebensunterhalt würde verdienen können.

Über das Schicksal meiner drei Brüder war ich ebenso im ungewissen wie über Leben und Tod naher Verwandter und Freunde. Ich wohnte seit 1943 – nachdem ich in München mehrfach ausgebombt war – in einem etwa zehn Quadratmeter kleinen Zimmerchen in Starnberg, um in der Nähe meines verehrten Doktorvaters, des weltbekannten Chemikers und Nobelpreisträgers Heinrich Wieland, sein zu können.

Wochenlang hatte ich mich mit meiner zuverlässigen und immer hilfsbereiten Hausfrau und mit Freunden auf das Kriegsende und ein völlig ungewisses Überleben danach vorbereitet.

Zur Vorbereitung gehörten meine Vorräte: fünf mittelgroße Säcke mit abgesparten luftgetrockneten Brotscheiben, selbstfabriziertes Saccharin, selbstgekochte Seife, selbstgepreßtes Rapsöl und andere kostbare Eß- und Tauschvorräte. An zehn Stellen hatte ich (später teilweise nie wiedergefundenes) Geld versteckt und Schmuck und Papiere in alten Blechdosen vergraben.

In den Tagen vor der wahrscheinlichen Besetzung Starnbergs durch amerikanische Truppen wurde unser Städtchen »verteidigungsbereit« gemacht. So wurde zum Beispiel direkt vor meinem ebenerdigen Fenster eine »Panzersperre« aus ein paar Baumstämmen errichtet und den Hausbewohnern von einer Werwolfführerin aufgetragen, bei Einrücken des Feindes an dieser Panzersperre zu stehen und kochendes Wasser in die amerikanischen Panzer zu gießen. Durch solche und andere kindische Vorhaben – wie zum Beispiel das Anbringen von Sprengstoff an kleinen Holzbrücken, die über schmale Flüßchen führten – sollte nach dem Willen der letzten rabiaten Ortsnazis der Vormarsch der Amerikaner aufgehalten werden.

Doch gottlob – und dank einer realistischen Einschätzung der Lage durch die Starnberger – kam dann alles ganz anders. Als die amerikanischen Jeeps und Panzer wenige Tage vor Kriegsende durch meine Straße nach Starnberg hereinrollten, hingen plötzlich wie durch Zauberhand an sämtlichen Fenstern weiße Bettücher (gelegentlich auch vergilbte weißblaue Fahnen), und als sich auf dem Marktplatz ein kleines Kontingent amerikanischer Soldaten versammelte, flogen bereits die ersten Blumensträuße, und aus einer kleinen Konditorei wurde friedensstiftendes Eis herausgebracht.

Damit war für uns Starnberger der Krieg vorbei, und es folgte die Nachkriegszeit.

Sie begann in der Nacht und verlief weniger idyllisch als die Besetzung. Die ersten Wohnungen mußten geräumt werden, Krach und Lärm quartiersuchender Amerikaner mischten sich in ängstliches Rufen und Kindergeschrei. Als ich am nächsten Morgen meinen Doktorvater (einen der ganz wenigen aufrechten Gegner der Nazis unter den Professoren der Münchner Universität) besuchen wollte, wimmelte es in seinem ganzen Haus von feiernden »Amis«. Hatte man das alte Ehepaar hinausgeworfen? Ich fragte besorgt herum. »The old man« hockte mit seiner Frau im Kohlenkeller und begrüßte mich (zum erstenmal, seit ich ihn kannte) mit einem sarkastisch-fröhlichen »Heil Hitler«. Die Hausbesetzer hatten absolut den Falschen getroffen!

Schon wenige Tage später tauchte allerdings ein ehemaliger amerikanischer Schüler auf, und die Hausbesetzung fand für die Wielands ein rasches Ende.

In den nächsten Tagen tauchten in Starnberg die ersten verelendeten ehemaligen KZ-Häftlinge auf, und wo immer sie auftauchten, tat sich unter den Deutschen qualvolles Entsetzen, Angst und im Gefolge oft leider auch klammheimliche Abneigung auf. Als ich von einem amerikanischen Offizier gefragt wurde, ob ich von KZs gewußt hätte, bejahte ich dies wahrheitsgemäß. Weshalb gaben es so wenige zu? Das Ausmaß der Greuel- und Schandtaten konnte ich allerdings überhaupt nicht ermessen. Damals wurde mir allerdings klar, daß die Nachkriegszeit und jeder mögliche Neuanfang von dieser grauenhaften Schuld, Scham und Verantwortung verdüstert und belastet sein würden. Ich zweifelte (und zweifle bis heute), ob wir diese Last je würden tragen und abtragen können?

In der Nacht des Waffenstillstandes am 8. Mai fingen ein großes Feiern und Freuen an. Erleichterung breitete sich aus, selbst bei Leuten, die nicht gerade zu den Nazigegnern gezählt hatten. Sie beteuerten, man sei ja schon immer dagegen gewesen. Die echten Nazis waren nicht mehr zu sehen. Ich weiß noch genau, daß sich wildfremde Menschen mit Tränen in den Augen um den Hals fielen ... Nie wieder in meinem Leben habe ich so intensiv gefühlt, was es heißt, weiterleben zu dürfen – frei leben zu dürfen –, ohne Ängste in unendlicher Dankbarkeit und in der unerschütterlichen Hoffnung auf eine bessere Zukunft.

II.

Davon zeugen Tagebuchaufzeichnungen aus dieser Zeit authentischer, als ich es heute formulieren könnte. Ich zitiere daraus:

22. April 1945

Die nächsten Tage müssen die Entscheidung bringen. Dreiviertel Deutschlands ist von Amerikanern, Russen, Engländern oder Franzosen besetzt. – Jede Stadt wird »bis zum letzten Mann« verteidigt – der Sturm auf Berlin hat begonnen. – Das Unglück wächst wie eine Lawine, die rollt und rollt – immer schneller. Ich bin arbeitsunfroh, unentschlossen und voll Unruhe. Ich röste Brot für die Hungersnot, packe meine Sachen, weil es dem Verteidigungskommissar von Starnberg eingefallen ist, vor meinem Fensterchen eine Panzersperre zu errichten. Wie ich hoffe, daß nun alles besser wird!

Was uns die Zukunft bringen wird, ist ungewiß, aber wir können sie empfangen, ohne noch fürchten zu müssen, daß uns jemand die Hände bindet oder den Atem raubt.

Der Krieg haust im Land ...

17. Mai 1945

Das Gesetz, unter dem sich mein Leben entwickelte, gibt es nicht mehr. – Der Spuk der zwölf Jahre ist vorbei – wie eine Seifenblase – nein ... wie ein unendlich häßliches, drükkendes Gebilde! – Nur für dumme Deutsche konnte es etwas Schillerndes, Vielversprechendes sein ... Das große schwere Schicksalsrad hat sich endlich gedreht. – Wieviel Kraft hat das gekostet. Manchmal schien es, als sei ein Haken über die Speichen geschlagen, so wenig schien es sich zu drehen.

Als die ersten amerikanischen Panzer an meinem Fensterchen vorbeirollten, war ich unendlich froh: Die Brüder werden wiederkommen ...

An meinem Geburtstag waren zum erstenmal seit Jahren

keine Eisheiligen, nur strahlende Sonne und Wärme. Der Krieg in Europa ist aus – aber ich traue der Waffenruhe noch nicht. Wie gut, daß ich »Fräulein Doktor« bin!!

Zum erstenmal hat das Weltgeschehen Eingang in mein Tagebuch gefunden, was es bisher nur überschattete –

Mai/Juni 1945

Auch heute, während ich das schreibe, sitze ich an meinem offenen Fenster, das zu ebener Erde liegt und nun nicht mehr mein kleines Zimmerchen von der Welt abschließt, sondern sie hereinläßt mit all ihrer Sommerwärme, und das meine Gedanken hinausläßt aus dem kleinen Raum, in dem sie sich während des langen, kalten Winters immer mehr verfingen und verwirrten ...

Nicht nur gegen die Kälte schloß mein Fensterchen unvollständig. Auch Angst drang durch die Ritzen, immer wiederkehrende Laute schlichen sich herein. Seitdem ist für mich Furcht immer mit diesem Geräusch verbunden, das genagelte Schaftstiefel auf dem Pflaster erzeugen ... Wenn ich dieses Geräusch höre, werde ich immer Angst haben ...

Warum ...? Das Gesetz, unter dem wir viele Jahre standen, das uns in allem beschränkte, unter dem wir wechselnd mehr oder weniger stark leiden mußten, das uns nie zur Ruhe kommen ließ, dieses Gesetz wurde von den Trägern solcher knallenden Stiefel verkörpert, wie sie viermal am Tag während dieses Winters an meinem Fenster vorbeigingen, hinter dem ich saß und auf mein Abschlußexamen lernte. Ich kannte sie vom Sehen – die uniformierten Nazis, und jedesmal unterbrach ich meine Arbeit und wartete auf dieses Geräusch, um mir dann die Ohren zuzuhalten, bis die vier Männer vorbeigegangen waren, die von ihrer Parteidienststelle kamen oder zu ihr gingen. In der Hand solcher Männer wußte ich das Schicksal meiner gefangenen Brüder, meiner Freunde, die für sie draußen sein mußten. – Worüber sie sprachen, wenn sie vorbeigingen, weiß ich gar nicht. Aber in meiner Angst glaubte ich immer, die Worte zu hören, die uns alle vernichten sollten.

Und nun knallen sie nicht mehr! Die drei Dicken und der fanatische Hagere werden nie mehr vorbeigehen. Jetzt gehen auf unhörbaren Gummisohlen amerikanische Soldaten an meinem Fenster vorbei. Sie sind mit ihrem Chewing Gum beschäftigt oder ihre Pfeife. Manchmal bohren sie auch in der Nase. Immer scheinen sie fröhlich-gedankenlos. Ihre Stimmen klingen eigentümlich gequetscht und knabenhaft hell. Auch sie wecken in mir Empfindungen: ungeheure Entspannung und Erleichterung – ein Gefühl der Leere nach dieser dauernden Angst. Aufkommende Freude!

Nun warte ich, daß meine Brüder zurückkommen und vielleicht auch meine Freunde. Und alles, was ich tue, ist, mir die Zeit des Wartens abzukürzen.

III.

Soweit die Auszüge aus meinem Tagebuch. – Im Laufe dieses ersten begnadeten Nachkriegssommers reifte dann mein Entschluß, von nun an mein Leben dafür einzusetzen, wofür Freunde im Widerstand und ungezählte Millionen Juden und Nichtjuden ihr Leben geopfert hatten: für Freiheit und Menschenwürde. Gegen jede Form des Rassismus und nationalistischer Überheblichkeit! Der Entschluß, mich politisch zu engagieren!

Als ich ein Kind war, pervertierte das deutsche Nationalbewußtsein zu folgenschwerem Größenwahn, der – als ich erwachsen wurde – zum Krieg, zur Zerstörung Europas und zum Holocaust führte.

Als wir – vor nun 50 Jahren – besiegt und davon befreit waren, gab es für mich fortan nur einen politisch-moralischen Imperativ: NIE WIEDER! Und zwar in zweierlei Hinsicht: die Einzigartigkeit der Verbrechen, die es zu sühnen und soweit möglich wiedergutzumachen galt – und die Einzigartigkeit des Versagens der Deutschen, zu denen ich ja auch gehörte.

Unter diesem Imperativ stand seither mein fast 50jähriges politisches Engagement – bis heute: Es darf in Deutschland auch in Zukunft kein Verdrängen, Verharmlosen oder gar Wiederaufleben dieses schrecklichen Unrechtsstaats und seiner Ideologie geben!

Annemarie Renger

Vor einem halben Jahrhundert ist der Zweite Weltkrieg zu Ende gegangen. Das ist in so weiter Ferne, und doch ganz nah.

Viereinhalb Jahre Krieg schmelzen zu traurigen und auch banalen Erinnerungen zusammen. Das wichtigste war: Man wollte überleben. Man hoffte, daß der eigene Ehemann, die Brüder nach Hause kommen würden, und als es die Gewißheit gab, daß sie nicht wiederkommen würden, hatte man sich im Unterbewußtsein schon darauf vorbereitet. Es war kein Einzelschicksal, es war ein millionenfaches Schicksal. Man konnte sich aus diesem Massenschicksal nicht abheben.

Mein Mann war am 24. August 1939 – einen Tag nach dem Hitler-Stalinpakt – zu einer »Wehrübung« eingezogen worden; am 1. September marschierte seine Kompanie über die polnische Grenze. Er kam – wie ich – aus einer sozialdemokratischen Familie, die Hitler nicht wollte und schon gar nicht diesen Krieg.

Mein Mann hatte sich eine Herzschwäche zugezogen und war nur noch »garnisondienst-verwendungsfähig«, ich glaube, so hieß das damals. Wir waren sehr froh darüber, denn dadurch wurde er nach Paris versetzt und blieb dort bis 1944. Ich brauchte mir eigentlich keine Sorgen um ihn zu machen. Ab und zu konnten wir miteinander telefonieren. Unser kleiner Sohn hatte dadurch eine innige Verbindung zu seinem Vater. Die alliierte Invasion im Sommer 1944 setzte allen Hoffnungen ein Ende. Bei Chartres fiel er, wie fast alle seiner Kameraden; sein letzter Brief trug das Datum 14. August. Das Wehrbereichskommando in Berlin erklärte mir mit Bedauern, daß die ganze Division aufgerieben sei. Es bestehe keine Hoffnung, daß er noch am Leben sei. Was sagten die

Leute zu einem? Traurig, aber das Leben geht weiter! Es gab einige oder viele, ich weiß es nicht mehr, die schrieben in die Traueranzeigen, daß ihr Mann oder Sohn den »Heldentod« für das Vaterland gefallen sei. Nein, das hatte nichts mit »Heldentod« zu tun. Hitler, der sich selbst zum »Führer« gemacht hatte, hatte Millionen Menschen, Männer und Frauen, in den Tod geschickt, um die Welt nach seinen rassistischen und ideologischen Wahnvorstellungen zu ordnen. Nichts davon stimmte, was man uns in der Schule nach 1933 einreden wollte, frei nach dem damals hochgelobten Schriftsteller Hans Grimm, »Volk ohne Raum«, oder der »gelben« oder bolschewistischen Gefahr. Wie verlogen das alles war, zeigt schließlich der Hitler-Stalin-Pakt vom 23. August 1939, der im übrigen erreicht hatte, daß viele Kommunisten, besonders junge Idealisten, am 23. August 1939 dem Kommunismus abgeschworen haben.

Im Laufe des August verstärkten sich die Bombenangriffe immer mehr. Im Luftschutzkeller tastete man sich immer mehr mit kritischen Bemerkungen vor, wenn man glaubte, politische Gleichgesinnte zu treffen. Auf der anderen Seite wiederum wurde man auch gewarnt, nicht auf Provokateure hereinzufallen. Die Luftschutzwarte oder Hausmeister galten als ausgesprochene Spitzel für die hundertprozentigen Nazis Gestapo bzw. die NSDAP. Diese wiederum erschienen mir wie angestochene, waidwunde Tiere: Sie schlugen um sich, wo sie jemanden finden konnten, und gerade in den letzten Monaten waren sie besonders gefährlich. Durchhalteparolen und Warnung vor Defätismus hielten sich die Waage.

Während dieser Zeit pendelte ich mit meinem Sohn immer zwischen Berlin, wo meine Eltern wohnten, und Hoppegarten, wo ich eine Wohnung bei meinen Schwiegereltern hatte, hin und her. Jeder Fliegeralarm veranlaßte mich allerdings, mit meinem Sohn auf dem Kindersitz des Fahrrads, nach Mahlsdorf in den Großbunker zu fahren. Die Flak schoß dann schon meistens ihre Abwehrgeschütze los, und am

Himmel sah man die Positionslichter, mit denen die anfliegenden Kampfflugzeuge ihre Abschußfelder markierten. Wir dachten nur noch in »Planquadraten«, wie der Rundfunk die Position der anfliegenden Bomber bezeichnete. Übrigens, wenn ich heute noch manchmal vom Krieg träume, dann sind es immer die anfliegenden Bomber, die mir Angst machen.

Gleichzeitig verstärkte sich die Nähe der anrückenden Front. In Hoppegarten konnte man Anfang Februar schon von weiter Ferne dumpfes Grollen der Kanonen hören. Die wichtigste Information, die man bekommen konnte, waren die Nachrichten von der BBC. Auch das Hören dieses Senders war mit Gefahr verbunden, traute man doch den Nazis zu, daß sie draußen an den Hauswänden Horchgeräte anbringen würden, um das Hören von »Feindsendern« verfolgen zu können. Dennoch, es wurde Zeit, sich die Lage klarzumachen, wenn die Russen Berlin eroberten. Daran bestand für mich kein Zweifel.

In meiner Nachbarschaft waren die meisten der Meinung, daß der Krieg schon längst verloren sei. Der nahezu panische Rückzug der deutschen Soldaten aus dem Osten konnte ja nicht mehr verheimlicht werden. Die Flüchtlingsströme und die Nachrichten, die sie mitbrachten, auch nicht. Aber die Soldaten sprachen auch von der verbrannten Erde, die sie hinterließen, und den Greueln von der SS, die der Bevölkerung angetan worden sind. Es war auch von Vergeltung die Rede, die die russischen Soldaten übten. Sie sollen in grausamster Weise Frauen vergewaltigt und auch vor Kindern nicht haltgemacht haben.

Ich schwankte zwischen der Meinung, daß diese Schilderungen zum erheblichen Teil Propagandatricks à la Goebbels wären, um die Menschen zur Verteidigung bis zum letzten zu motivieren, zum anderen fürchtete ich doch, daß sie zuträfen. Es blieb mir nicht mehr viel Zeit für eine Entscheidung. Die hatte dann mein Vater für mich getroffen. Ende Februar/März packte ich meine Sachen und fuhr mit meinem

Sohn zu den Verwandten meines Vaters in die Lüneburger Heide. In dem kleinen Ort Visselhövede erlebten wir dann die letzten zwei Kriegsmonate.

Sofort nach meiner Ankunft in Visselhövede suchte ich das Reservelazarett auf, eine Grundschule, in der in der Turnhalle eine provisorische Küche eingerichtet war. In der half ich nun mit, für die Soldaten die Verpflegung zu bereiten. Es gab meistens Milchsuppe, Kartoffelsuppe, Erbsensuppe oder ähnliches. In dem großen Kessel schmeckte alles immer ein bißchen angebrannt.

Wir befanden uns alle in einer etwas nebulösen, zwischen Hoffen und Angst hin- und hergerissenen Endzeitstimmung. Die Stimmung der Soldaten war unterschiedlich. Es wurden zum Teil große Witze über die derzeitige Situation gemacht, auch wurden diejenigen immer kleinlauter, die zu den Nazis zählten oder die Situation beschönigten, aber die Angst vor der Ungewißheit, was beim Sieg der westlichen Alliierten auf sie zukäme, war auch sehr groß. Ich meine aber, mich zu erinnern, daß die allermeisten nur das Ende des Krieges wünschten und darüber froh waren, daß sie im Westen waren und nicht im Osten.

Eine Diskussion, ob der Sieg der westlichen Alliierten eine Befreiung von der Diktatur des Nationalsozialismus wäre, gab es bei den Verwundeten nicht. Ich kann mich auch nicht daran erinnern, wie die Soldaten oder auch die Bevölkerung auf den Selbstmord Hitlers reagiert hatten. Die Ungewißheit, was die Zukunft bringen würde, trat erst einmal hinter anderem zurück. Die Soldaten glaubten natürlich auch, daß sie als Verwundete sofort in die Heimat entlassen würden, und dann würde man weitersehen. Darin hatten sie sich allerdings geirrt; am Tag der Kapitulation wurde verkündet, daß sie alle noch in ein Gefangenenlager überführt würden und sogar befürchten mußten, noch nach Großbritannien ausgeliefert zu werden

Ich selbst befand mich auch in einer merkwürdigen Stimmung. Ich hatte nicht nur während des Krieges, sondern seit der Machtübernahme der Nazis nur das eine gewünscht, daß sie von der Bildfläche verschwinden würden.

Wut und Ohnmacht wechselten in meiner Stimmung. Als dann die verwundeten Soldaten wahrscheinlich am Tag der Kapitulation antreten mußten, der Oberst eine sehr vernünftige Ansprache hielt und es dann in die Gefangenschaft abging, heulte ich wie ein Schloßhund, denn der ganze Wahnsinn dieses Krieges mit seinen unzähligen Toten, der Zerstörung und die nicht absehbaren Folgen für die Deutschen waren mir bewußt. Ich haßte die Nazis und Adolf Hitler, ich war wütend auf die Deutschen, die diesem Verbrecher durch Blindheit oder Ignoranz zur Macht verholfen hatten, wofür nun alle Deutschen büßen mußten. Aber es war merkwürdig, gerade in diesem Moment fühlte ich mich den Menschen in unserem Land persönlich zugehörig.

Nach Auflösung des Lazaretts wurden meine Schwester und ich mit unseren drei Kindern in die Baracken eingewiesen, in denen vorher die »Fremdarbeiter« hausen mußten. Es war nicht nur äußerst primitiv, sondern auch deprimierend. Wir bekamen einen Begriff davon, was es heißen mußte, in einem fremden Land, das einem feindlich gesinnt war, für dieses Land arbeiten zu müssen. Diese doppelte menschliche Unwürdigkeit habe ich nicht vergessen.

Aber wir ließen uns natürlich nicht unterkriegen. Da die Baracken im nahen Waldgelände lagen, fällten wir Bäume zum Heizen oder Kochen, sammelten Beeren und Pilze für unser Essen, buddelten Kartoffeln, fuhren Torf und anderes, auch um das eine oder andere tauschen zu können. Geld hatten wir erst keins, unsere Berliner Konten waren erst einmal eingefroren. Ich weiß es nicht mehr genau, aber offensichtlich hat uns die Stadt erst einmal weitergeholfen. Wir wollten dort natürlich nicht bleiben.

Für mich war klar, ich wollte so schnell wie möglich eine Arbeit suchen, die unsere »männerlose« Familie ernährte. Mein Mann war tot, mein Schwager in amerikanischer Gefangenschaft. Aber ich wollte auch gleichzeitig politisch tätig sein. Das war meine Absicht von Kindheit an, das hielt mich die ganze Nazi-Zeit kritisch wach. Ich wollte dazu beitragen, den Menschen in unserem Land die Augen zu öffnen.

Ich wollte aber auch, daß die Schuldigen nie wieder die Möglichkeit bekamen, ein solches Unheil anzurichten. Inzwischen wußte man ja auch noch viel mehr von den grauenvollen Ermordungen in den Konzentrationslagern, denen unliebsame Deutsche zum Opfer fielen. Aber vor allen Dingen konnte niemand mehr seinen Kopf in den Sand stecken vor der Tatsache, daß in den Konzentrationslagern die jüdische Bevölkerung ganz Europas ausgelöscht werden sollte. Millionen fielen der Hitlerschen Rassenideologie zum Opfer, die die Menschen in Untermenschen und Eliten einteilte. Ich fühlte mich mitbeschmutzt, und ich glaubte, das ganze Volk wolle sich von den Verbrechen reinigen. Ich hatte kein Rachegefühl in dem Sinne, daß die Schuldigen »hängen« müßten, aber büßen sollten sie schon. Wie, darüber konnte man streiten.

Das Schicksal oder Zufall half mir dann, meinen Traum, politisch arbeiten zu können, zu verwirklichen. In der damaligen britischen Besatzungszeitung »Hannoverscher Kurier« wurden Auszüge aus einer Rede abgedruckt, die der spätere Vorsitzende der Sozialdemokratischen Partei Deutschlands in Hannover vor Funktionären gehalten hatte. Diese Rede hatte mich so beeindruckt, daß ich nach Rücksprache mit meinem Vater an diesen Kurt Schumacher schrieb, ob er für mich eine Verwendung in der politischen Arbeit hätte. Mein Vater war als Geschäftsführer des Arbeitersports in der SPD ein bekannter Mann, also eine gute Empfehlung. Die Antwort von Schumacher kam prompt, und ich machte mich auf den Weg nach Hannover, wo der provisorische Vorstand der SPD unter dem Namen »Büro Dr. Schumacher« untergebracht war.

Der Schock, als ich die zerschundene Stadt Hannover sah, war groß. Aber um so wichtiger war es für mich, für unser Land arbeiten zu können. Ich wurde Schumachers Privatsekretärin, und ich konnte diesem nach 10 Jahren KZ-Haft schwerleidenden Mann eine Hilfe sein. Es wird öfter kritisiert, daß die ehemaligen KZ-Häftlinge und Antinazis viel zuwenig über die Verbrechen in dieser Zeit gesprochen hätten. Vor allem wäre dadurch die Auseinandersetzung der Bevölkerung mit dem Nationalsozialismus nicht gefordert worden. Kein Zweifel, die existentiellen Probleme waren so groß, daß diese erst einmal im Vordergrund standen. Gerade die Antinazis wollten nicht rückwärts schauen, sondern die Menschen für einen demokratischen Aufbau gewinnen. Dazu mußte man sich auch solidarisieren und Hoffnung verbreiten. Es durfte ja nicht so sein, daß die einen zusammen mit der Besatzungsmacht »Re-Education« machten und die anderen Deutschen auf der gegenüberliegenden Seite der Barriere standen.

Und ein zweites: Diejenigen, die gegen die Nazis gekämpft und gelitten hatten, mußten das Trauma der Leiden und Demütigungen loswerden. Ich meine deshalb, die Auseinandersetzung hat schon allein durch die schnell entstehenden politischen Parteien stattgefunden. Aber niemand wollte auch eine neue Indoktrination, sondern eigene Erkenntnis sollte Platz greifen. Das war besonders wichtig, weil in der sowjetischen Zone Deutschlands sehr schnell erkennbar wurde, daß die dortige Besatzungsmacht eine andere Auffassung von Politik hatte. Im Westen Deutschlands konnte man um seine Selbstbehauptung kämpfen. Im Osten wurde sehr schnell ein System sichtbar, daß diese demokratische Selbstfindung nicht erlaubte. Sie wurde vorgeschrieben.

Rückblickend möchte ich sagen: Es war während des Krieges für mich selbstverständlich, daß danach die Deutschen den Sozialdemokraten recht geben würden, als diese vor Hitler gewarnt hatten, so daß diesen die politisch führende Rolle zustand. In den allerersten Jahren waren sie es auch, die die sozialen-demokratischen Grundlagen gelegt hatten. Wenn sich die politischen Machtverhältnisse später änderten, so darf man doch sagen, die demokratischen Überzeugungen haben in Deutschland einen festen Boden.

Hanna-Renate Laurien

Auf meinen drei Fluchten 1945, die jedesmal in Berlin endeten, habe ich Kleider, Hausschuhe, weil zu schwer, weggeworfen; ein kleines Neues Testament, zwei Bücher, aus dem Einband zur »Erleichterung« herausgerissen, und – mein Tagebuch habe ich »gerettet«. Vor 15 Jahren habe ich es erstmals wieder gelesen und jetzt, 50 Jahre danach, erneut. Ich staune über diese Mischung: unerschütterlich-gläubiges Gottvertrauen, praktischer Realismus, widersprüchliche politische Meinungen, emotionale Bindung ans Vaterland, übersteigerte Verliebtheit und Liebe zu Gedichten, die sich – ich »bücherlos« – im Abschreiben von Geliehenem dokumentierte. So schrieb ich am 17. Mai 1945 extrem engzeilig (Papier war knapp) »Die Weise von Liebe und Tod des Cornets Christoph Rilke« ins Tagebuch. Da war ich seit vier Wochen 17 Jahre alt.

Ich will an den Tagebuchaufzeichnungen entlang berichten, ein kleines Stückchen »Zeitzeugnis«.

Als ich im November 1944 zum RAD kam, anderthalb Jahre vorm Abi, durchs Überspringen einer Klasse so jung, freute ich mich: »endlich unabhängig von zu Hause«. Das war Pubertät, nicht Politik. Schnell fand ich im Lager in Sellin bei Bärwalde bei Königsberg/Neumark Freundinnen: Erika von D., alte preußisch-evangelische Familie, Hilla H., Tochter eines Superintendenten der Bekennenden Kirche, Renate A., kritisches Bürgertum, und vor allem Eva B., gläubige Katholikin, die erste, der ich begegnete. »Endlich ein Mensch, der mitfühlt und innerlich erlebt ... freien Herzens.« Wir haben uns Jahre nach dem Krieg wieder entdeckt – in der Katholischen Akademie in Bayern, wir sind bis heute in guter Verbindung. Wir fünf eckten moderat an, z. B. durch die Forderung, am Sonntag zur Kirche gehen zu dürfen. »Zu weit weg, das tut der Gesundheit der Maiden nicht gut.« Wir gingen. Ausgangssperre. Das haben wir ausgehalten ... »Die Fahnen Gottes, des Guten und des Schönen wollten wir hochhalten.« Und dazwischen meine Bekenntnisse totaler Verliebtheit in einen, der nicht so sehr verliebt in mich war, und die abweisenden Bemerkungen gegenüber einem, der in mich total verliebt war. »Lösbar«, da beide im Feld waren. Überlebt hat nur der zweite.

Immer näher rückt die Front. LKWs zu unserm – mit den Führerinnen fast 50 Frauen-Abtransport? Ich sollte aus Küstrin die Papiere holen. Ich radelte in Eis und Schnee am 31. 1. mit meinem gut 20 kg schweren Tornister los, kam nie in Küstrin an, wohl aber nahm ein Luftwaffenbodentrupp mich mit. Ich fuhr im Schlepp eines Benzinautos, nicht in dem eines mit Holz zu heizenden Generatorenwagens. Der kam nicht durch. Allerdings: Den Wlassow-Soldaten neben mir traf eine Kugel, tot. Nicht sehr viel Blut. Ich griff hinüber zum Lenkrad bis zum nächsten Stop. Irgendwann war Ende, Russen in Panzern. Die Soldaten ergaben sich, die Russen wieder weg. Ich trennte mein RAD-Zeichen vom Ärmel, stapfte mit ein paar unserer Soldaten in die Nacht, und wir kamen, dreckig, hungrig, am 4. oder 5. Februar in Eberswalde an. Ein Zug fuhr nach Berlin. Die »Kettenhunde« – jeder Soldat haßte diese Kontrolleure – wollten mich des fehlenden RAD-Abzeichens wegen festhalten. Mein Wutausbruch brachte deren Abkehr. Ich meldete mich wie vorgeschrieben, besuchte unerlaubt Mutter und Schwester in Spremberg/L und traf am 7. 2. im hessischen Spangenberg ein. Neuer Einsatzort: V-2-Werk (das sollte die kriegswendende Wunderwaffe sein) in Eschenstruth bei Kassel. Hier eine Nazi-RAD-Führerin, die – und darüber steht nur ein lapidarer Satz im Tagebuch, mehr in meinem Herzen – meine Beschwerde, daß man meinen Spind geöffnet und die Reproduktion der geliebten Mantegna-Madonna aus St. Zeno in Verona auf den Fußboden geschmettert hatte, zum Anlaß nahm, mich von da an fleißig zu schikanieren.

Ich nahm das wie Sport. Ganz anders die Erfahrung mit den Jüdinnen, über die ich, so vorsichtig war ich immerhin, kein einziges Wort aufgeschrieben habe. Sie arbeiteten im Gelben, in der Giftabteilung. Ich hatte Riesensäcke Pulver zu wiegen. Auf einmal standen die erbarmungswürdig abgemagerten Gestalten neben mir, wollten sich wiegen. Ja. Ich begriff: Sie wogen ihre Überlebenschance. Wir verbliebenen drei »Selliner« organisierten schnell aus unsern Hosentaschen tägliche Übergabe von Pellkartoffeln. Wir sind nicht erwischt worden. Aber: Uns war nicht bewußt, WIE gefährlich das war. Ich war erschüttert von den SS-Weibern in schwarzen Capes mit scharfen Hunden, die diese Frauen »begleiteten«.

Dann fehlte im Werk Material, ödes Herumsitzen in den Schichten. 11. März 1945: Ich vermerke, wie wir drei »Sellinerinnen« bewußt einen anderen Stil leben und feststellen, daß nicht wenige uns suchen. »Gott, laß mich nicht versinken. Gib zum Wollen die Gnade ... Ich könnte immer heulen, aber das ändert ja nichts ... Es gibt doch noch Schwächere, ich will führen, nicht im Sinne eines Dienstgrades, sondern durch den Geist. Ich muß anderen helfen ...« Frühes Sendungsbewußtsein? Oder Anruf von Liebe und Geist angesichts einer Gegenwelt? Und dann: »Wir sitzen hier und müssen zusehen und hören Goebbels: ›Wir siegen doch!‹ und hören Hitler: ›Wir kapitulieren nicht!‹ ..., und Blut fließt in Strömen, sinnlos. Nur für die Nazis. Und Gott schweigt ... Doch er spricht dem einzelnen zu und hilft.«

14. März: Die Amerikaner kommen. Die Lagerführerin entschwand. Ich wollte in das zerstörte Berlin, wo mein dienstverpflichteter Vater in der Energieversorgung eingesetzt war, wollte in die Nähe von Schwester und kranker Mutter. Kurzentschlossen brach ich auf, zwei sudetendeutsche Kameradinnen, inzwischen ohne Zuhause, sagten: »Teddy, nimm uns mit.« Kassel, Militärzug nach Berlin. »Nicht für Euch.« Ich legte eine solche Szene hin, wie man im Kessel nie gesagt hat »nicht für Euch« ..., und wir waren

drin. Vater lebte noch, und irgendwie gelang es, für mich die Aufenthaltserlaubnis in Spremberg zu erhalten.

Das Tagebuch hat nun zehn lose Seiten: 4. April, 19. April. Ich zitiere ein wenig und schone mich dabei nicht. »Wir haben die Vergottung des Menschen, der nur sich lebt, wenig Gewissen und kaum Verantwortung. Unsere Führer haben das Beste gewollt, hatten Erfolg, wurden größenwahnsinnig, selbstherrlich und meinen, Gott nicht mehr zu brauchen. Jetzt, nach all der Schuld, wagen sie es wohl nicht mehr, zu ihm zu gehen ..., weil sie sich fürchten vor Reue und Buße und weil sie keine Demut haben ... So groß die innenpolitischen Verdienste der Nationalsozialisten waren, ihnen fehlt jede Ethik, darum müssen sie zerbrechen. Und Sowjetrußland? Man weiß zuwenig, aber das kann man wohl sagen, daß dieses Volk stumpf und roh ist ... Auch dort wird man Menschen mit Herz und Seele treffen, aber Rußland vertritt ... Gottlosigkeit und eine Weltidee, die nicht glücklicher macht, weil die Masse des Volkes Besitzer wird! ... Sein Paradies ist nur für wenige ..., alle anderen erwartet die Hölle. Und ist Gott im englischen Weltreich zu finden? ... Wirft ein Christ Bomben auf Zivilisten? ... Tote gibt es in Kriegen, aber Mord? Und Amerika? Dort leben Juden, die für die Vernichtung dieses Deutschland kämpfen. Sie wollen sich rächen ... Sie lassen den Phosphorregen auf uns herniedergehen ... Ist das Ende da?« Vom Ausmaß der Judenvernichtung wußte ich nichts, wohl aber vom Nazihaß gegen sie, wußte von der Emigration der besten Freundin meiner Mutter. Wußte vom Judenstern. Unvergessen, als ich, wohl 1939, auf der Straße die einzige mir bekannte Jüdin grüßte, weinte sie haltlos. Warum? Mutter hat es der Elfjährigen vorsichtig, aber doch deutlich erklärt. Auch hier erweist sich die in unseren Tagen von Jens Reich gemachte Aussage als zutreffend: Auch wenn wir gegen eine Diktatur stehen, wir übernehmen dennoch deren Denkmuster. DDR-Widerständler: begeistert für US-Musik und entschlossen, den Kapitalismus zu bekämpfen. So waren mir das Denken im »Freund-

Feind-Schema«, die Überzeugung von der »Wertigkeit« der Völker selbstverständlich. Daß mir heute kaum eine Einsicht so wichtig ist wie die von der Gleichrangigkeit des Unterschiedlichen, hat vielleicht dort seine Wurzeln.

Ohne Überleitung berichte ich, was wir in der militärischen Ausbildung lernten: das Gewehr 98 k, die Pistole 38, Eierhandgranaten, geballte und gestreckte Ladung, Hafthohlladung und Panzerfaust. »Ich bin da zwar hingegangen, aber dieser Werwolf-Aufruf ist Irrsinn, ist Mord.« Dann besuche ich den ›halbjüdischen‹ Ohrenarzt mit seiner Familie, mit denen wir bis zum Tode meiner Mutter 1988 Verbindung hielten.

Mein Tagebuch, ein neues Heft, setzt am 13. Mai wieder ein. Ich berichte im Rückblick, lasse Schreckliches aus oder »überhöhe« es. Was war geschehen? 16. 4. Panzeralarm. Granaten, Bomben.

Mutter, Schwester und ich brechen auf, zu Fuß, Sachen auf einem Wägelchen und in einem Kinderwagen. Irgendwann nahm uns ein offener Pferdewagen mit. Ich saß hinten, Blick rückwärts, und hielt an einem Strick den scheppernden Kinderwagen fest. Und da, bei Vetschau, sehe ich im gegenströmigen Verkehr ein kleines Auto, in dem mein Vater sitzt. Ich schreie, wir springen vom Pferdewagen, feiern Wiedersehen, stopfen in das kleine Auto, was hineingeht, lassen alles andere liegen und fahren zusammen nach Berlin, wo er – ausgebombt – ein Zimmer in Lichterfelde-West hat. Ein Versuch in den nächsten Tagen, die Elbe zu überqueren – wir wollen doch zu den Amerikanern! –, scheitert. Glück, denn das Schiff, auf das wir nicht kamen, ist versenkt worden. Rückkehr über die Glienicker Brücke. Wir folgten der Einladung von Onkel Hans Sievers, dessen erste Frau, Jüdin, 1934 gestorben war, den die Nazis schon im Mai 1933 als Leiter der Kulturabteilung des Auswärtigen Amtes gefeuert hatten. Beide Söhne waren emigriert. Er hatte in zweiter Ehe unsere Tante Hanna geheiratet. Ihm danken meine Schwester und ich, daß die Eltern – Vater hatte ein technisch-wissenschaftliches Preisausschreiben gewonnen – uns Kinder 1938 zu einer mein Leben prägenden Italienreise mitgenommen haben. (Daher die Madonna aus S. Zeno ...) »Bleibt bei uns in Nikolassee. Ich bin informiert. Wir hier werden amerikanisch.« Wir wurden am 2. Mai russisch. Akribisch habe ich Bleiben, Fliehen, Wiederdasein unserer Soldaten beschrieben. Auf einmal waren sie alle fort. »Das Trauerspiel begann ... Ungezählte Russen fluteten plündernd durchs Haus ... nahmen Vater mit, er kam wieder ... Entsetzliches wechselte mit Belustigendem: Kopf ins Klo ... Dann zog der Troß ins Nebenhaus, der Abschaum. Die Nacht war Grauen ... Onkel Hans und Tante Hanna ertrugen dies nicht. Sie hatten auf Befreiung gehofft, nicht auf Vandalen. Sie nahmen Gift. 30 Veronal, aber sie starben und starben. Ich steckte meine Finger in ihren Hals, sie erbrachen, sie überlebten ...« Ich hatte noch ein Rasiermesser. Aufgeschrieben habe ich: »Plötzlich hielt ich ein. Doch leben ... Gott schenkt das Leben nur einmal, nicht damit man es fortwirft. Ich muß auch das Grauen bestehen.« Wir entkamen am Morgen, blieben in der Nähe von Potsdam bei wunderbar hilfreichen einfachen Leuten, gingen dann am nächsten Tag zurück nach Lichterfelde-West. Alles geplündert. Acht Stunden Anstehen nach Brot. In der Gärtnerei halfen wir gegen Naturalien, aber immer versteckt. Nie laut sprechen, damit die Russen nicht entdecken, wo Frauen sind. Ich notiere etwas über die russische Siegesparade, den Vorwaffen- und den Waffenstillstand, vermerke, daß die Amerikaner, Engländer und Franzosen kommen werden, »der unplanmäßige Terror wird zu Ende gehen ...«. »Wir wissen um die Schuld Hitlers nicht erst seit heute, aber soll ich mich zur Antifa melden, oder ist sie nur ein Vorwand?« Ich melde mich, schreibe Tiraden »Deutschland muß leben. Wir müssen dies Land wieder erhöhen ... Unendlich ist die Traurigkeit des Herzens. Wir stehen ratlos ... aber wir wissen auch, daß hinter jenen Bergen die Sonne scheint.« Und dann folgen Passagen der Sehnsucht nach dem vermeintlich so sehr Geliebten ... Wasserschleppen,

Schlange-Stehen. Wir, nicht Berliner, haben keine Lebensmittelkarten, auch am 22. Mai noch nicht. Daß Pfingsten war, haben wir fast übersehen. Schließlich Ende Mai: die Karten. »Ein Russe ist am Teltowkanal erschossen worden. Der Kommandant erklärt die Lebensmittelkarten für ungültig. Wir hatten nur noch Salz dran.« Ich ärgere mich schwarz über meinen Beitritt zur Antifa. »Da melde ich mich nie mehr.« Hamstertouren, und am 4. Juni erster »Schultag« im Lette-Haus, »Fremdsprachen-Korrespondentin für Englisch und Russisch«. Der Weg jeden Tag ein Abenteuer. Ich bin begeistert über das Lernen-Dürfen. Dazwischen Gedichte von Rilke, Trakl, von Weinheber (!) und Bibelworte. Vater fährt Anfang Juli nach Spremberg, er will ein paar Sachen holen. Er wird eingesperrt. Bei uns kommen die Amerikaner. Wir jubeln. Vater kommt wieder, so kommentarlos entlassen wie vorher inhaftiert. Ich treffe auf Trupps halbtoter deutscher Kriegsgefangener und frage mich, ob das denn Friede sei.

Ein Fazit? Ich danke meinen Eltern, einer ungeliebten kommunistischen Mathematiklehrerin und zwei, offenbar in unser Nest strafversetzten Lehrerinnen, daß ich ahnte: dies Kriegsende ist Befreiung. Begriffen habe ich es erst, als die Amerikaner, Franzosen und Briten als Besatzung kamen. Für mich 1994 ein Grund, in unserm Parlament und bei den »Westmächten« – sogar mit Erfolg – für zwei Abschiedsveranstaltungen einzutreten: Juni 1994 Abschied von den VIER Alliierten mit vier Kapellen: Ende des Hitlerterrors.

6. September: Dank an die drei Schutzmächte, die uns halfen, Freiheit zu bewahren. Wer sich nicht erinnert, hat keine Zukunft.

Karl Dedecius

STALINGRAD

Zeit: Fünfzig Jahre danach. Ort: Buchmesse. Gesprächsteilnehmer: 1 und 2.

1: Ich komme auf unser altes Gespräch zurück. Sie müssen den Stalingrad-Roman schreiben. Gerade jetzt. Es gibt kaum noch Zeugen, und noch weniger solche, die schreiben ...

2: Ich kann nicht ... Ich sagte es schon vor Jahren.

1: Das ist Feigheit vor dem Freund. Es ist geradezu Ihre historische Pflicht ...

2: Die historische Pflicht haben andere, kompetentere längst erfüllt: die Generäle, die Geschichtsschreiber, auch die Geschichtenerzähler ...

1: Ich denke an etwas anderes. Ich denke an den großen Wurf. Dichtung und Wahrheit, Drama mit Katharsis und Vermächtnis ... Heute haben wir den richtigen Abstand dazu.

2: Ich nicht. Ich stecke noch mittendrin ...

1: Um so besser. Dann wird das Ganze ... authentischer. Das Erlebte macht das Beschriebene erst wirklich lebendig.

2: Aber mich macht es zum zweiten Mal tot. Wissen Sie, wie das ist, sich wissentlich und wollentlich hinzusetzen, um am Schreibtisch noch einmal zu sterben?

1: Ich verstehe Sie nicht. Damit würden Sie doch die Wunde endlich los. Schreiben ist Überwinden, sich erinnern bedeutet Vergangenes bewältigen.

2: Bewältigen? Überwinden? Ad acta legen? Ich weiß nicht so recht. Bei mir funktioniert das nicht. Außerdem – auch wenn Sie es nicht glauben sollten –, ich kann mich nicht erinnern, auch wenn ich mich noch so sehr anstrenge. Etwas hat meine Erinnerung kaputtgemacht. Ich brächte die Einzelheiten nicht mehr zusammen. Es sind zusammenhanglose Scherben, nichts Ganzes, nur einzelne Glieder, Gedächtnisruinen, tote Natur, Unnatur ... Ich brächte nichts mehr zusammen.

1: Das verstehe ich nicht. Sie haben doch Phantasie, um Bruchstücke zu ergänzen.

2: Das wäre kalte Berechnung, Rekonstruktion. Den Krieg rekonstruieren? Belletristisch – schön konsumierbar, unterhaltsam zu machen? Ich kann es nicht.

Ich könnte Ihnen vieles über den Frieden sagen, auch schreiben, aber über den Krieg? Etwas sträubt sich in mir dagegen. Abgesehen davon habe ich von dieser Schlacht, von dieser Metzelei als solcher keine umfassende Kenntnis. Ich war kein Stabsoffizier mit Überblick, kein Frontberichterstatter mit Einblick, Kamera, beweglichen Schauplätzen. Ich war gewöhnlicher Schütze, SMG-Schütze, lag immer ganz vorn im Loch, zuerst zu dritt, dann zu zweit, dann allein, ohne Blickkontakt nach rechts oder links, noch weniger nach hinten, nur nach vorn, immer nur nach vorn ... Ich sah alles ganz klein, sehr persönlich, von unten. Wie ein Maulwurf. Und wie dieser blind.

1: Ich kann mir nicht vorstellen, daß man etwas so ... so ... Spektakuläres ... nein, das ist nicht das richtige Wort, so etwas den Verlauf der Geschichte grundsätzlich Änderndes erlebt und darüber nichts sagen will ...

2: Nichts sagen kann ... Versetzen Sie sich bitte in meine Lage. Die Lage eines Gedächtnisgeschädigten. Als wir – ein in Frankfurt/Oder rasch zusammengestoppeltes Ersatzbataillon – in Millerowo aus dem Zug geschubst wurden, torkelten wir bereits auf wackligen Füßen. Es gab unterwegs zuviel Butter und zu viele grüne Gurken und unreife Tomaten. Die meisten hatten, bevor sie »eingesetzt« wurden, bereits Durchfall, Fieber oder sonstige körperliche und Wahrnehmungsschwächen. Das erste Fronterlebnis eines lebensunerfahrenen Oberschülers war die LKW-Fahrt von Millerowo an den Don über die Rollbahn. Hitze, Mücken,

Staub, man nahm – wie gelähmt –, mit Sand im Munde und in den Augen, kaum noch die Leichen wahr, die auf der Rollbahn, plattgefahren, wie staubgraue Abziehbilder überall herumlagen und über die wir, wie Hunderte von Panzern und LKW vor uns, hinwegrollten. Diese erste Berührung mit dem Tod vollzog sich bereits fast reglos, mechanisch, stumpfsinnig, wortlos, bald auch blicklos. Die erste Leiche wird noch wahrgenommen, die hundertste nicht mehr.

1: Das ist es, eben das und ähnliches muß dokumentiert werden.

2: Wozu? Und wie? Geistreich? Spannend? Gruselnd? Mitleid erregend? Im Jägerlatein oder als Jeremiade? Die sachliche Dokumentation hat meines Wissens beiderseits bereits stattgefunden. Was, wann, wo, warum, wieviel ... Das festzuhalten ist wichtig, es auch zum Lehrstoff der Militärakademien und der allgemeinbildenden Schulen zu machen ist wichtig. Damit die Historie endlich einmal zur Lehrmeisterin des Lebens werde, wie es so schön auf lateinisch heißt? (Sie ist es nicht geworden, sie wird es wohl auch nicht. Am allerwenigsten als Krieg, als Völkermord in schöngeistige Bilder gesetzt.)

1: Ich denke freilich nicht an kriegsneurotische ...

2: Glauben Sie, es gäbe einen »echten« Stalingrader, – der die Bataille vom ersten bis zum letzten Tag, sogar darüber hinaus, erlebt hat, und zwar ohne Bunker und Ordonnanz und Kraftfahrer und Fernrohr, sondern vom Beginn der Donoffensive bis zur Kapitulation am 2. Februar, bei 40 Grad Hitze im freien Feld und bei 40 Grad Frost auf der vereisten Erde, in die man sich nicht mehr einbuddeln konnte, weil jeder Spaten, so man einen noch hatte, brach, – ohne Neurose? Die letzten acht Wochen in der Steppe der Nordriegelstellung: vergessen, liegengelassen, ohne Wasser (Schnee gab's ja genug), ohne Wäschewechsel, so daß einen die Läuse buchstäblich auffraßen. Aus der Gelbsucht wurde schließlich Malaria, aus der Malaria Fleckfieber und Wassersucht, aus den 80 Kilo Lebendgewicht irgendein erbärmlicher Rest von 37 Kilo halbtoter Materie ohne Stoffwechsel, das Fieber blieb konstant, 41 Grad, was gut war, es schüttelte einen, aber man spürte die Kälte kaum noch. Man spürte nichts, man torkelte, blieb zwischen zwei zerschossenen Wänden liegen, bis man, schon nach der Kapitulation, aufgefunden, aufgelesen wurde ... Was soll man da beschreiben? Ich habe nichts erlebt, nicht einmal mich selbst, da wesentliche Teile meiner Befindlichkeit bereits tot waren. Und dann das Schlimmste: alle waren gefallen, links, rechts, vorn und hinten, man blieb wie zum Hohn allein – der Unsoldatischste des ganzen stolzen Traditionsregiments des Alten Fritzen blieb allein am Leben. Was soll man da in Unkenntnis der Zusammenhänge beschreiben?

1: Das ist doch ungeheuer viel ...

2: Vielleicht für den Konsumenten, für den Produzenten nicht. Dem blieb seine Neurose übrig, der seelische Schüttelfrost, der zerrissene Sommermantel im Winter, die unheimlichen Läuse, die man sich handvollweise unterm Hemd hervorholte, so man noch Kraft hatte, was sowieso nichts half, denn ihre Ersatzbataillone waren schneller zur Stelle als unsere. Den letzten weißen Schnee hatte man längst gegessen, der übriggebliebene Rest war blutig und kotig, es gab auch kein gefrorenes Grashälmchen mehr darunter, die Benommenheit hatte alle Konturen verwischt, Gesichter zu Masken schrumpfen lassen ... Und das Gedächtnis war weg, einfach weg. Ich glaube, das war der Rest des gesund gebliebenen Instinkts, die letzte graue Zelle der Vernunft, die krank und gepeinigt und raffiniert genug sich diesen letzten Selbstschutz ersonnen hatte: alles vergessen, nichts mehr erinnern – und so kam es auch. Vielleicht hatte es der Hirnschaden nach dem Fleckfieber fertiggebracht – das Gedächtnis war weg. Ein großer Nebel breitete sich über alles, was innen in einem noch vorging, und half überleben. Die 6. Armee war weg, die 3. Division war weg, das 8. Regiment war weg, die 4. Kompanie war weg, die Kameraden waren weg, sogar die Toten waren weg, deren Skelette ich später als Gefangener in das Riesenloch bei Stalingrad, selbst halb tot, karren mußte, die Namen waren weg – und Sie möchten, daß ich das, was bei mir und für mich weg ist, beschreibe. Ich könnte ja nur das bereits Beschriebene beschreiben – mir stünden keine eigenen Daten, keine Orte zur Verfügung. Selbst an das schrecklichste Bild, das letzte Flugzeug – war es Gumrak?, war es Pitomnik? – um den 15. Januar herum, an dessen Rumpf und Tragflächen verzweifelte Halbtote hingen – und nicht mitgenommen wurden. Rings um das Flugzeug lagen Hunderte von Krüppeln – die nicht ausgeflogen wurden, weil die Maschine nur noch kampffähige »Spezialisten« mitzunehmen den Befehl hatte. Und dann die langen Gespensterzüge im Schnee, schwarz auf weiß. Nein, diesen Wirrwarr in meinem Kopf könnte ich nicht beschreiben.

Vielleicht ist diese partielle Gedächtnislosigkeit auch Grund dafür, daß ich nicht schreibe, von mir schreibe, sondern andere übersetze?

1: Ich finde es schade, diesen Erlebnisvorrat einfach brach liegenzulassen. Unausgewertet ...

2: Meinen Sie, man könnte eine Seele gegen ihren Willen verwerten?

1: Aber Sie haben doch sicher auch Ihrer Familie, Ihrer Frau und Kindern, etwas von Stalingrad erzählt?

2: Auch ihnen nicht, denn wozu? Damit sie mich bedauern? Oder bewundern? Oder ...? Und übrigens – was bedeutet schon mein Einzelschicksal, verglichen mit dem viel größeren Elend von Millionen ...

Für ein solches Buch, das Ihnen vorschwebt, wäre ich der falsche Autor. Ich kann es nicht schreiben. Ich werde von einem inneren Zwang bestimmt, mich nach vorn, an die Zukunft zu erinnern. An das Wiederbeleben, an eine Welt ohne Städte, die einen Namen und ein Schicksal haben wie Stalingrad. Stalingrad ist für mich der Inbegriff von Wahn und Tod. Ich liebe das Leben und suche die Vernunft.

Valentin Senger

Fünfzig Jahre, ein halbes Jahrhundert danach, frage ich mich: welche ersten Eindrücke nach dem schrecklichsten aller Kriege sind des Erinnerns wert, haben ein Glanzlicht oder zwei oder auch Narben in meiner Seele hinterlassen, haben mich geprägt? Die, die mir im Augenblick durch den Kopf wirbeln und die ich mit einer mir unerklärlichen Erregung niederzuschreiben mich anschicke? Oder sind es ganz andere Eindrücke, die lange in Vergessenheit geraten sind, begraben unter einem Berg neuer Reize, vager Hoffnungen und bitterer Enttäuschungen?

Noch zögere ich, mir darauf eine eindeutige Antwort zu geben. Aber eines weiß ich: es sind subjektive Wahrnehmungen, ganz persönliche, und keinesfalls zu verallgemeinern.

Jeder einzelne, der den Krieg erlebte und überlebte, hat den Zusammenbruch, die Befreiung vom Hitlerfaschismus und den schmerzhaften Neubeginn auf seine eigene, unverwechselbare und nicht zu übertragende Weise erfahren. Es kam darauf an, welchen Standort er zu dieser Zeit hatte, geographisch und politisch. Es kam darauf an, ob er das Ende des Krieges als Niederlage oder als Befreiung empfand. Und noch heute, ein halbes Säkulum später, und nachdem die furchtbaren Verwüstungen und die breite Blutspur, die die Hitlerarmeen in allen eroberten Ländern hinterließen, hinlänglich bekannt sind, ist es nur eine Minderheit im deutschen Volk, die den 8. Mai, den Tag der Kapitulationsunterzeichnung, als Befreiung betrachtet.

Ich tue es, ich habe das Ende nicht nur als Befreiung empfunden, für mich war es die Befreiung.

Der Schrecken ist verdrängt, das Grauen verblaßt – keinesfalls vergessen – und lebendig geblieben in der Erinnerung das Absurde und Groteske dieser Tage des totalen

Zusammenbruchs – und eine große Verwunderung. Denn noch bis zum heutigen Tag kann ich es nicht fassen, daß ich entgegen aller Logik und aller Wahrscheinlichkeit überlebt habe, überlebt in einem zehn Jahre währenden Zitterspiel zwischen Leben und Tod, Lüge und Verstellung.

Wer kann ermessen, was es bedeutet, mit einer fünfköpfigen Familie, einer jüdischen Familie russischer Herkunft, mit falschen Papieren und unter falschem Namen im Herzen Frankfurts, in einer Straße zwischen Hauptwache und Opernplatz, zu leben und darauf zu warten, entlarvt oder verraten und aus dem Lügengebäude, in das wir uns eingesponnen hatten, herausgezerrt, in ein Vernichtungslager deportiert und ermordet zu werden?

Auch nach dem totalen Zusammenbruch des Hitlerreichs ergab sich mir im Augenblick der Befreiung noch eine Reihe von Situationen, ein Opfer zu werden, Opfer der Befreiung. Die erste war, von einer Wehrmachtspatrouille, die der Volksmund Heldenklau nannte, als Deserteur aufgegriffen und am nächsten Baum aufgeknüpft zu werden mit einem Pappschild vor der Brust, auf dem zu lesen gewesen wäre: »Ich bin ein feiger Deserteur und habe den Tod verdient.« Denn: in den falschen Papieren, die sich mein Vater in Zürich besorgt hatte, war als Staatsangehörigkeit »staatenlos« und »früher russisch« angegeben. Und so waren auch mein Bruder Alex und ich staatenlos. Das hatte zur Folge, daß wir beide im Spätsommer 1944 mit dem sogenannten Goebbelsaufgebot zur faschistischen Wehrmacht eingezogen wurden.

Während ich mich in der Kaserne in Fritzlar mit Fleckfieber infizierte und bei Ordensschwestern in einem Notlazarett in eine strenge und lange Quarantäne kam, wurde mein Bruder von der Kasseler Kaserne, in der er für den Kriegsdienst präpariert worden war, an die Ostfront abkommandiert und beim ersten Fronteinsatz von denen erschossen, die er seine Freunde nannte. Denn unsere Freunde waren alle die, die gegen die Hitlerarmeen kämpften, ob Amerikaner,

Engländer oder Russen, unsere Feinde die Deutschen, genauer: Es war das Regime, das die Hitlerarmeen befehligte.

Als sich im März 1945 die amerikanischen Truppen der Stadt Fritzlar näherten, floh ich aus dem Notlazarett und kam etwa fünfzehn Kilometer nordwärts in ein Jagdhaus. Die Bewohnerinnen, drei Frauen, boten mir Zivilkleider an unter der Bedingung, daß ich im Chaos des Zusammenbruchs bei ihnen bleibe und sie gewissermaßen als Leibwächter beschütze. Dieses Angebot nahm ich sofort an. Mir blieb auch keine andere Wahl. Und daraus ergab sich für mich das Risiko, trotz der Zivilkleider noch in letzter Sekunde als Deserteur erkannt und erschossen zu werden. Vielen, die sich vor den letzten Kampfeinsätzen oder der Gefangenschaft retten wollten, ist es so ergangen.

Als zehn Tage später die Amerikaner kamen, das Jagdhaus besetzten und Schnaps verlangten, ergab sich mir eine weitere Möglichkeit, ein Opfer der Befreiung zu werden. Ich erklärte ihnen guten Glaubens, es sei kein Schnaps im Haus. Das hatten mir die Frauen versichert. Die Soldaten entdeckten dann doch in einem Versteck unter der Kellertreppe in einem Lebensmittellager Dutzende Wein- und Cognacflaschen. Sie mußten glauben, ich habe sie hinters Licht führen wollen. In diesem kritischen Augenblick muß mir ein Schutzengel zur Seite gestanden haben, als ein wütender Amerikaner, der seine Maschinenpistole auf meinen Bauch hielt, nicht abdrückte. Tags darauf zogen die Amerikaner wieder ab.

Die nächste Möglichkeit, zu Tode zu kommen, war, als Leibwächter der drei Frauen von den aus den Lagern befreiten Zwangsarbeitern, die plündernd durch das Land zogen, erschlagen zu werden, weil ich nicht nur die drei Frauen, sondern auch noch ihre Lebensmittelreserven und ihre Pretiosen beschützen sollte.

Als einmal ein Trupp von acht oder neun Mann in das Jagdhaus eindrang und alles, was noch an Eßbarem und Alkoholischem vorhanden war, wegschleppte, kitzelte mich das Messer eines der Eindringlinge verdammt unangenehm am Hals. Da ist es gut zu verstehen, daß ich sie nicht daran hinderte, die Speisekammer zu leeren.

Eine letzte, geradezu absurde Möglichkeit, Opfer der Befreiung zu werden, ergab sich, als ich von dem amerikanischen Kommandanten, der in der Kleinstadt Züschen residierte, zu einem Verhör vorgeladen wurde.

Den amerikanischen Soldaten, die als erste in das Jagdhaus gekommen waren, hatte ich meinen Fremdenpaß mit dem Eintrag »staatenlos« und »früher russisch« vorgelegt, um ihnen zu beweisen, daß ich kein deutscher Soldat gewesen sei. Zudem erklärte ich ihnen, meine Eltern stammten aus Rußland. Diesen Paß hatte ich, auch bereits in der Kaserne und im Lazarett, stets gut verwahrt bei mir getragen.

Dem Kommandanten war offenbar zu Ohren gekommen, daß ich einen Fremdenpaß besitze, der auf »staatenlos« und »früher russisch« lautete. Darum erklärte er mir, ich stehe im Verdacht, als Spion für die Sowjetunion gearbeitet zu haben. Mein Paßport sei ein hinreichendes Indiz hierfür. Sollte sich der Verdacht bestätigen, werde er mich entweder internieren oder umgehend abschieben lassen. Bis das geklärt sei, habe ich das Haus, in dem ich derzeit wohne, nicht zu verlassen.

Das also war für mich die Befreiung. Zum Glück erhielt der Kommandant aus Frankfurt die Bestätigung, daß meine Angaben korrekt und der Paß in Ordnung sei. Und so hatte er keinen Anlaß, mich einzusperren oder abzuschieben. Und er händigte mir einen Passierschein für den Rückweg nach Frankfurt aus. Dieser ermöglichte mir den Durchlaß an allen amerikanischen Kontrollstellen.

Acht Tage dauerte der mühsame Fußmarsch mit schlechtem Schuhwerk und Blasen an den Füßen. Manche meiner damaligen Erlebnisse prägten sich so stark ein, daß sie mir noch heute lebendig vor Augen stehen. So zum Beispiel das Gespräch mit einer Frau in einem oberhessischen Dorf, die mir Unterkunft gewährt hatte. Beim Frühstück, zu dem sie mich eingeladen hatte, bemerkte sie, es sei ein großes Glück, daß der Krieg zu Ende sei, aber doch ungerecht, daß Deutschland ihn verloren habe. Und wörtlich fügte sie hinzu: »Nun war alles umsonst.« Als ich sie fragte, ob sie denn gewünscht hätte, daß Deutschland den Krieg gewönne, gab sie verwundert zurück: »Sie etwa nicht? Sie waren doch auch Soldat.« Darauf antwortete ich ihr nicht. Sie hätte mein »doch, ich habe es gewünscht« nicht verstanden. Ihre Irritation reizte mich, sie zu fragen, ob denn früher in ihrem Dorf Juden gewohnt hätten. Sie gab zurück: »Warum fragen Sie? Natürlich haben Juden hier gewohnt. Sie sind alle ausgewandert. Aber darüber reden Sie besser mit dem Bürgermeister.«

Damals machte mich die abweisende Haltung der Frau betroffen. Ich versuchte dennoch, sie zu verstehen. Die peinliche Empfindung über die Vertreibung der Juden aus ihrem Dorf hatte diese merkwürdige Haltung ausgelöst, daß sie sich weigerte, darüber mit einem Ortsfremden zu reden.

So wie diese Frau reagierten die meisten Menschen in Deutschland nach dem Zusammenbruch des Hitlerreichs. Sie behaupteten bis zum bitteren Ende, von nichts gewußt zu haben. Haben sie es wirklich nicht? Nichts von dem nazistischen Vernichtungsfeldzug gegen die Juden, dem schrecklichen Geschehen in den Konzentrationslagern, den Massenerschießungen von Juden in Polen, Rußland und anderen osteuropäischen Ländern?

Immer wieder waren Nachrichten von der Schreckensherrschaft auch in der deutschen Öffentlichkeit bekannt geworden. Soldaten, die von der Front kamen, erzählten von den Greueltaten, andere hatten Transporte in KZs begleitet und brachen ihre Schweigepflicht, Spezialisten, die in den Vernichtungslagern Produktionsstätten für die Todgeweihten bauten und wieder zurückkamen, erzählten, was sie gesehen hatten.

Nichts gewußt haben die Allerwenigsten. Die meisten

wollten nicht wissen. Und die es ahnten oder gar wußten, wollten sich die Wahrheit nicht eingestehen. Ich war ja nicht der einzige, der von Fronturlaubern – Mitschülern in der Ingenieurschule, Arbeitskollegen und Wanderfreunden – immer wieder Einzelheiten über grauenvolle Exzesse, Massaker und andere Kriegsverbrechen hörte.

Viele Deutsche empfinden auch heute, 50 Jahre später, keine Reue über das den Juden angetane Unrecht, sind bestrebt, über dieses Kapitel deutscher Geschichte ein großes Tuch des Vergessens zu breiten. Die um Wiedergutmachung Bemühten sind eine Minderheit, aber es gibt sie, und darum gibt es auch Hoffnung.

Hoffnung auch auf eine gerechte Beurteilung dessen, was es bedeutete, Widerstand gegen das Hitlerregime zu leisten, und wie dieser Widerstand zu werten ist.

Ich erinnere mich noch sehr gut, denn ich gehörte selbst mehrere Jahre einer Widerstandsgruppe an, wie schon sehr bald nach der Befreiung der bereits 1933 beginnende antifaschistische Widerstand der Arbeiterbewegung, der Kommunisten und Sozialdemokraten, in ein politisches Zwielicht gebracht und in den fünfziger Jahren praktisch aus der Geschichte ausradiert wurde. Über vier Jahrzehnte hat es gedauert, bis dieser Widerstand in der offiziellen westdeutschen Geschichtsschreibung überhaupt erwähnt wurde. Die Diffamierung des »linken« Widerstands auch noch in unseren Tagen, fünfzig Jahre danach, ist schlechthin eine politische Perfidie.

In diesem Zusammenhang bekenne ich, daß es mir schwerfällt, das Attentat auf Hitler am 20. Juli 1944 als Widerstand zu akzeptieren. Es war eher der – zweifellos mutige – Versuch, Zentimeter vor dem Abgrund, Sekunden vor dem totalen Zusammenbruch den einen Schuldigen, Hitler, zu beseitigen, um noch zu retten, was längst nicht mehr zu retten war. Daß diese Tat zum Synonym für den gesamten deutschen Widerstand gegen den Hitlerfaschismus gemacht wurde, ist in meinen Augen absurd.

Fünfzig Jahre danach ist es schwer, ja fast unmöglich zu beurteilen, in welcher Verfassung sich die Menschen nach zwölf Jahren Hitlerherrschaft, fast sechsjährigem Krieg und einer in der Menschheitsgeschichte beispiellosen Mordorgie, der sechs Millionen Juden zum Opfer fielen, befanden, ist es schwer nachzuvollziehen, wie sie dachten, was sie fühlten, zu beurteilen, wieviel Entsetzen sie packte, wieviel Reue sie empfanden. Eines aber weiß ich, erfuhr ich: nur wenige haben den verlorenen Krieg, haben die militärische Niederlage als Befreiung empfunden und ihn begrüßt.

Und mir fällt es schwer, mich zurückzuversetzen in die Zeit des Nachkriegselends mit all seinen menschlichen, politischen und auch kriminellen Auswüchsen. Mir brachte das Kriegsende Befreiung und Enttäuschung zugleich. Als ich langsam und mühevoll begann, meine Ängste abzubauen, und neue Hoffnung schöpfte, mußte ich erkennen, wie sehr ich mich geirrt hatte, als ich glaubte, die Überlebenden dieses Krieges ständen nun vor einem Neubeginn, in dem alles besser gemacht werden sollte. Ich irrte, als ich glaubte, die Verantwortlichen für dieses unermeßlich große Elend, das über die Völker Europas gekommen war, seien in dem gewaltigen Strudel des Zusammenbruchs mit ins Nichts gerissen worden oder würden einer gerechten Strafe zugeführt.

Als ich aus meinen Träumen aufschreckte, sprachen allenthalben schon wieder dieselben Juristen Recht, die kurz zuvor noch nazistische Rechtsprechung praktiziert hatten, waren prominente Rassisten und notorische Antisemiten wieder in Amt und Würden, wurde die sogenannte Entnazifizierung zur Farce und beeilten sich die Siegermächte, faschistische Spezialisten, Mitschuldige an Krieg und Vernichtung, vor einer eventuellen Verurteilung zu bewahren, sie in ihr Land zu holen und für sich arbeiten zu lassen.

Gewiß, manches hat sich im Laufe der Jahre geändert, manches wurde revidiert, korrigiert, und allmählich lösten sich die blutigen Schatten der Vergangenheit auf, wurde Deutschland auch für Juden wieder bewohnbar. Und ich lebe in diesem Land, möchte, trotz allem, in diesem Land mit meiner Familie und meinen Freunden und auch mit meinen Ärgernissen weiterleben.

Fünfzig Jahre danach ist der Schrecken verdrängt, das Grauen verblaßt, und übriggeblieben ist die Erinnerung an das total Verrückte, das Absurde dieser Tage, übriggeblieben die Verwunderung, überlebt zu haben gegen alle Logik, übriggeblieben ist die Erinnerung an eine Zeit voller Hoffnung auf eine bessere, friedlichere Welt – und eine große Trauer um einen zerstobenen Traum.

Leonie Ossowski

Berlin, 17. 8. 1994

Sehr geehrter Herr Sarkowicz,

haben Sie Dank für Ihren Brief mit der Aufforderung, an Ihrem Projekt über die letzten Kriegsjahre mitzuarbeiten.

Ich bin da etwas zögerlich, weil ich bisher nur in meinem letzten Roman etwas über die Flucht geschrieben habe. Irgendwie sitzt mir diese Zeit noch immer unter der Haut. Ich rede kaum darüber, auch nicht mit meinen Kindern.

Nun liegt Ihre Aufforderung, fünf Seiten darüber zu schreiben, vor mir. Hinzu kommt, daß ich mich damals zweimal davonmachen mußte. Einmal im Januar 45 aus Schlesien und dann noch mal im Juni, als die Amerikaner sich aus Thüringen zurückzogen. Beim zweiten Mal mußte ich über die grüne Grenze, da ein Haftbefehl gegen mich vorlag. Somit habe ich dann den Rest meiner wenigen Sachen verloren und besaß nur noch, was ich auf dem Leib trug.

Die Frage bleibt, von welcher Flucht soll ich, wenn überhaupt, berichten? Ich schwanke, möchte Ihnen aber andrerseits zusagen und am liebsten mit Ihnen telefonieren.

Berlin, den 30. 10. 1994

Lieber Herr Sarkowicz,

es fällt mir gar nicht leicht, Ihnen zu schreiben, da ich Ihnen meinen Text für Ihr Projekt absagen muß. Es geht nicht, es geht wirklich nicht. Ich habe mir große Mühe gegeben. Aber alles, was ich zuwege brachte, war nur für den Papierkorb geeignet. Ich ahnte es vorher. Mir ist, wie ich es Ihnen sagte, nie bei der Schilderung dieser Situation wohl gewesen.

Ich denke, ich kann Ihnen auch schreiben, warum es mir so schlecht gelingt. Zum einen war es früher die Sentimentalität dem eigenen Schicksal gegenüber. Selbstmitleid spielte eine große Rolle, die totale Entwertung der Tradition, der Statusverlust, verbunden mit einer ungewohnten Armut. Hinzu kam ein ausgeprägtes Heimweh, das ständig von dem Gedanken des unverdienten Schicksals geschürt wurde.

Ich denke, daß ich das alles überwunden habe, kann man in meinen Büchern nachlesen, auch meine politische und menschliche Einstellung zu dem, was mir vor rund 50 Jahren widerfahren ist.

Die andere Seite der Medaille, und die scheint mir weit wichtiger, ist die Frage, ob unser Schicksal, gemessen an dem, was in den letzten 50 Jahren an Flucht, Krieg und Elend passierte, wirklich so hervorhebenswert ist? Allein wenn ich an das ehemalige Jugoslawien denke, stockt mir schon die Hand, an Südafrika, an Ruanda, an die Kurden usw. usw. Sie wissen selbst, wie lang die Liste ist.

Wie gut geht es mir dagegen heute. Erst glaubte ich, das wäre vielleicht eine Perspektive. Aber ich schaffte kein Gleichgewicht, es wirkte gar komisch. Dann dachte ich, man könnte die Situation vielleicht mit ein wenig Ironie würzen, also dem deutschen Michel die Mütze vom Kopf reißen, aber auch dazu ist meine Distanz nicht groß genug.

Als letztes dachte ich etwas zu Papier bringen zu können, wenn ich aus Polen zurückgekommen wäre, wo ich in Posen und meiner Heimat Gast des dortigen Schriftstellerverbandes war. Aber das klappte erst recht nicht, als ich den mühsamen, aber sichtbaren Aufbau der Polen in meinem Geburtsdorf und der dazugehörigen Kreisstadt sah. Als ich in der Dorfschule mit den Kindern dort diskutierte, deren Heimatgefühl so spürbar war, schrumpften mein Schicksal und der Wunsch, darüber zu berichten, immer mehr zusammen.

Für mich ist diese Zeit der Flucht endgültig vorbei und nicht mehr nennenswert.

Ich bitte um Ihr Verständnis. Ich kann aus den oben genannten Gründen einfach nicht darüber schreiben, aber was noch viel ausschlaggebender ist, ich finde die Motivation dafür nicht mehr.

Anhang

Zu den Autoren

Bubis, Ignatz

(* 12. 1. 1927 in Breslau; † 13. 8. 1999 in Frankfurt/Main)

Der Sohn eines Schiffahrtsbeamten verließ 1935 Deutschland und ging mit seinen Eltern in die polnische Stadt Deblin. Seit Februar 1941 mußte er in dem von den deutschen Besatzern errichteten Ghetto leben. Sein Vater wurde in Treblinka ermordet. Auch einen Bruder und eine Schwester brachten die Nazis um. Im Sommer 1944 wurde er nach Tschenstochau in das Arbeitslager einer Munitionsfabrik gebracht, wo er am 16. Januar 1945 die Befreiung durch die Rote Armee erlebte. Seit dem Kriegsende betätigte er sich als freier Unternehmer. Von 1992 bis zu seinem Tod war Bubis Vorsitzender des Direktoriums des Zentralrats der Juden in Deutschland. Er stand außerdem der Jüdischen Gemeinde Frankfurts vor.

Lit.: Ignatz Bubis: Ich bin ein deutscher Staatsbürger jüdischen Glaubens. Ein autobiographisches Gespräch mit Edith Kohn (1993)

ders.: Damit bin ich noch längst nicht fertig (1996).

Dedecius, Karl

(* 20. 5. 1921 in Lodz)

Der Beamtensohn, dessen Familie zur deutschen Minderheit in Polen zählte, wuchs zweisprachig auf, besuchte das Gymnasium in seiner Heimatstadt, wurde danach zum Arbeitsdienst und schließlich zum Kriegsdienst einberufen. Bei Stalingrad geriet er in Gefangenschaft. Er gehört zu den wenigen Überlebenden der vollständig aufgeriebenen deutschen Truppen. Erst 1950 kehrte er aus der sowjetischen Kriegsgefangenschaft zurück und arbeitete am Deutschen Theater-Institut in Weimar. Zwei Jahre später übersiedelte er in die Bundesrepublik und war von 1953 bis 1978 in einer Frankfurter Versicherung tätig.

Seit den 50er Jahren übersetzt er Bücher aus dem Polnischen. Er ist heute der wichtigste Übersetzer und Förderer der polnischen Literatur in Deutschland. Seit seiner Gründung, 1979, bis 1997 leitete er das Deutsche Polen-Institut in Darmstadt.

1990 wurde der mehrfache Ehrendoktor für seine überragende Mittlerfunktion mit dem Friedenspreis des Deutschen Buchhandels ausgezeichnet.

Lit.: Karl Dedecius. Ausstellungskatalog der Frankfurter Stadt- und Universitätsbibliothek (1991).

Der hier abgedruckte Beitrag wurde verfaßt für den gleichzeitig erscheinenden Band *Deutschland in kleinen Geschichten,* herausgegeben von Hartmut von Hentig, München 1995.

Eppler, Erhard

(* 9. 12. 1926 in Ulm)

Der Sohn eines Oberstudiendirektors wuchs in einem liberal denkenden Elternhaus auf. Noch vor dem Abitur wurde er 1943 als Flakhelfer eingezogen, kam dann zum Reichsarbeitsdienst und schließlich als Soldat zum Heer. Das Kriegsende erlebte er in der Lüneburger Heide. 1953 gehörte er zu den Mitbegründern der Gesamtdeutschen Volkspartei Gustav Heinemanns, wechselte aber schon drei Jahre später zur SPD, in der und für die er zahlreiche Ämter übernahm. So war er von 1968 bis 1974 Bundesminister für wirtschaftliche Zusammenarbeit, von 1973 bis 1981 Landesvorsitzender der baden-württembergischen SPD und von 1977 bis 1991 Vorsitzender der SPD-Grundwertekommission. Von 1973 bis 1982 und von 1984 bis 1991 gehörte er zudem dem SPD-Parteipräsidium an. Neben seiner politischen Tätigkeit engagiert sich Eppler auch sehr stark in der evangelischen Kirche. Er war Vorstandsmitglied des Deutschen Evangelischen Kirchentages und zweimal Kirchentagspräsident.

Lit.: Erhard Eppler: Als Wahrheit verordnet wurde. Briefe an meine Enkelin (1994)

ders.: Komplettes Stückwerk (1996).

Fetscher, Iring

(* 4. 3. 1922 in Marbach/Neckar)

Schon mit 18 Jahren, im Oktober 1940, mußte der Sohn eines Professors für Sozialhygiene in Dresden (bis 1933) und praktischen Arztes (ab 1933) als Soldat einrücken. Er kam vor allem an der Ostfront zum Einsatz. Bei Kriegsende stand er als Artillerie-Offizier in Dänemark. Im September 1945 kehrte er aus britischer Gefangenschaft zurück und begann mit seinem Studium. Seinen Vater hatte eine SS-Streife noch am 8. Mai 1945 erschossen.

Nach Promotion und Habilitation war Fetscher seit 1963 Ordinarius für Politikwissenschaft an der Frankfurter Universität und Gastprofessor an zahlreichen ausländischen Hochschulen. Seit 1989 ist er emeritiert. Fetscher beschäftigte und beschäftigt sich in seiner wissenschaftlichen Arbeit vor allem mit der Geschichte der politischen Theorien und Ideen, sein Schwerpunkt liegt dabei auf der Neuzeit von Hobbes über Rousseau bis zu Hegel und Marx.

Lit.: Iring Fetscher: Überlebensbedingungen der Menschheit. Ist der Fortschritt noch zu retten? (1991)

ders.: Neugier und Furcht. Versuch, mein Leben zu verstehen (1995).

Giordano, Ralph

(* 20. 3. 1923 in Hamburg)

Als Sohn einer jüdischen Mutter mußte der knapp Siebzehnjährige 1940 die »Gelehrtenschule des Johanneums« in Hamburg-Winterhude verlassen. Er wurde mehrfach von der Gestapo verhört und dabei mißhandelt. 1943, als Bomben ihre Wohnung zerstört hatten, floh die Familie in die Altmark, wurde aber denunziert und mußte nach Hamburg zurückkehren. Als die Mutter deportiert werden sollte, tauchte die Familie 1944 unter. Sie versteckte sich unter schlimmsten Bedingungen und entging nur durch den Einmarsch der Briten dem Hungertod. Seit Kriegsende arbeitet Giordano als Journalist. Er war Redakteur beim Norddeutschen Rundfunk und dreht seit 1964 für den WDR Fernsehdokumentationen. In seinen Buchpublikationen setzt er sich vor allem mit der Verarbeitung bzw. Nichtverarbeitung der NS-Zeit in der Bundesrepublik auseinander. Von ihm stammt der Begriff der »Zweiten Schuld«. Sein autobiographischer Familienroman »Die Bertinis« (1982) wurde 1988 vom ZDF verfilmt und als Vierteiler ausgestrahlt.

Lit.: Ralph Giordano: Die zweite Schuld oder Von der Last, ein Deutscher zu sein (1987)

ders.: Wenn Hitler den Krieg gewonnen hätte (1989)

ders.: Wird Deutschland wieder gefährlich? Mein Brief an Kanzler Kohl – Ursachen und Folgen (1993).

Gombrich, Sir Ernst H.

(* 30. 3. 1909 in Wien; † 3. 11. 2001 in London)

Durch seine Lehrer Julius von Schlosser und Emanuel Loewy stand Gombrich zunächst in der Tradition der Wiener Schule der

Kunstgeschichte. Prägend für ihn waren auch die psychoanalytischen Untersuchungen von Kunstwerken durch Ernst Kris. Durch ein Stipendium des Warburg-Instituts kam er noch in Wien mit den Gedanken Aby Warburgs in Berührung, der sich vor allem mit dem Einfluß der Antike auf die europäische Zivilisation beschäftigt hatte. 1936 entschied sich Gombrich, als Forschungsassistent an das Warburg-Institut nach London zu gehen. Während des Krieges wurde er von der BBC eingesetzt, um deutsche Rundfunksendungen abzuhören und für einen speziellen Dienst zusammenzufassen. 1946 kehrte er an das Warburg-Institut zurück, das er schließlich von 1959 bis 1976 leitete. Daneben lehrte er an der Universität London und als Gastprofessor an zahlreichen Hochschulen. Als Autor verfaßte er wichtige und sehr erfolgreiche Standardwerke zur Kunstgeschichte, darunter »The Story of Art« (1950) und »Kunst und Illusion« (1959). Gombrich war Ehrendoktor mehrerer Universitäten, Mitglied des Order of Merit und Träger des Frankfurter Goethe-Preises.

Lit.: Ernst H. Gombrich: Die Kunst, Bilder zum Sprechen zu bringen. Ein Gespräch mit Didier Eribon (1993)

Klaus Lepsky: Ernst H. Gombrich. Theorie und Methode (1991).

Grosser, Alfred

(* 1. 2. 1925 in Frankfurt/Main)

Nachdem sein Vater 1933 als Leitender Arzt des Frankfurter Clementine-Kinderkrankenhauses entlassen worden war, emigrierte die Familie nach Paris. Da die Vichy-Regierung einen Numerus clausus für Juden eingeführt hatte, konnte der Siebzehnjährige zunächst nur Germanistik an der Universität von Nizza studieren. Daneben unterrichtete er an einer privaten Sekundärschule in Saint-Raphael Mathematik. Als Südfrankreich von deutschen Truppen besetzt wurde, flüchtete die Mutter nach Cannes, wo sie in einem Kinderheim arbeitete. Grosser, der einen falschen Ausweis (mit seinem richtigen Namen) besaß, fand in einer katholischen Privatschule in Marseille Unterschlupf. Dort unterrichtete er eine Sekunda, bis die Alliierten Marseille im August 1944 erobert hatten und er als militärischer Pressezensor eingesetzt wurde. Seit 1955 lehrt er am Pariser Institut für politische Wissenschaften. In seinen zahlreichen Büchern und Artikeln, in Interviews und Rundfunkauftritten hat er seit Kriegsende in Frankreich um Verständnis für Deutschland geworben und sich in Deutschland für die Entwicklung der

Demokratie eingesetzt. Er ist Träger des Friedenspreises des Deutschen Buchhandels.

Lit.: Alfred Grosser: Mein Deutschland (1993).

Hamm-Brücher, Hildegard
(* 11. 5. 1921 in Essen)

Nachdem sie bereits mit zehn Jahren ihre Eltern verloren hatte, wuchs sie mit ihren vier Geschwistern zunächst bei der Großmutter in Dresden auf, besuchte dann das Internat Schloß Salem und studierte nach dem Abitur in München Chemie. Sie gehörte zum weiteren Widerstandskreis um die »Weiße Rose« der Geschwister Scholl und arbeitete im selben Labor wie der von den Nazis 1943 nach der Münchner Flugblattaktion hingerichtete Hans Leipelt. 1945 promovierte sie bei dem Chemie-Nobelpreisträger Heinrich Wieland. Seit 1948 war sie für die FDP politisch tätig. Sie gehörte dem Münchner Stadtrat, dem Bayerischen Landtag und dem Bundestag an, war Staatssekretärin im Hessischen Kultusministerium (1967–69), Staatssekretärin im Bundesministerium für Bildung und Wissenschaft (1969–72) und Staatsministerin im Auswärtigen Amt (1976–82). Daneben arbeitete sie viele Jahre im Bundesvorstand und Präsidium ihrer Partei. Von 1964 bis 2003 führte sie den Vorsitz der von ihr mitinitiierten »Theodor-Heuss-Stiftung«. Für die FDP kandidierte sie 1994 bei der Bundespräsidentenwahl, 2002 trat sie aus der FDP aus.

Lit.: Hildegard Hamm-Brücher: Freiheit ist mehr als ein Wort (1996)

diess.: Ich bin so frei (2003)

P. Noack: Hildegard Hamm-Brücher: Mut zur Politik – weil ich die Menschen liebe (1981)

Ursula Salentin: Der Lebensweg einer eigenwilligen Demokratin (1987)

Carola Wedel (Hg.): Hildegard Hamm-Brücher – eine Präsidentin für alle (1994).

Harig, Ludwig
(* 18. 7. 1927 in Sulzbach/Saar)

Der Sohn eines Malermeisters besuchte die Volksschule, wurde zum Reichsarbeitsdienst eingezogen und geriet als Hitlerjunge für kurze Zeit in amerikanische Gefangenschaft. Nach Kriegsende besuchte er ein Lehrerseminar (1946–49) und übernahm 1949 seine erste Stelle als Assistant d'allemand am Collège Moderne in Lyon. Von 1950 bis 1970 unterrichtete er als Volksschullehrer im Saarland. Seit 1974 arbeitet er als freier Schriftsteller. Seine erste Veröffentlichung erschien 1955 in der von Max Bense herausgegebenen Zeitschrift »augenblick«. Harig widmete sich zunächst der experimentellen Literatur und dem Neuen Hörspiel, dessen Entwicklung er wesentlich mitprägte. Einem breiten Leserkreis wurde er durch sein Buch »Saarländische Freude« (1977) bekannt. In seinem bisherigen Hauptwerk »Ordnung ist das ganze Leben« (1986) schildert Harig den Besuch seines 82jährigen Vaters auf den ehemaligen Schlachtfeldern von Verdun.

Lit.: Ludwig Harig: Und wenn sie nicht gestorben sind. Aus meinem Leben (2002)

Gerhard Sauder/Gerhard Schmidt-Henkel: Harig lesen (1987).

Heckmann, Herbert

(* 15.9.1930 in Frankfurt/Main; † 19.10.1999 in Frankfurt/Main)

Der Sohn eines Bankangestellten verbrachte seine Kindheit zunächst in Frankfurt, bis die Familie ausgebombt und in das kleine Spessartdorf Kassel evakuiert wurde. Nach dem Abitur in Gelnhausen, dem Studium der Philosophie und Germanistik in Frankfurt, der Promotion über das barocke Trauerspiel (1957) und einer Assistententätigkeit an verschiedenen Universitäten arbeitete er seit 1967 als freier Schriftsteller und Rundfunkautor. 1980 übernahm er die Professur für Sprach- und Literaturwissenschaft an der Hochschule für Gestaltung in Offenbach. Von 1984 bis 1996 war er Präsident der Deutschen Akademie für Sprache und Dichtung in Darmstadt. In seinem literarischen Werk thematisierte Heckmann die Suche nach der eigenen Identität (»Benjamin und seine Väter«, 1962) und nach einer (nicht zu findenden) besseren Welt (»Der große Knockout in sieben Runden«, 1972.). In seinen Essays und Anthologien setzte er sich u. a. mit der Kulturgeschichte des Essens und Trinkens, dem literarischen Leben in Frankfurt und dem »typisch Hessischen« auseinander. Zuletzt veröffentlichte er unter dem Titel »Die Trauer meines Großvaters« (1994) Erinnerungen an seine Kindheit im nationalsozialistischen Frankfurt.

Lit.: Hans Sarkowicz/Bettina Mähler (Hg.): Bücher, Bücher – meine Lust. Herbert Heckmann zum Sechzigsten (1990).

Hermlin, Stephan

(* 13.4.1915 in Chemnitz; † 6.4.1997 in Berlin)

Der aus einer wohlhabenden Unternehmerfamilie stammende Hermlin schloß sich bereits als Gymnasiast dem Kommunistischen Jugendverband an und arbeitete nach der Machtübernahme durch die Nationalsozialisten für die illegale KPD in Berlin. 1936 mußte er emigrieren und ging zunächst nach Ägypten, dann nach Palästina, England und schließlich nach Frankreich, wo er während des Spanischen Bürgerkriegs an den Programmen des illegalen »Deutschen Freiheitssenders 29,8« mitwirkte. Nachdem er 1939 verhaftet worden war, gelang ihm die Flucht in die Schweiz, wo er in einem Arbeitslager interniert wurde. Hermlin schloß sich der Bewegung »Freies Deutschland« an und gehörte zu den Mitarbeitern der Zeitschrift »Über die Grenzen«. 1945 erschien in Zürich sein erster Lyrikband (»Zwölf Balladen von den großen Städten«). Im selben Jahr kehrte er nach Deutschland zurück und wurde 1946 unter Hans Mayer Literaturredakteur bei Radio Frankfurt. 1947 siedelte er nach Ost-Berlin über, engagierte sich literarisch und publizistisch für den neuen Staat und gegen das Fortbestehen faschistischen Denkens, blieb aber immer in kritischer Distanz zum SED-Funktionärswesen. Hermlin war Vorstandsmitglied des DDR-Schriftstellerverbandes, Ehrenpräsident des PEN-Zentrums der DDR, Vizepräsident des Internationalen PEN sowie Vizepräsident der Akademie der Künste der DDR.

Lit.: Silvia Schlenstedt: Stephan Hermlin (1985).

Hoffmann, Hilmar

(* 25.8.1925 in Bremen)

Der Kaufmannssohn wurde nach dem Besuch des Gymnasiums Soldat. Bei Cherbourg geriet er in amerikanische Gefangenschaft, aus der er 1947 zurückkehrte. Sein sich anschließendes Studium an der Essener Folkwangschule schloß er mit dem Regie-Diplom ab und gründete 1950 in Oberhausen seine Bühne »das zeitgenössische Schauspiel«. Von 1951 bis 1965 war er Direktor der Volkshochschule in Oberhausen, anschließend bis 1970 Kulturdezernent der Stadt. In dieser Zeit gründete er die Westdeutschen Kurzfilmtage, die er bis 1970 leitete. Als Dezernent für Kultur und Freizeit gehörte er von 1970 bis 1990 dem Magistrat der Stadt Frankfurt an. Ihm verdankt die Mainmetropole einen beispiellosen kulturellen Aufstieg – mit dem Museumsufer als Glanzpunkt. Hoffmann, der nach der selbstgewählten Maxime »Kultur für alle« handelte, verwaltete zuletzt den (prozentual auf den Haushalt bezogen) größten Kulturetat einer deutschen Stadt. 1988 übernahm er die Geschäftsführung der Stiftung Lesen (seit 1990 hauptberuflich). Von 1993 bis 2002 war er Präsident des Goethe-Instituts.

Lit.: Hilmar Hoffmann: Kultur für alle (1979)
ders.: Ihr naht euch wieder, schwankende Gestalten. Erinnerungen (1999).

Janka, Charlotte
(* 20. 3. 1914 in Berlin)

Nach dem Einjährigen und dem Besuch der Höheren Handelsschule ging die Achtzehnjährige 1932 nach Paris, wo sie in der Presseabteilung der kommunistischen Tageszeitung Humanité arbeitete. Während des Verkehrsstreiks im Dezember 1932 kehrte sie nach Berlin zurück. Als sie nach der Machtübernahme durch die Nationalsozialisten unter Polizeiaufsicht gestellt wurde, emigrierte sie zunächst in die Schweiz und dann über das Saargebiet und die Tschechoslowakei nach Frankreich. Auf der Flucht vor den deutschen Besatzern lernte sie in Marseille ihren späteren Mann Walter Janka kennen, mit dem sie nach Mexiko ging. Während ihr Mann den Exilverlag »El Libro Libre« leitete und u. a. »Das siebte Kreuz« von der ebenfalls in Mexiko lebenden Anna Seghers herausbrachte (daneben auch Werke von Kisch, Feuchtwanger und Heinrich Mann), verdiente sie den Familienunterhalt als Angestellte eines französischen Pharmaunternehmens. 1947 kehrten beide nach Deutschland zurück. Als ihr Mann, der unterdessen den Aufbau-Verlag leitete, 1956 wegen »konterrevolutionärer Verschwörung« verhaftet und ein Jahr später zu einer Zuchthausstrafe verurteilt worden war, hielt sie die Familie als Dolmetscherin bei Konferenzen und als Übersetzerin von Filmdrehbüchern über Wasser. Erst 1990, nach dem Fall der Mauer, wurde ihr Mann rehabilitiert.

Lit.: Walter Janka: Schwierigkeiten mit der Wahrheit (1989)
ders.: Der Prozeß gegen Walter Janka und andere (1990)
ders.: Spuren eines Lebens (1991)
ders.: ... bis zur Verhaftung (1993)
ders.: Die Unterwerfung (1994).

Jens, Walter

(* 8. 3. 1923 in Hamburg)

Der Sohn eines Bankdirektors besuchte bis 1941 das Hamburger Johanneum und studierte danach Klassische Philologie und Germanistik in Hamburg sowie Freiburg. Nach der Promotion (1944) arbeitete er als Assistent an der Hamburger Universität und habilitierte sich 1949 in Tübingen. 1956 übernahm er seine erste Professur. Von 1962 bis zu seiner Emeritierung im Jahre 1988 hatte er den Lehrstuhl für Rhetorik in Tübingen inne. Jens engagiert(e) sich für die SPD und in der Friedensbewegung. 1984 nahm er an der Blockade des amerikanischen Depots Mutlangen teil und wurde deshalb zu einer Geldstrafe verurteilt. Sein umfangreiches literarisches, kulturkritisches und übersetzerisches Werk fand früh Anerkennung. So gehörte er schon 1950 der »Gruppe 47« um Hans Werner Richter an. Jens ist Ehrenpräsident des PEN-Zentrums der Bundesrepublik Deutschland und war von 1989 bis 1997 Präsident der Berliner Akademie der Künste.

Lit.: Herbert Kraft: Das literarische Werk von Walter Jens (1975)

Manfred Lauffs: Walter Jens (1980)

Ulrich Berls: Walter Jens als politischer Schriftsteller und Rhetor (1984)

Gert Ueding/Peter Weit: Walter Jens – Feldzüge eines Republikaners (1988)

Ingo Hermann: Walter Jens, der gelehrte Dichter (1991)

Karl-Josef Kuschel: Walter Jens. Literat und Protestant (2003).

Krockow, Christian Graf von

(* 26. 5. 1927 in Rumbske. Kreis Stolp; † 13. 3. 2002 in Hamburg)

Der aus einer pommerschen Adelsfamilie stammende von Krockow wurde als Siebzehnjähriger zum Kriegsdienst einberufen und mußte zunächst gegen die Rote Armee kämpfen. Als seine Einheit aufgerieben worden war, kam er nach Dänemark und erlebte das offizielle Kriegsende in Schleswig-Holstein. Seine Familie, deren Treck die Rote Armee überrollt hatte, sah er erst 1946 bzw. 1947 wieder. 1947 begann von Krockow sein Studium der Soziologie, der Philosophie und des Staatsrechts, zunächst in Göttingen, dann in Durham, das er 1954 mit der Promotion abschloß. 1961 erhielt er seinen ersten Ruf als Professor an die Pädagogische Hochschule in Göttingen. Später lehrte er in Saarbrücken und Frankfurt. Seit 1969 arbeitete er als freier Wissenschaftler und Publizist. Thematische Schwerpunkte seiner auch bei einem breiten Leserkreis erfolgreichen Buchpublikationen sind die Entwicklung Preußens und die Vertreibung aus den ehemaligen deutschen Ostgebieten. Daneben hat er mit »Die Deutschen in ihrem Jahrhundert« (1990) eine umfassende Analyse der letzten einhundert Jahre deutscher Geschichte vorgelegt.

Lit.: Christian Graf von Krockow: Die Reise nach Pommern (1985)

ders.: Die Stunde der Frauen. Berichte aus Pommern 1944–47 (1988)

ders.: Erinnerungen (2000).

Kunert, Günter

(* 6. 3. 1929 in Berlin)

Weil er eine jüdische Mutter hatte, durfte Kunert im nationalsozialistischen Zwangsstaat nur die Volksschule besuchen. 1943 trat er als Lehrling in eine Tuchwarenhandlung ein. Vom Kriegsdienst blieb er verschont, weil er wegen seiner Herkunft als »wehrunwürdig« galt.

Nach Kriegsende studierte er an der Hochschule für angewandte Kunst in Berlin-Weißensee und veröffentlichte erste literarische Arbeiten. Gefördert wurde der junge Schriftsteller von Johannes R. Becher, dem damaligen DDR-Kulturminister, und von Bertolt Brecht. 1963 geriet der unterdessen erfolgreiche Lyriker, Erzähler, Essayist und Rundfunkautor erstmals in Konflikt mit der DDR-Staatsmacht, als ein bereits angekündigter Gedichtband vom Verlag zurückgezogen werden mußte. 1976 gehörte Kunert zu denjenigen, die öffentlich gegen die Ausbürgerung Wolf Biermanns protestierten. Als die Kritik an ihm und seiner Arbeit immer stärker wurde, verließ er im Oktober 1979 die DDR und lebt seither in der Bundesrepublik.

Lit.: Günter Kunert: Erwachsenenspiele. Erinnerungen (1997)

Dieter Jonsson: Widersprüche – Hoffnungen. Die Prosa Günter Kunerts (1978)

Michael Krüger (Hg.): Günter Kunert lesen (1979)

Manfred Durzak/Hartmut Steinecke: Günter Kunert (2002).

Laurien, Hanna-Renate

(* 15.4.1928 in Danzig)

Die Tochter eines Chemikers und einer Lehrerin besuchte Gymnasien in Spremberg/Lausitz und Berlin, ehe sie sich 1944 zum Arbeitsdienst meldete. Nach Kriegsende studierte sie Germanistik, Anglistik sowie Philosophie und promovierte 1951. Bis 1970 arbeitete sie im Höheren Schuldienst in Nordrhein-Westfalen, zuletzt als Schulleiterin. 1971 wechselte sie als Staatssekretärin in das rheinland-pfälzische Kultusministerium. Von 1976 bis 1981 war sie Kultusministerin von Rheinland-Pfalz, von 1981 bis 1989 Senatorin für Schule, Jugend und Sport in Berlin (ab 1986 als Bürgermeisterin). Von 1990 bis 1995 war Hanna-Renate Laurien Präsidentin des Berliner Abgeordnetenhauses. Von 1977 bis 1989 gehörte sie dem Präsidium der CDU an. Als erste Frau in der Geschichte des Katholischen Kirchentags hielt sie 1980 in Berlin die Eröffnungsrede.

Lit.: Hanna-Renate Laurien: Nicht ja und nicht Amen. Eine Frau in der Politik beruft sich auf das Christentum (1985)

dies.: Gedankengänge. Texte aus Berliner Sicht (1988).

Lenz, Hermann

(* 26.2.1913 in Stuttgart; † 12.5.1998 in München)

Der Lehrersohn studierte von 1933 bis 1939 in Heidelberg und München Kunstgeschichte, Germanistik sowie Archäologie. 1940 wurde er zum Kriegsdienst eingezogen und blieb bis zu seiner Gefangennahme durch die Amerikaner einfacher Soldat. 1946 kehrte er aus den USA zurück und lebte seitdem als freier Schriftsteller. Bereits 1936 hatte er auf Anregung Georg von der Vrings seinen ersten Gedichtband veröffentlicht, aber erst 1947 begann er kontinuierlich zu publizieren. Seitdem ist ein umfangreiches Werk mit Romanen, Erzählungen und Gedichten entstanden, auf das Peter Handke 1973 in einem Artikel für die Süddeutsche Zeitung nachdrücklich und mit großer Resonanz aufmerksam machte. Die Romane von Lenz sind z. T. stark autobiographisch geprägt. In der Figur des Eugen Rapp hat er sich ein Alter ego geschaffen, das er, unberührt von literarischen Moden und in Distanz zur Gegenwart, die Welt analysieren läßt, in die Menschen hineingeboren werden. 1978 erhielt Lenz den Georg-Büchner-Preis der Deutschen Akademie für Sprache und Dichtung.

Lit.: Ingrid und Helmut Kreutzer (Hg.): Über Hermann Lenz (1981)

Rainer Moritz: Schreiben, wie man ist (1989)
Heinz Ludwig Arnold (Hg.): Hermann Lenz (1999).

Leonhard, Wolfgang

(* 16.4.1921 in Wien)

Der Sohn eines Schriftstellerehepaares schloß sich schon mit zehn Jahren den »Jungen Pionieren« an. Nach der Machtübernahme durch die Nationalsozialisten wurde er von seiner Mutter, die illegal für die KPD tätig war, in ein schwedisches Internat gebracht. 1935 emigrierten Mutter und Sohn nach Moskau. Im Zuge der stalinistischen Säuberungen wurde die Mutter im Herbst 1936 verhaftet und für zehn Jahre nach Workuta verbannt. Leonhard besuchte verschiedene Schulen und studierte an mehreren Instituten. Er wurde im Herbst 1941, wie alle Deutschen in der Sowjetunion damals, zwangsumgesiedelt – nach Nord-Kasachstan. Im Sommer 1942 wurde er an die wichtigste Ausbildungsstätte für ausländische Kommunisten, die Kominternschule in Kuschnarenkowo, delegiert. Von 1943 bis Kriegsende arbeitete er für den Rundfunksender des »Nationalkomitees Freies Deutschland«.

Im Mai 1945 kam er mit der Gruppe Ulbricht nach Berlin, war von 1945 bis 1947 Mitarbeiter der Abteilung Agitation und Propaganda des ZKs der SED und lehrte schließlich von 1947 bis 1949 an der Parteihochschule der SED. Aus Protest gegen die stalinistischen Tendenzen in der DDR-Führung floh Leonhard im März 1949 nach Jugoslawien, wo er das deutschsprachige Programm des Belgrader Rundfunks betreute. Seit 1950 lebt er in der Bundesrepublik Deutschland. Er lehrte an verschiedenen Universitäten, vor allem in England und den USA. Seit seinem Bestseller »Die Revolution entläßt ihre Kinder« (1955) gilt Leonhard als einer der besten Kenner der Sowjetunion und des Kommunismus.

Lit.: Wolfgang Leonhard: Spurensuche. 40 Jahre nach *Die Revolution entläßt ihre Kinder* (1992).

Lustiger, Arno

(* 7.5.1924 in Bedzin/Oberschlesien)

Schon als Kind war Arno Lustiger im Untergrund gegen die Nationalsozialisten aktiv. 1943 wurde er über die Lager Sosnowitz, Annaberg und Otmuth ins KZ Blechhammer in Schlesien, ein Nebenlager von Auschwitz, deportiert. Am 21. Januar 1945 begann die »Evakuierung« des Lagers, ein zwölftägiger Todesmarsch ins KZ Groß-Rosen. Von dort ging es über Buchenwald zum KZ Langenstein im Harz, wo die Häftlinge Stollen für eine unterirdische Flugzeugfabrik graben mußten. Als das Lager vor den anrükkenden Amerikanern aufgelöst worden war und die Häftlinge auf einem weiteren Todesmarsch durch Deutschland irrten, gelang ihm die Flucht. Nach Kriegsende hat sich Lustiger trotz aller negativen Erfahrungen intensiv für die Zusammenarbeit von Juden und Christen eingesetzt. In diesem Sinn beteiligte er sich an der Wiedergründung der Frankfurter Jüdischen Gemeinde und der Henry-und-Emma-Budge-Stiftung. Sein wissenschaftliches Interesse gilt vor allem dem jüdischen Widerstand während der NS-Zeit. 1994 erschien seine Gesamtdarstellung »Zum Kampf auf Leben und Tod! Vom Widerstand der Juden 1933–1945«. Zusammen mit Wolf Biermann übersetzte er Jizchak Katzenelsons »Großen Gesang vom ausgerotteten jüdischen Volk« (1994).

Lit.: Arno Lustiger: Wir werden nicht untergehen (2002)
ders.: Sing mit Schmerz und Zorn (2004).

Mangelsdorff, Albert
(* 5.9.1928 in Frankfurt/Main)

Als Schüler gehörte der Sohn eines sozialdemokratisch eingestellten Buchbinders zu einer Gruppe Gleichgesinnter, die heimlich (die in der NS-Zeit verbotene) Jazzmusik hörte. Bei seinem Onkel in Pforzheim, einem Konzertmeister, lernte er Geige spielen. Als er nach Frankfurt zurückkehrte, um am Konservatorium Musik zu studieren, wurde er zwangsverpflichtet und mußte in einer Fabrik arbeiten. Der Einberufung zum Volkssturm entzog er sich durch Flucht in den Taunus. Das Kriegsende erlebte er versteckt in der Wohnung seiner Eltern. Seit 1948 spielt Mangelsdorff sein Lieblingsinstrument, die Zug-Posaune. 1950 trat er in die Cool-Jazz-Combo des Pianisten Joe Klimm ein und wurde schon bald zum bekanntesten deutschen Jazzmusiker, dem Frankfurt seinen Aufstieg zur europäischen Jazz-Metropole in den sechziger Jahren wesentlich mitverdankt. Mangelsdorff ist Träger des Frankfurter Musikpreises und Honorarprofessor für Jazz an der Frankfurter Musikhochschule. Nach ihm heißt der Deutsche Jazz-Preis.

Lit.: Bruno Paulot: Albert Mangelsdorff – Gespräche (1993)
Jürgen Schwab: Der Frankfurt Sound. Eine Stadt und ihre Jazzgeschichte(n) (2004).

Ossowski, Leonie

(* 15. 8. 1925 in Ober-Röhrsdorf/Niederschlesien)

Die Tochter eines Gutsbesitzers besuchte zunächst das Internat in Salem und absolvierte dann eine landwirtschaftliche Lehre auf dem elterlichen Hof. Vor den anrückenden sowjetischen Truppen flüchtete die Familie nach Thüringen, wurde aber auch dort verfolgt und mußte weiter nach Oberschwaben fliehen. Leonie Ossowski verdiente ihren Lebensunterhalt mit verschiedenen Jobs und begann daneben zu schreiben. 1958 erschien ihr erster Roman »Stern ohne Himmel«. Erst 1967, nach einer familienbedingten Schreibpause, legte sie ihren zweiten Roman vor. Seither hat sie zahlreiche Prosaarbeiten, Hörspiele und Drehbücher verfaßt. Eines ihrer zentralen Anliegen ist die Verbesserung der Situation von Strafgefangenen und Jugendlichen am Rand der Gesellschaft. In der Vollzugsanstalt Tegel leitet sie einen sozialpädagogischen Literaturkreis. Mit ihrer schlesischen Heimat hat sie sich in ihrer Romantrilogie »Weichselkirschen« (1976), »Wolfbeeren« (1987) und »Holunderzeit« (1992) auseinandergesetzt. Flucht und Vertreibung thematisiert sie in ihrem Roman »Die Maklerin«, der 1994 erschien.

Reichwein, Rosemarie

(* 24. 7. 1904 in Berlin; † 5. 8. 2002 in Berlin)

Die Tochter eines preußischen Ministerialrats ließ sich in Schweden zur Gymnastiklehrerin ausbilden, ging dann an das neugegründete Landschulheim Salem und schloß eine Ausbildung zur Turn- und Sportlehrerin an. Sie unterrichtete in Wiesbaden und Halle, wo sie 1932 den Professor an der Pädagogischen Akademie der Stadt, Adolf Reichwein, kennenlernte. Im Frühjahr 1933 heirateten sie. Der Reformpädagoge Reichwein, der der SPD angehört hatte, übernahm 1939 die Leitung der Abteilung »Schule und Museum« im Berliner Museum für Volkskunde. Bei ihm trafen sich viele, die gegen das Naziregime eingestellt waren. Über Helmuth James Graf von Moltke erhielt Reichwein Kontakt zum Kreisauer Kreis und beteiligte sich an den Vorbereitungen für den 20. Juli. Als er zusammen mit Julius Leber die Verbindung zu den kommunistischen Widerstandsgruppen herstellen wollte, wurde er von einem »umgedrehten« Kommunisten verraten. Unmittelbar nach der Verurteilung durch den Volksgerichtshof unter Freisler wurde er am 20. Oktober 1944 hingerichtet. Seine Frau wohnte, nachdem ihr Haus 1943 ausgebombt worden war, mit ihren vier Kindern bis Sommer 1945 bei Freya von Moltke in Kreisau. Nach Kriegsende ging sie zunächst nach Schweden, arbeitete dann als Krankengymnastin in der Berliner Charité und eröffnete schließlich ihre eigene Praxis.

Lit.: Rosemarie Reichwein u. a.: Die Jahre mit Adolf Reichwein prägten mein Leben. Ein Buch der Erinnerung (1999)

Dorothee von Meding: Mit dem Mut des Herzens. Die Frauen des 20. Juli (1992).

Renger, Annemarie

(* 7. 10. 1919 in Leipzig)

Aus einer Familie mit sozialdemokratischer Tradition stammend, stand Annemarie Renger schon früh in Opposition zum Nationalsozialismus und engagierte sich in der Berliner Arbeiterbewegung. Nach dem Besuch des Lyzeums absolvierte sie eine Lehre als Verlagskauffrau und arbeitete bis 1945 als Stenotypistin in Berlin. Nach Kriegsende lernte sie Kurt Schumacher kennen, der sie zu seiner engsten Mitarbeiterin machte. Nach dem Tod Schumachers ließ sie sich 1953 in den Bundestag wählen, dem sie bis 1990 angehörte. Von 1961 bis 1973 war sie Mitglied im Parteivorstand der SPD (von 1970 an im Präsidium). 1972 wurde sie als erste Frau zur Bundestagspräsidentin gewählt. Von 1976 bis 1990 hatte sie das Amt der Vizepräsidentin inne. Im Mai 1979 trat sie bei der Bundespräsidentenwahl gegen Karl Carstens an. Annemarie Renger ist Vorsitzende der 1985 gegründeten Kurt-Schumacher-Gesellschaft.

Lit.: Annemarie Renger: Ein politisches leben (1993)

Elke Leonhard: Annemarie Renger und Das Erbe Kurt Schumachers (1987).

Schultze, Bernard

(* 31. 5. 1915 in Schneidemühl/Westpreußen)

Nach dem Abitur in Berlin studierte Schultze von 1934 bis 1939 an den Kunsthochschulen in Berlin und Düsseldorf. Während des gesamten Zweiten Weltkriegs war er Soldat. Das Ende des Nazireichs erlebte er in Flensburg, wo ihn Bilder von Ernst Nolde nachhaltig beeindruckten. Später lernte er den Künstler auch persönlich kennen. 1947 ging er nach Frankfurt und fand seinen eigenen Stil der »informellen« Malerei. 1951 entstanden seine ersten tachistischen Bilder. Mit Karl Otto Götz, Otto Greis und Heinz Kreutz schloß er sich zur Gruppe »Quadriga« zusammen, die erstmals 1952 mit einer

Ausstellung Aufsehen erregte. Seit 1961 entstehen seine »Migofs«, Plastiken und Farbreliefs, mit denen er, wie ein bekanntes Kunstlexikon schreibt, »die Grenzen des Staffeleibildes in überraschender Weise erweiterte und auf der Schwelle zwischen Malerei und Plastik bildnerisches Neuland entdeckte. In seinem späten Stil der 80er Jahre entwickelt er Bilder sehr großen Formats«. Diesen großen Formaten widmete die Kölner Josef-Haubrich-Kunsthalle 1994/95 eine breitangelegte Ausstellung, die danach auch in Bologna, Budapest und Antwerpen gezeigt wurde.

Lit.: Evelyn Weiss (Hg.): Bernard Schultze. Arbeiten aus dem letzten Jahrzehnt (1994)

Bernard Schultze/Lothar Romain/Rolf Wedewer: Bernard Schultze (2001).

Senger, Valentin

(* 28.12.1918 in Frankfurt/M.; † 4.9.1997 in Frankfurt/M.)

Die Eltern von Valentin Senger, die eigentlich Rabisanowitsch hießen, waren 1905 vor der zaristischen Polizei nach Deutschland geflohen und hatten sich 1911 unter dem Tarnnamen Senger in Frankfurt niedergelassen. 1918 schlossen sie sich der neugegründeten KPD an. Unter falschem Namen und mit falschen Papieren, die sie als staatenlos auswiesen, überlebte die jüdische Familie die NS-Zeit. Valentin Senger hat diese »unwahrscheinlichste der unwahrscheinlichen Geschichten« 1978 in seinem Buch »Kaiserhofstraße 12« beschrieben. Nach Kriegsende trat Senger in die KPD ein und arbeitete bis zum Verbot der Partei (1956) als Redakteur bei der »Sozialistischen Volkszeitung«. Bis zu seiner Pensionierung, 1984, war er Abteilungsleiter für Wirtschaft und Sozialpolitik beim Hessischen Rundfunk. Über sein Leben in der Bundesrepublik des Wirtschaftswunders und über seinen Bruch mit der Kommunistischen Partei, 1958, berichtete Senger 1984 in dem Erinnerungsband »Kurzer Frühling«. 1991 veröffentlichte er »Die Buchsweilers«, eine jüdische Familiengeschichte aus dem 19. Jahrhundert.

Lit.: Valentin Senger: Der Heimkehrer. Eine Verwunderung über die Nachkriegszeit (1995).

Silbermann, Alphons

(* 11.8.1909 in Köln; † 4.3.2000 in Köln)

Der Kaufmannssohn studierte in Freiburg, Grenoble sowie Köln Jura und Soziologie, daneben Musik in Köln. Kurz nach seiner

Promotion (1934) emigrierte er über die Niederlande und Frankreich nach Australien, wo er sehr erfolgreich Hamburger verkaufte. 1938 wurde er Musiklektor am State Conservatorium of Music in Sydney. Anfang der fünfziger Jahre kehrte er nach Europa zurück, übernahm einen Forschungsauftrag für den französischen Rundfunk und veröffentlichte seine ersten musiksoziologischen Untersuchungen. Nachdem er in den sechziger Jahren an der Universität Lausanne gelehrt hatte, übernahm er 1970 eine Professur für Soziologie der Massenkommunikation und Kunstsoziologie in Köln. Nach der Emeritierung (1974) lehrte er in Bordeaux und Paris. Silbermann war der Nestor der deutschen Medien- und Kommunikationsforschung. Daneben leistete er wichtige Beiträge zur Musik- und Kunstsoziologie sowie zur Antisemitismusforschung. Seine Autobiographie »Verwandlungen« erschien 1989

Lit.: Alphons Silbermann: Flaneur des Jahrhunderts (1999).

Gräfin Schenk von Stauffenberg, Nina
(* 27. 8. 1913 in Bamberg)

Die Tochter des Generalkonsuls von Lerchenfeld und seiner Frau, einer geb. Freiin von Stackelberg, besuchte zunächst in ihrer Heimatstadt ein Lyzeum und danach ein Mädcheninternat in Wieblingen bei Heidelberg. 1930 lernte sie den Offizier beim 17. Bamberger Reiterregiment, Claus Graf Schenk von Stauffenberg, kennen. 1933 heirateten sie. Claus von Stauffenberg machte eine sehr beachtete militärische Karriere und wurde 1943 unter General Olbricht Chef des Stabes im Allgemeinen Heeresamt in Berlin. Die Erkenntnis, daß Hitler beseitigt werden müsse, ließ ihn im selben Jahr zum Kreis um Henning von Tresckow stoßen. Als er Chef des Stabes bei Generaloberst Fromm wurde und damit direkten Zugang zu Hitler hatte, übernahm er persönlich die Ausführung des Attentats auf Hitler am 20. Juli 1944. Nach dem Scheitern des Umsturzversuches wurde er noch am Abend des 20. Juli im Hof des Oberkommando des Heeres in der Berliner Bendelerstraße erschossen. Seine Familie, der Himmler Rache »bis ins letzte Glied« angedroht hatte, kam in Sippenhaft. Die vier Kinder wurden verschleppt. Ein Mädchen brachte Nina von Stauffenberg in Einzelhaft zur Welt. Nach Kriegsende kehrte sie nach Bamberg zurück, wo sie in ihrem Elternhaus lebt.

Lit.: Dorothee von Meding: Mit dem Mut des Herzens. Die Frauen des 20. Juli (1992).

Unseld, Siegfried

(* 28.9.1924 in Ulm; 26.10.2002 in Frankfurt/Main)

Kindheit und Jugend verbrachte der Sohn eines Fürsorge-Beamten in Ulm. 1942 wurde er zur Wehrmacht eingezogen, diente während des Krieges als Marinefunker und wurde 1946 entlassen. Nach einer Verlagslehre in Ulm und neben einer Verlagsarbeit in Tübingen bei I. C. B. Mohr (Paul Siebeck) studierte er von 1947 bis 1951 Germanistik, Philosophie und Bibliothekswissenschaft in Tübingen. Er promovierte zum Dr. phil. mit einer Arbeit über Hermann Hesse. Eine erste Begegnung mit Hermann Hesse fand 1951 statt. Im Januar 1952 trat er in den Suhrkamp Verlag ein. Nach dem Tod des Verlagsgründers Peter Suhrkamp am 31. März 1959 wurde er Verleger des Suhrkamp Verlages. Er war seit 1963 Verleger des Insel Verlages und Verleger des Nomos Verlages, Baden-Baden. Er war verlegerisch verantwortlich für den Deutschen Klassiker Verlag im Insel Verlag und für den Jüdischen Verlag im Suhrkamp Verlag. Seit 1993 war Siegfried Unseld Honorarprofessor für Literarisches Leben an der Universität Heidelberg.

Durch die zeitgerechte Gründung von Taschenbuchreihen gelang es Unseld, aktuell und breit gestreut das »Projekt der Moderne« (Habermas) wie kein anderer Verlag im deutschen Sprachraum mitzubestimmen. Die Reihen »Bibliothek Suhrkamp«, »edition suhrkamp«, »suhrkamp taschenbücher«, »suhrkamp taschenbücher Wissenschaft« und der unermüdliche Einsatz für die literarische und wissenschaftliche Avantgarde prägten den vielzitierten Begriff der »suhrkamp culture« (George Steiner).

Lit.: Begegnungen mit Hermann Hesse (1974)
Peter Suhrkamp, Zur Biographie eines Verlegers (1975)
Der Autor und sein Verleger (1978)
Der Verleger und seine Autoren (1984 und 1994)
Goethe und seine Verleger (1991)
Raimund Fellinger: »Ins Gelingen verliebt sein und die Mittel des Gelingens.« Siegfried Unseld zum Gedenken (2003).

Wickert, Erwin

(* 7.1.1915 in Bralitz/Mark Brandenburg)

Nach dem Besuch von Gymnasien in Wittenberg und Berlin studierte Erwin Wickert ab 1934 Philosophie, Germanistik sowie Journalistik in Berlin. 1935 ging der in die USA, wo er zunächst Volkswirtschaft und Politische Wissenschaften in Carlisle studierte, dann in verschiedenen Berufen arbeitete, bevor er eine längere Reise nach Japan, Korea und China unternahm. Von 1937 bis zu seiner Promotion 1939 studierte er in Heidelberg Philosophie und Kunstgeschichte. Im September 1939 trat er in die Kulturabteilung des Auswärtigen Amts ein, ging 1940 als Rundfunkattaché nach Schanghai, ein Jahr später nach Tokio. 1947 kehrte er nach Heidelberg zurück und arbeitete erfolgreich als Schriftsteller. 1955 wurde er politischer Referent in der deutschen NATO-Botschaft in Paris, von 1960 bis 1968 leitete er das politische Referat im Auswärtigen Amt, das sich mit der Entwicklung der kommunistischen Staaten beschäftigte. 1968 wurde er Gesandter in London, 1971 Botschafter in Bukarest und schließlich 1976 (bis 1980) Botschafter in Peking. Daneben schrieb er zahlreiche Romane, Erzählungen, Hörspiele und Sachbücher. Besonders pflegt er das Genre des historischen Romans.

Lit.: Erwin Wickert: Mut und Übermut (1991)

ders.: Die glücklichen Augen. Geschichten aus meinem Leben (2001).

Zahrnt, Heinz

(* 31. 5. 1915 in Kiel; † 1. 11. 2003 in Soest)

Der Sohn eines Bankdirektors studierte zwischen 1933 und 1938 Theologie, Philosophie sowie Geschichte in Kiel, Marburg und Tübingen. 1939 wurde er zum Pfarrer ordiniert, ging wenig später als Assistent an die Wiener Universität und betreute ein Theologisches Studienhaus. 1941 zum Kriegsdienst einberufen, erlebte er das Ende des NS-Staates als Unteroffizier, der ein Arbeitskommando von britischen Kriegsgefangenen führte. 1945/46 war er zunächst Pfarrer in Rosenheim, dann bis 1951 Hochschulpfarrer in Kiel. In diese Zeit fällt auch seine Promotion (1949). Von 1950 bis 1975 leitete er das »Deutsche Allgemeine Sonntagsblatt« als Chefredakteur. Seither arbeitete er als freier Wissenschaftler und Publizist. Mit seinen Büchern wollte er u. a. zwischen den verschiedenen Strömungen im Christentum vermitteln und den Menschen helfen, ein »persönliches« Verhältnis zu Gott zu finden. Zahrnt war seit 1960 Mitglied im Präsidium des Deutschen Evangelischen Kirchentages, von 1971 bis 1973 amtierte er als Präsident.

Lit.: Heinz Zahrnt: Mutmaßungen über Gott. Die theologische Summe meines Lebens (1994).

Der Herausgeber

Hans Sarkowicz (* 2. 10. 1955 in Gelnhausen) studierte in Frankfurt Germanistik und Geschichte. Seit 1979 ist er beim Hessischen Rundfunk. Er leitet das hr2 Wellenteam »Kultur, Bildung und künstlerisches Wort«. In seinen Veröffentlichungen beschäftigt er sich mit kulturhistorischen Themen, mit hessischer Geschichte sowie mit aktuellen politischen Entwicklungen, wie dem Rechtsradikalismus in der Bundesrepublik. Zuletzt erschienen von ihm Biographien über Erich Kästner (1998) und Heinz Rühmann (2001, beide zusammen mit F. J. Görtz) sowie im Insel Verlag der von ihm herausgegebene Band »Hitlers Künstler. Die Kunst im Dienst des Nationalsozialismus« (2004).

suhrkamp taschenbücher
Eine Auswahl

Tschingis Aitmatow. Dshamilja. Erzählung. Mit einem Vorwort von Louis Aragon. Übersetzt von Gisela Drohla. st 1579. 123 Seiten

Isabel Allende
- Eva Luna. Roman. Übersetzt von Lieselotte Kolanoske.
- Fortunas Tochter. Roman. Übersetzt von Lieselotte Kolanoske. st 3236. 486 Seiten
- Das Geisterhaus. Übersetzt von Anneliese Botond. st 1676. 500 Seiten
- Paula. Übersetzt von Lieselotte Kolanoske. st 2840. 488 Seiten

Ingeborg Bachmann. Malina. Roman. st 641. 368 Seiten

Ulrich Beck/Elisabeth Beck-Gernsheim. Das ganz normale Chaos der Liebe. st 1725. 301 Seiten

Jurek Becker
- Amanda herzlos. Roman. st 2295. 384 Seiten
- Bronsteins Kinder. st 2954. 321 Seiten
- Jakob der Lügner. Roman. st 774. 283 Seiten

Samuel Beckett
- Molloy. Roman. Übersetzt von Erich Franzen. st 2406. 248 Seiten
- Warten auf Godot. Deutsche Übertragung von Elmar Tophoven. Vorwort von Joachim Kaiser. st 1. 245 Seiten

NF 265/1/1.03

Louis Begley
- Lügen in Zeiten des Krieges. Roman. Übersetzt von Christa Krüger. st 2546. 223 Seiten
- Schmidt. Roman. Übersetzt von Christa Krüger. st 3000. 320 Seiten
- Schmidts Bewährung. Roman. Übersetzt von Christa Krüger. st 3436. 314 Seiten

Walter Benjamin. Illuminationen. Ausgewählte Schriften. Herausgegeben von Siegfried Unseld. st 345. 417 Seiten

Thomas Bernhard
- Alte Meister. Komödie. st 1553. 311 Seiten
- Heldenplatz. st 2474. 164 Seiten
- Holzfällen. st 3188. 336 Seiten
- Wittgensteins Neffe. st 1465. 164 Seiten

Peter Bichsel
- Eigentlich möchte Frau Blum den Milchmann kennenlernen. 21 Geschichten. st 2567. 73 Seiten
- Kindergeschichten. st 2642. 84 Seiten
- Zur Stadt Paris. Geschichten. st 2734. 120 Seiten

Volker Braun. Hinze-Kunze-Roman. st 3194. 240 Seiten

Bertolt Brecht
- Dreigroschenroman. st 1846. 392 Seiten
- Geschichten vom Herrn Keuner. st 16. 108 Seiten
- Hundert Gedichte. Ausgewählt von Siegfried Unseld. st 2800. 188 Seiten

Lily Brett
- Einfach so. Roman. Übersetzt von Anne Lösch. st 3033. 446 Seiten
- Zu sehen. Übersetzt von Anne Lösch. st 3148. 332 Seiten

Antonia S. Byatt. Besessen. Roman. Übersetzt von Melanie Walz. st 2376. 632 Seiten

Truman Capote. Die Grasharfe. Roman. Übersetzt von Annemarie Seidel und Friedrich Podszus. st 3135. 208 Seiten

Paul Celan. Gesammelte Werke 1-3. Gedichte, Prosa, Reden. Drei Bände. st 3202-3204. 998 Seiten

Clarín. Die Präsidentin. Roman. Übersetzt von Egon Hartmann. Mit einem Nachwort von F. R. Fries. st 1390. 864 Seiten

Sigrid Damm. Ich bin nicht Ottilie. Roman. st 2999. 392 Seiten

Marguerite Duras. Der Liebhaber. Übersetzt von Ilma Rakusa. st 1629. 194 Seiten

Karin Duve. Keine Ahnung. Erzählungen. st 3035. 167 Seiten

Tristan Egolf. Monument für John Kaltenbrunner. Roman. Übersetzt von Frank Heibert. st 3382. 528 Seiten

Hans Magnus Enzensberger
- Ach Europa! Wahrnehmungen aus sieben Ländern. Mit einem Epilog aus dem Jahre 2006. st 1690. 501 Seiten
- Gedichte. Verteidigung der Wölfe. Landessprache. Blindenschrift. Die Furie des Verschwindes. Zukunftsmusik. Kiosk. Sechs Bände in Kassette. st 3067. 633 Seiten

Hans Magnus Enzensberger (Hg.). Museum der modernen Poesie. st 3446. 850 Seiten

Laura Esquivel. Bittersüße Schokolade. Mexikanischer Roman um Liebe, Kochrezepte und bewährte Hausmittel. Übersetzt von Petra Strien. st 2391. 278 Seiten

NF 265/3/1.03

Max Frisch

- Andorra. Stück in zwölf Bildern. st 277. 127 Seiten
- Biedermann und die Brandstifter. Ein Lehrstück ohne Lehre. st 2545. 95 Seiten
- Homo faber. Ein Bericht. st 354. 203 Seiten
- Mein Name sei Gantenbein. Roman. st 286. 288 Seiten
- Montauk. Eine Erzählung. st 700. 207 Seiten
- Stiller. Roman. st 105. 438 Seiten

Norbert Gstrein. Die englischen Jahre. Roman. st 3274. 392 Seiten.

Fattaneh Haj Seyed Javadi. Der Morgen der Trunkenheit. Roman. Übersetzt von Susanne Baghstani. st 3399. 416 Seiten

Peter Handke

- Die drei Versuche. Versuch über die Müdigkeit. Versuch über die Jukebox. Versuch über den geglückten Tag. st 3288. 304 Seiten
- Kindergeschichte. st 3435. 110 Seiten
- Der kurze Brief zum langen Abschied. st 172. 195 Seiten
- Die linkshändige Frau. Erzählung. st 3434. 130 Seiten
- Mein Jahr in der Niemandsbucht. Ein Märchen aus den neuen Zeiten. st 3084. 632 Seiten
- Wunschloses Unglück. Erzählung. st 146. 105 Seiten

Christoph Hein

- Der fremde Freund. Drachenblut. Novelle. st 3476. 176 Seiten
- Horns Ende. Roman. st 3479. 320 Seiten
- Willenbrock. Roman. st 3296. 320 Seiten

Marie Hermanson. Muschelstrand. Roman. Übersetzt von Regine Elsässer. st 3390. 304 Seiten

NF 265/4/1.03

Hermann Hesse
- Demian. Die Geschichte von Emil Sinclairs Jugend. st 206. 200 Seiten
- Das Glasperlenspiel. Versuch einer Lebensbeschreibung des Magister Ludi Josef Knecht samt Knechts hinterlassenen Schriften. st 2572. 616 Seiten
- Siddhartha. Eine indische Dichtung. st 182. 136 Seiten
- Unterm Rad. Erzählung. st 52. 166 Seiten

Ödön von Horváth
- Geschichten aus dem Wiener Wald. st 2370. 246 Seiten
- Glaube, Liebe, Hoffnung. st 2372. 158 Seiten
- Jugend ohne Gott. st 3345. 182 Seiten

Bohumil Hrabal. Ich habe den englischen König bedient. Roman. Übersetzt von Karl-Heinz Jähn. st 1754. 301 Seiten

Uwe Johnson
- Jahrestage. Aus dem Leben der Gesine Cresspahl. Einbändige Ausgabe. st 3220. 1728 Seiten
- Mutmassungen über Jakob. st 3128. 308 Seiten

James Joyce
- Dubliner. Übersetzt von Dieter E. Zimmer. st 2454. 228 Seiten
- Ulysses. Roman. Übersetzt von Hans Wollschläger. st 2551. 988 Seiten

Franz Kafka
- Amerika. Roman. st 2654. 311 Seiten
- Der Prozeß. Roman. st 2837. 282 Seiten
- Das Schloß. Roman. st 2565. 424 Seiten

André Kaminski. Nächstes Jahr in Jerusalem. Roman. st 1519. 392 Seiten

NF 265/5/1.03

Bodo Kirchhoff. Infanta. Roman. st 1872. 502 Seiten

Wolfgang Koeppen
- Tauben im Gras. Roman. st 601. 210 Seiten
- Der Tod in Rom. Roman. st 241. 187 Seiten
- Das Treibhaus. Roman. st 78. 190 Seiten

Else Lasker-Schüler. Gedichte 1902-1943. st 2790. 439 Seiten

Gert Ledig. Vergeltung. Roman. Mit einem Nachwort von Volker Hage. st 3241. 224 Seiten

Stanisław Lem
- Der futurologische Kongreß. Übersetzt von I. Zimmermann-Göllheim. st 534. 139 Seiten
- Sterntagebücher. Mit Zeichnungen des Autors. Übersetzt von Caesar Rymarowicz. st 459. 478 Seiten

Hermann Lenz. Vergangene Gegenwart. Die Eugen-Rapp-Romane. Neun Bände in Kassette. 3000 Seiten

H. P. Lovecraft. Cthulhu. Geistergeschichten. Übersetzt von H. C. Artmann. Vorwort von Giorgio Manganelli. st 29. 239 Seiten

Amin Maalouf
- Leo Africanus. Der Sklave des Papstes. Roman. Übersetzt von Bettina Klingler und Nicola Volland. st 3121. 480 Seiten
- Samarkand. Roman. Übersetzt von Widulind Clerc-Erle. st 3190. 384 Seiten

Andreas Maier. Wäldchestag. Roman. st 3381. 315 Seiten

Ángeles Mastretta. Emilia. Roman. Übersetzt von Petra Strien. st 3062. 413 Seiten

NF 265/6/1.03

Robert Menasse
- Schubumkehr. Roman. st 2694. 180 Seiten
- Selige Zeiten, brüchige Welt. Roman. st 2312. 374 Seiten
- Sinnliche Gewißheit. Roman. st 2688. 329 Seiten

Eduardo Mendoza. Die Stadt der Wunder. Roman. Übersetzt von Peter Schwaar. st 2142. 503 Seiten

Alice Miller
- Am Anfang war Erziehung. st 951. 322 Seiten
- Das Drama des begabten Kindes und die Suche nach dem wahren Selbst. st 950. 175 Seiten

Magnus Mills. Die Herren der Zäune. Roman. Übersetzt von Katharina Böhmer. st 3383. 216 Seiten

Haruki Murakami. Wilde Schafsjagd. Roman. Übersetzt von Anneliese Ortmanns-Suruki und Jürgen Stalph. st 2738. 306 Seiten

Adolf Muschg
- Der Rote Ritter. Eine Geschichte von Parzivâl. st 2581. 1089 Seiten
- Sutters Glück. Roman. st 3442. 336 Seiten

Cees Nooteboom
- Allerseelen. Übersetzt von Helga van Beuningen. st 3163. 440 Seiten
- Die folgende Geschichte. Übersetzt von Helga van Beuningen. st 2500. 148 Seiten
- Rituale. Roman. Übersetzt von Hans Herrfurth. st 2446. 231 Seiten

Kenzaburô Ôe. Eine persönliche Erfahrung. Roman. Übersetzt von Siegfried Schaarschmidt. st 1842. 240 Seiten

NF 265/7/1.03

Sylvia Plath. Die Glasglocke. Übersetzt von Reinhard Kaiser. st 2854. 262 Seiten

Ulrich Plenzdorf. Die neuen Leiden des jungen W. st 300. 140 Seiten

Marcel Proust. Auf der Suche nach der verlorenen Zeit. Übersetzt von Eva Rechel-Mertens. Drei Bände in Kassette. st 3209. 4195 Seiten

João Ubaldo Ribeiro. Brasilien, Brasilien. Roman. Übersetzt von Curt Meyer-Clason und Jacob Deutsch. st 3098. 731 Seiten

Patrick Roth. Meine Reise zu Chaplin. Ein Encore. st 3439. 98 Seiten

Ralf Rothmann
- Flieh, mein Freund! Roman. st 3112. 278 Seiten
- Milch und Kohle. Roman. st 3309. 224 Seiten

Jorge Semprun. Was für ein schöner Sonntag! Übersetzt von Johannes Piron. st 3032. 394 Seiten

Arnold Stadler. Mein Hund, meine Sau, mein Leben. Roman. Mit einem Nachwort von Martin Walser. st 2575. 164 Seiten

Andrzej Stasiuk. Die Welt hinter Dukla. Roman. Übersetzt von Olaf Kühl. st 3391. 175 Seiten

Jürgen Teipel. Verschwende Deine Jugend. Ein Doku-Roman. Über den deutschen Punk und New Wave. Vorwort von Jan Müller. Mit zahlreichen Abbildungen. st 3271. 336 Seiten

NF 265/8/1.03